感谢国家重点研发计划基金（2016YFC0802209）的大力资助

交通运输安全技术

唐智慧　牟瑞芳　左廷亮 ○ 编著

西南交通大学出版社
·成都·

图书在版编目（CIP）数据

交通运输安全技术 / 唐智慧，牟瑞芳，左廷亮编著.
—成都：西南交通大学出版社，2017.11
ISBN 978-7-5643-5780-1

Ⅰ. ①交… Ⅱ. ①唐… ②牟… ③左… Ⅲ. ①交通运输安全－安全技术 Ⅳ. ①U491

中国版本图书馆 CIP 数据核字（2017）第 227750 号

交通运输安全技术

唐智慧　牟瑞芳　左廷亮 / 编　著

责任编辑 / 周　杨
助理编辑 / 宋浩田
封面设计 / 何东琳设计工作室

西南交通大学出版社出版发行
（四川省成都市金牛区二环路北一段 111 号西南交通大学创新大厦 21 楼　610031）
发行部电话：028-87600564　028-87600533
网址：http://www.xnjdcbs.com
印刷：成都中铁二局永经堂印务有限责任公司

成品尺寸　185 mm×260 mm
印张　11.75　字数　286 千
版次　2017 年 11 月第 1 版　印次　2017 年 11 月第 1 次

书号　ISBN 978-7-5643-5780-1
定价　25.80 元

课件咨询电话：028-87600533
图书如有印装质量问题　本社负责退换
版权所有　盗版必究　举报电话：028-87600562

前 言

交通拥堵、交通事故是世界各国大中城市面临的共同问题，引发这些问题的主要原因是交通秩序混乱和交通效率低下，归根结底是信息供给不足和管理措施不利。因此，如何全面采集交通系统中的静态、动态交通信息，尤其是实时的交通动态信息，并从种类不同、准确度也有差异的交通信息中挖掘更准确和更深层次的信息，使之更好地得到应用，从而保障交通运输系统的安全，提高交通时空资源利用率，便成为当代交通运输系统急需解决的关键技术问题。

本书围绕信息采集、信息传输、信息处理、信息的发布与应用，从现代交通安全保障系统的信息链出发，通过对交通运输系统中人、车、路、环四个组成要素信息的采集、传输、处理，详细阐述了交通运输安全监控与保障系统的相关技术。本书以通用的交通运输安全理论为基础，侧重道路交通与轨道交通安全技术，主要围绕驾驶员、载运工具、道路及其交通环境几个方面安排内容。全书共分为八章，第一章是绪论，介绍了现代交通运输系统面临的问题及其解决需涉及的相关技术，由牟瑞芳编写；第二章、第三章、第四章分别从道路交通信息的采集、车辆信息的采集、驾驶人信息的采集，介绍了道路交通流相关参数的采集技术，车辆定位与车型识别技术、驾驶人状态识别与辨识技术，由唐智慧编写；第五章是交通信息传输技术部分，由左廷亮编写；第六章是交通信息处理技术部分，由唐智慧、郑伟皓编写；第七章是地理信息系统技术部分，由牟瑞芳编写；第八章是交通运输安全技术的应用，由左廷亮编写。全书编写得到了国家重点研发计划基金（2016YFC0802209）的大力资助。

《交通运输安全技术》的编写力求满足安全工程专业课程体系和课程教学的新发展，立足现实，反映前沿，力求创新，既包括已经成熟并被公认的理论与学术思想，又反映安全工程学科领域具有前瞻性与代表性的最新理论、技术和方法，并借鉴吸收世界上发达国家的先进理论、理念与方法。

由于编者水平有限，书中不妥之处，敬请批评指正。

编 者

2017 年 10 月

目 录

1 绪 论 ··· 001
　1.1 交通运输系统存在的问题及现有的解决方案 ··· 001
　1.2 交通运输系统新思路——智慧型交通运输系统 ··· 018
　1.3 智慧型交通运输系统涉及的相关技术 ·· 021

2 道路交通信息采集与处理技术 ·· 025
　2.1 传感器的含义与组成 ·· 025
　2.2 环型线圈感应式检测技术 ·· 026
　2.3 远程交通微波检测器技术 ·· 032
　2.4 视频检测技术 ·· 037
　2.5 交通检测器的优化选择 ··· 046

3 车辆信息采集与处理技术 ·· 052
　3.1 车辆定位技术 ·· 052
　3.2 自动车辆识别技术 ··· 067
　3.3 自动车型分类技术 ··· 070

4 驾驶员信息采集与处理技术 ·· 073
　4.1 驾驶员信息采集指标 ·· 073
　4.2 驾驶员视觉信息采集 ·· 073
　4.3 驾驶员听觉信息采集 ·· 079
　4.4 驾驶员反应能力信息采集 ··· 080
　4.5 驾驶员注意能力信息采集 ··· 082
　4.6 驾驶员速度判断能力信息采集 ·· 084
　4.7 驾驶员操作技能信息采集 ··· 085
　4.8 驾驶员心理特征信息采集 ··· 085

5 交通信息传输技术 089
5.1 交通运输对通信技术的要求 089
5.2 交通通信技术的基础 094

6 交通信息处理技术 114
6.1 简单交通信息的处理 114
6.2 交通信息的融合技术 116
6.3 交通信息的地图匹配技术 120
6.4 路径优化技术 126
6.5 交通信息共用信息平台 129

7 地理信息系统（GIS）技术 137
7.1 概述 137
7.2 交通仿真数据的采集、管理 142
7.3 交通仿真系统的空间数据结构 144
7.4 交通仿真系统中空间信息基本分析方法 152

8 交通运输安全技术的应用 157
8.1 基于 GPS 技术的营运车辆监控调度系统 157
8.2 城市交通事件应急管理系统 162
8.3 铁路防灾安全监控系统 169

参考文献 182

1 绪 论

1.1 交通运输系统存在的问题及现有的解决方案

1.1.1 道路交通系统存在的问题及现有的解决方案

交通是国民经济的基础产业，也是社会发展和人民生活水平提高的基本条件，中国自古以来就把衣食住行列为人们生存的四大要素。而在当今社会，交通运输的发达程度更是衡量一个国家现代化程度的标志之一。

随着国民经济尤其是社会主义市场经济的快速发展，对交通运输的各种需求明显增长，这使得车和路的矛盾、交通和环境的矛盾过早地降临到高速发展中的中国。

1.1.1.1 道路交通系统存在的问题

车和路的矛盾已成为百姓生活的热门话题，主要表现在以下三个方面。

1. 交通不畅

首先以美国为例：

（1）城市内道路以及州际间的高速公路有50%以上的时间都处于严重阻塞状态。

（2）交通高峰期，54%的车处于拥挤状态。

（3）2003年的美国，因交通阻塞多耗费37亿小时。

（4）因时间和汽油的浪费，每年损失高达780亿美元。

（5）有些道路饱和度不到0.7，占道路总量的50%左右。

其次看中国：

（1）大部分城市的平均车速不到20 km/h，有的路段只有7~8 km/h。

（2）每年因为交通堵塞造成的GDP损失达到5%~8%。

（3）广州每年有1.5个亿小时和117亿元的生产总值损失。

整个世界都存在堵车的问题。堵车的程度已经成为衡量一个城市是否能被称作都会的"必要标准"。曾有"东方威尼斯"之称的曼谷，难见首尾的车龙已经将运河的曼妙摧残殆尽，而影响硅谷未来繁荣的除了经济的整体低迷，可能还有那两条出入口永远都处在拥堵状态的高速公路；三十年前，私家车在莫斯科尚属罕见之物，今天，要想从那里到30 km外的什雷姆提耶夫国际机场，运气不好的话，你得花上两个半小时。

2. 事故频发

（1）据估计，全世界每年道路交通事故死亡人数超过 120 万，平均 2 min 就有一人死于交通事故。

（2）20 世纪，道路交通事故共计造成 2 585 万多人死亡，而第一次世界大战造成的死亡人数大约 515 万，是前者的五分之一。

（3）2006 年，我国共发生道路交通事故 378 781 起，共造成 89 455 人死亡，431 139 人受伤，直接财产损失达 14.9 亿元。

（4）2007 年，我国共发生道路交通事故 327 209 起，造成 81 649 人死亡、380 442 人受伤，直接财产损失达 12 亿元。

3. 环境污染

（1）汽车排放的有害气体扩散到空气中造成的空气污染占整个城市空气污染的 60%，最高甚至达 90%；

（2）洛杉矶光化学烟雾事件。

汽油燃烧后产生的碳氢化合物等在太阳紫外光线照射下发生化学反应，形成浅蓝色烟雾，使洛杉矶市大多市民患了眼红、头疼病。1955 年和 1970 年洛杉矶又两度发生光化学烟雾事件，前者有 400 多人因五官中毒、呼吸衰竭而死亡，后者使全市四分之三的人患病。

（3）噪声的污染。

1.1.1.2 道路交通系统解决问题的现有方案

面对以上矛盾和造成的问题，通常有三种解决办法。

1. 控制需求

即限制道路交通流量，主要通过以下两种途径：

（1）控制车辆保有量：如中国的香港、上海。

（2）控制车辆上路量：

① 通过提高汽油税控制上路汽车数量：如伦敦、香港。

② 通过收取上路费控制高峰期严重拥堵的地区、路段的上路汽车数量：如新加坡、伦敦。

2. 增加供给

也就是修路，即加速基础设施建设。

根据交通工程学家的研究成果，我国城市道路面积率应在 20% 以上，目前大多数城市不到 10%，因此，在一定时间内可通过大力发展基础设施建设的方式来解决道路系统中的交通问题。

然而，这种方式却具有一定的局限性：如道路里程增长率远远低于车辆保有量的增长率。因而只能在基础设施建设还未完善前起作用。例如：

1982—2000 年的美国，年车辆公里数增加 72%，道路里程的增长却仅为 6%；

1978—1998 年的中国，20 年中机动车数量增长了 12 倍，平均年增长率为 15%以上。而同期道路里程年均增长率却不足 2%；

自 2000 年以来，深圳市小汽车量的年均增长年达 28.8%，而同期深圳市道路里程的年均增长率仅为 8%。

车多了便修路，这似乎是政府疏解交通流量的本能反应，饱受堵车之苦的人们也最愿意把道路当做替罪羊。但在北京，路却一修就堵。1992 年，北京的也是中国的第一条全封闭、全立交、没有交通信号灯的城市快速路——二环路竣工通车。当时的决策者宣称，保证十年不堵车，事实上也没有人会相信这样的路会堵。但是，通车之日便是堵车之时，接下来，类似的命运又在三环路、四环路上演。2002 年年底，北京道路总长 18 759 km，比 1997 年增加了近 800 km，但与此同时，北京市的机动车保有量却增长了 100 万辆。通过这样的数字很容易推导出道路建设滞后于车辆增长的结论。"路不够用"是一个不言而喻的现实，所以，北京的路处于一直在修的状态。但是，将"一路畅通"的希望寄托在道路的延展之上并不现实。道路无论怎么修也赶不上汽车的增长，这是一个在世界各地都得到证实的普遍规律。

以上两种方法存在如下弊端：

（1）经济的发展必然带来人们出行的增加，因此限制车辆数目的增加不是解决问题的好办法。

（2）长期以来，国外在车与路的矛盾中无一例外地采取增加供给的方法。对于我国，由于基础设施数量的缺口很大，因此在相当长的一段时间内交通运输增长的需求主要还是靠提供更多的基础设施来满足，特别是建设完善的道路网络和其他基础设施。

（3）随着基础设施快速发展的同时，经济与技术的发展，仍将使人们面对越来越拥挤的交通，有限的资源和财力以及环境的压力，将使建设更多的基础设施受到限制。

3. 加强城市交通管理

加强城市交通系统的管理在很长一段时间内被认为是解决城市交通问题的有效途径。

主要有以下一些管理手段：

（1）加强交通法规建设，制定限定性交通法规：例如，单行线、禁止左转弯、限制某些型号的车辆在某个路段或特定日期和时间上行使等。这种办法通常是强制性的。

（2）加强宣传教育，提高交通参与者遵守交通法规和现代交通的意识。

（3）确定合理完善的城市交通规划：以解决交通设施的供给与交通需求的矛盾，使城市道路网络布局合理化。

（4）进行城市交通信号控制是改善城市交通运行状况的另一途径。城市交通控制主要是指市交叉路口的交通控制。自 1914 年美国城市出现交通信号控制以来，城市交通控制技术已由开始的"点控""线控"向"面控"进行了过渡。"点控"就是对单个路口的交通信号实施单点定时控制；"线控"就是对交通主干线的交通信号进行协调控制，从而在一条或多条道路上形成"绿波带"，保证大多数汽车在行驶到各个路口都会遇到绿灯；"面控"是一种通过采用计算机（路口计算机、区域计算机和控制中心计算机）联网控制，根据交叉路口对交通流的实时控制状况，通过研制的交通模型和软件确定交叉路口红绿灯配时方案，实现整个交通路网配时优化的交通控制系统。

（5）优先发展公共交通：随着汽车保有量的增加，特别是私有汽车数量的逐渐增加，使得交通供给严重不足，交通拥挤现象更为严重。于是各国政府都纷纷出台了"优先发展公共交通"的政策，鼓励出行者乘坐公共交通出行，并且大力发展安全、快捷、大运量的轨道交通（如地铁和轻轨），收到良好的效果。

1.1.1.3 道路交通系统现有解决方案存在不足

城市交通系统是一个复杂的大系统，因而，单独从车辆方面考虑或单独从道路方面考虑都是片面的，仅考虑车或仅考虑路尚不足以经济而高效地解决交通拥挤和交通安全方面问题，所以必须把人、车、路综合起来考虑，充分应用现代科学技术来解决城市的交通问题。

1.1.2 铁路运输系统事故典型案例分析及其现有解决方案

1.1.2.1 铁路运输系统事故典型案例

1. 1998年6月3日发生在德国Eschede（埃舍德）的世界最惨重的高速列车脱轨事故

德国铁路的提速战略带来了轨道交通高速发展的同时也带来了许多的安全问题。1998年6月3日，在德国Eschede发生了世界最惨重的高速列车脱轨事故，死亡100人，伤88人（图1-1）。事故原因是车辆轮箍的金属疲劳，导致轮箍的突然断裂，这也是迄今为止世界高速铁路最严重的人员伤亡事故。事故原因：采用橡胶弹性轮胎，没有进行轮对超声探伤。

德国ICE1型高速列车于1998年6月在德国北部小镇埃舍德发生了德国铁路有史以来最为惨重的列车脱轨事故，造成100人死亡，60多人重伤，使运输技术装备（车辆、线路和桥梁等）遭受重大损失。事故发生后引起世界震惊。

图1-1 1998年德国列车脱轨事故现场

（1）事故过程。

1998年6月2日深夜，在德国慕尼黑，一列具有动力车头401051和401551的ICE1动车组驶入慕尼黑ICE列车段，对首次交付使用的GTO机组进行了处理，然后清洗列车，驶过轮对诊断装置，进入检修库。工作人员对动车组进行了历时88 min的检修。几个小时以后，它于5时57分作为ICE884次高速列车开往汉堡。

1998年6月3日10时30分刚过，列车从汉诺威驶往下一站的汉堡，此时餐车关闭。列车行驶在扩建线上还不足半小时，第1节拖车802808-6号上的旅客听到了很大的嘎嘎响声，并且车厢开始左右摇晃。迄今查明的原因是由于该拖车后转向架上的轮箍在事故地点前6 km处、列车速度为200 km/h时断裂，轮心松弛。这部分断裂的轮箍拥塞在高速运转的转向架中。此后，列车第1节车厢虽然缺少了轮箍，但还是在线路上运行了5.5 km。在埃舍德车站事故发生地前方200 m处，轮箍卡在道岔的护轮轨中，从而将其劈开，并冲入第1节拖车内部，使其部分折断。可能是由于这种冲撞的能量使损坏的轮对向右倾斜，轮心从轨头上滑脱，使左面车轮脱轨，在大约运行了120 m之后撞在了远方道岔的辙轨上。前面的动力车头401051号与其后的车辆分离，继续向车站北方行驶了2 km，由于强制制动而停车。这种冲撞的动能使道岔组移向右方，并使第1节拖车及其后继车辆相继脱轨。第3节拖车横在桥下，其尾部猛烈冲撞桥墩；第4节车辆冲下边坡，横在防护墙前；第5节车辆撞到了线路附近的桥墩，冲过倒塌桥梁的前半部，后半部被倒塌的桥梁砸坏；第6节车辆被混凝土块掩埋；其余7~12节车辆由于尾部动力车头401551-7未来得及切除及在巨大的惯性的推动下，就像一个折尺一样彼此错位挤压在一起。这次灾难所造成的后果是100人死亡，60多人重伤。

（2）事故原因。

① 采用橡胶弹性车轮。

在事故发生后，ICE1列车采用的橡胶弹性车轮首先受到公开质疑。

ICE1列车最早采用的是整体车轮（一体车轮结构，没有轮箍）。经过长期运用以后发现，由于轮对磨损而形成的不圆度会产生干扰噪声，在运行时发出嗡嗡声响。于是在1992年3月被放弃使用，改用橡胶弹性车轮。德国VSG交通技术公司生产的ICE1列车有80%用的是这种车轮。这种被命名为"Bochum 84"型车轮的生产至今已超过6 000个。VSG公司生产橡胶弹性车轮已有50年的历史，过去大量生产的B054型车轮曾供城市铁路和有轨电车使用。这种车轮具有多个扇形块组成的V形橡胶块，起阻尼作用。原6 cm厚的轮箍被压在具有硬橡胶的轮心上，并用一个固定环通过螺钉拧紧固定。装配时没有任何加热措施。这种车轮使用前要经过多种检验，如热尺寸检验、超声检查、磁力探伤和表面尺寸确定等；在运行期间有详细的维修计划。1997年这种橡胶弹性车轮曾在有轨电车上发生过轮箍断裂事故。尽管那次轮箍断裂事故是否可以和这次ICE1车轮轮箍断裂事故进行对比还存有疑问。但一些专家还是对这种车轮提出了很大的质疑。根据VSG交通技术公司的看法，有轨电车的轮箍断裂发生在通电流的动力轮对上，通电车轮可以产生微淬硬现象，所产生的缺口应力集中效应降低了许用应力水平，因此引起过高应力而产生裂纹、断裂。而ICE1橡胶弹性车轮则不是这种情况，断裂轮箍属中间拖车的纯从动轮对。

尽管有这样的解释，还是有一些专家认为，事故是由于采用橡胶弹性车轮引起的。ICE1车轮轮箍断裂原因除了由于轮箍表面裂纹外，还可能由轮箍内表面裂纹引起。这些轮对由于套装橡胶后，使车轮刚度大为下降，在线路上滚动时总有些压扁，就像汽车的轮胎一样。在压力的作用下轮箍内表面产生与橡胶块相分离的拉应力。由于轮箍不断被滚压，就相当于对一种薄材料施以高负荷，而造成轮箍内表面折损，产生裂纹。德国的 Frankhofer 工作强度研究所对极端负荷下的轮箍进行了研究。研究证明轮箍裂纹也能从内部形成。但遗憾的是，直至事故发生前都未有科学工作者对 ICE1 中间拖车应用的 Bochum84 车轮进行过这方面的研究。汉诺威大学测量和控制研究所的 F Hock 教授认为，橡胶弹性车轮断裂可能是由于轮箍内侧折损所造成的。对于 ICE1 列车导轮用的 Bo84 车轮滚动时产生弹性变形，在超过许用应力情况下，理论上肯定会出现裂纹，并与轮箍厚度有关。ICE1 列车轮箍允许磨损厚度为 30 mm，而发生事故的断裂轮箍磨损几乎已经达到规定的剩余厚度。

② 没有进行轮对超声探伤

定期对轮对进行超声检验可以防止由于车轮或轮箍断裂从而发生重大事故。德国铁路每年有上百万个车轮运行。据专业人士统计，每年大约只有 1~2 个车轮失效。其主要原因是高速、重载引起踏面机械过载，常出现热裂纹、热淬硬和粘焊现象，造成踏面剥离，噪声加大等。

为了对 ICE 列车进行安全性和技术性检验，在 ICE 高速列车段均安装了轮对诊断装置，简称 ULM 轮对诊断装置。每 3~4 天在 ICE 列车常规检修时，列车以 6 km/h 速度通过轮对诊断装置自动检测诊断。这种装置由 3 部分组成，即 U、L、M，其中 U 部分为超声检验，检验的目的是测量踏面上的横向裂纹；L 部分为型面光学测量，测量的目的是得知型面误差和型面磨损状况；M 部分是通过测量杆来测得车轮的不圆度和擦伤情况。采用 L 和 M 部分测量不仅能够获得轮对的磨损数据，而且还能决定镟轮的最佳时刻。而超声检验 U 则只能给出 3 个等级（更换或加工；进一步检验；正常）的状态信息。有关人士透露，ULM 中的超声测量设备已经很长时间没有使用，它不再作为检验的例行程序了。其原因是这种测量设备有不足之处，对车轮踏面粗糙度的反应过于灵敏，甚至连轮箍运用中极普通的正常表面结构也会作为故障通报。因此通报故障率极高，大约有 20% 的车轮被虚假地查出裂纹。因此从 1993 年起就放弃了这种自动化的超声检验，用"人工检查"代替，通过车间有经验的工人用手电筒观察和小榔头敲击的方法来鉴定轮箍是否有裂纹。显然这种方法带有人为的因素。

2. 2001 年 2 月 28 日发生在英国塞尔比的道口事故

2001 年 2 月 28 日，一列从纽卡斯尔开往伦敦的火车在英国东海岸约克希尔郡北部的塞尔比发生事故。当地时间 2 月 28 日 6 时 12 分（北京时间 2 月 28 日 14 时 12 分），一列高速列车与一列在东海岸主干线行驶的货车突然相撞，造成 15 人死亡，50 人受伤。事故现场见图 1-2。

事故原因是：由于路滑导致汽车冲上轨道。

图 1-2　英国高速列车与货车相撞事故现场

3. 2002 年 4 月 24 日发生在美国加利福尼亚州南部普拉森舍地区的两列火车迎头相撞的事故

2002 年 4 月 24 日，美国当地时间 23 日早晨 8 时左右，美国加利福尼亚州南部普拉森舍地区发生两列火车迎头相撞事故，当场造成 3 人死亡，还有 265 人受伤。见图 1-3。

图 1-3　美国铁路货车与列车相撞

4. 2002 年 11 月 6 日发生在法国巴黎至维也纳高速列车上的火灾事故

2002 年 11 月 6 日，巴黎至维也纳的高速列车。列车电路系统短路引发了一节卧车车厢失火，12 人由于吸入大量浓烟而窒息死亡。见图 1-4。

图 1-4　法国高速列车火灾事故

5. 2003 年 8 月 8 日发生在韩国汉城以南 337 km 的大邱附近的冲撞事故

韩国火车相撞事故发生于 2003 年 8 月 8 日，韩国一列客运列车当日上午在汉城以南 337 km 的大邱附近撞上了停在铁路上的货运列车，至少造成两人死亡，95 人受伤。见图 1-5。

图 1-5　韩国铁路事故

6. 2004 年 10 月 23 日发生在日本新潟中越地区的脱轨事故

2004 年 10 月 23 日新潟中越地区地震发生时，新干线列车"朱鹮 325"号正以时速 200 km 的速度行驶，驾驶员感到强烈的摇晃后，仍能沉着冷静地操作。在 10 节车厢中有 8 节脱轨的情况下，列车仍行进约 1.6 km。虽然铁轨弯曲变形、车身倾斜 30°，但总算没有翻车。151 名旅客安然无恙，实属不幸中的万幸。见图 1-6。

图 1-6 新干线脱轨事故现场

1.1.2.2 铁路运输系统现有事故防范措施

从以上几个国家的事故中可以总结出以下结论：

铁路事故的发生与本国的实际情况有着重大的联系，像日本等岛国，事故的发生往往与自然状况有着密切的联系，而像美国、法国等大陆型国家，行车事故往往由于速度过快，铁路和公路的交接部发生问题连线。

铁路事故形态主要有列车脱轨、列车冲突、火灾三种类型。

铁路事故，尤其高速铁路事故的发生，往往会造成很大的损失，而且人员的伤亡也较严重。

下面就几种典型的高速铁路事故形态进行原因分析。

1. 车辆脱轨

车辆脱轨，通常又称为车辆脱线，只要车辆轮对或其中一个车轮脱下钢轨，就叫做车辆脱轨。若只有一个轮对或其中的一个车轮脱轨，叫做某位轮对或某位轮对的某位车轮脱轨；若一个转向架的轮对全部脱轨，叫做某位转向架脱轨；若一辆车的转向架都脱轨时，叫全车脱轨。车辆脱轨，若发生在调车作业时，称为调车车辆脱轨；若发生在列车运行图中，称为列车脱轨。

车辆脱轨根据其造成的原因不同可分为外物支垫脱轨、车轮自行脱轨和列车悬浮脱轨等几种。外物支垫脱轨，包括因机车车辆配件折损或脱落、大件货物坠落、线路障碍（进路、行车及养路设备、塌方落石、人为设置障碍等）、道口障碍（各种车辆堵塞等）以及自然灾害（水害、冰害、雪害）等造成顶起或垫起车辆或轮对导致的脱轨；车轮自行脱轨，包括因车辆和车辆轮对故障及线路不良、货物偏载、机车操纵、列车超速运行等原因，导致车轮自行爬上、滑上或跳上钢轨造成的脱轨，列车悬浮脱轨，是因列车在曲线地段运行等特殊情况下，车辆产生瞬间悬浮使车轮脱离钢轨而造成的脱轨。

车辆脱轨的危害是非常大的，轻者造成延误列车正点运行及造成车辆、线路、设备、货物等物资损失和人员伤亡；重者造成旅客列车及货物列车颠覆的重大、大事故，使人民生命财产遭受重大损失。车辆颠覆或重车脱轨时，无论外观如何，均须对轮座镶入部位施行超声波探伤检查。因此，研究车辆脱轨的规律，制订和实施防止车辆脱轨的措施，全面防止车辆脱轨的发生，是一项十分重要的任务。本节就分别将支垫脱轨和车轮自行脱轨的特征及原因分析做一一概述。悬浮脱轨放在第七章防止事故措施中一并阐述。

（1）外物支垫造成的脱轨。

外观特征：在车辆或车轮、钢轨上有较明显的支（顶）或垫（挤）造成脱轨的痕迹；支垫的外物（包括线路进路障碍）一般都在发生脱轨地点的附近。如调车脱轨，有较明显的挤岔子、进四肢、压坏脱轨器或脱落的配件、货物等；如途中列车脱轨，一般有破损脱落的机车车辆配件或大件货物，或线路上有塌方落石、工务施工的起道机或液压捣固机、或人为摆石头其他障碍、或道口处撞坏的机动车辆等；若因机车车辆配件支垫脱线的，一般在脱轨处的前方线路上，有脱落配件刮、打线路的痕迹，而且在脱轨发生地点的线路有较明显的破坏象征等。

原因分析：如上所述，造成支垫车辆脱轨的原因很多，不可能一一进行叙述，为立足于车辆部门本身的研究和预防，下面仅就车辆责任造成的支垫脱轨问题做简要分析。

① 车辆配件破损脱落造成垫（挤）车轮而脱轨。如车辆切轴，制动梁或均衡梁折断脱落，车钩或缓冲器破损脱落，手闸、车门、平车渡板脱落等等；这些脱落的配件掩在车轮与钢轨之间，或卡搭在钢轨上，将车轮挤上或垫上钢轨从而造成脱轨。有的是因列检责任造成轧脱轨器脱线。

② 车辆大型配件折断或脱落支起车辆脱轨。如车辆中梁、侧梁、枕梁、牵引梁、横梁或摇枕等折断，或制动梁、下拉杆等脱落，容易在运行中将车辆或转向架顶起来，使车轮离开钢轨而导致脱轨。

车辆脱轨后，造成线路破坏和运行障碍，若这时列车运行速度高、牵引辆数多，就容易引起多节车厢脱轨或颠覆的重大事故。

（2）车轮自行脱轨。

外观特征：发生脱轨地点的线路无明显的障碍物和支垫造成脱轨的痕迹；开始脱轨车辆的前部车辆（机车）无先期破损象征；脱轨前的线路上一般也没有明显的外物刮、打的痕迹；但在第一个转向架或轮对开始脱轨的线路上，通常都有车轮上下钢轨的痕迹；此后，线路才开始破坏（引起后部车辆脱轨时除外），一旦发现这种脱轨象征，即大多为车轮自行脱轨。

原因分析：如以上支垫脱轨一样，造成车轮自行脱轨的原因也很多，但绝大多数是线路不良造成的；如线路施工故障、断轨、路基有"三角坑"、线路水平与轨距超限、曲线及道岔、辙岔不良等；少数是因车辆及车辆轮对故障、列车超速运行和货物偏载等造成的。下面仅就因车辆责任的主要原因做分析。

① 车轮轮缘严重磨耗、垂直磨耗或缺损造成脱轨。

因车轮经常处于蛇行运动状态，轮缘与钢轨内侧面经常发生冲撞磨耗；在曲线上由于离心力作用，外侧车轮轮缘与外轨内侧面因经常发生摩擦而造成磨耗；当转向架两侧固定轴距及摇枕挡、轴箱导框等间隙超限时,更加剧了这种磨耗和损伤;结果易造成轮缘厚度磨耗和垂直磨耗超限,或造成轮缘缺损。

轮缘厚度磨耗超限,使轮横向串动量加大,给车体带来摆动,严重时造成脱轨。

② 车轮裂损及踏面缺损造成脱轨。

车轮裂损,是因材质不良、辗铸工艺缺陷或材质疲劳等原因造成裂纹,未及时发现处理,扩大为裂损或破碎,造成的脱轨。

③ 车轮内侧距离过大、过小造成脱轨。

● 内侧距离过大时,不能保证安全通过最小轨距和安全通过辙叉。

不能通过最小轨距的原因,《技规》规定最小轨距为 1 433 mm,轮对最大内距为 1 356 mm,加上两个最厚的轮缘厚度,应能通过最小轨距且必须有一定间隙;其间隙为:

间隙 = 最小轨距 −(最大内距 + 最厚轮缘×2)
= 1 433 −(1356 + 32×2)= 13(mm)

每侧间隙为一半,即 6.5 mm;若车轮内侧距离过大超限,就易造成挤道,严重时导致脱轨。

不能安全通过辙叉的原因见图 1-7,《技规》规定辙叉的作用面至护轮轨头部外侧距离不得小于 1 391 mm;当车轮按图 1-7 的方向通过辙叉时,由于诱导曲线的影响,外侧车轮轮缘必然紧贴辙叉的作用面,内侧车轮内侧面则必然贴近护轮轨头部,若车轮最大内距加一个最厚轮缘厚度后超过 1 391 mm 时,外轮轮缘就有可能爬上辙叉心从而造成脱轨。这时正常的安全间隙为:

辙叉心与护轮轨头部外侧距离 −(车轮最大内距 + 一个最厚轮缘厚度)= 1 391 −(1 356 + 32)= 1 391 − 1 388 = 3(mm);若车轮内距过大超限时就保证不了这一安全间隙。

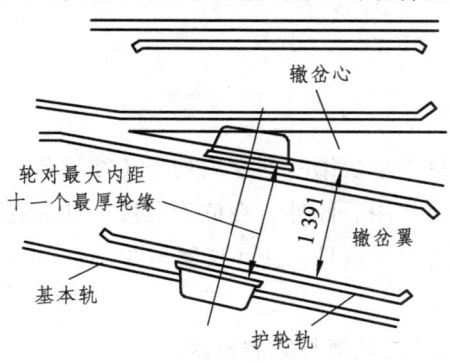

图 1-7 列车脱轨机理图

● 内侧距离过小时,不能保证安全通过辙叉护轮轨和安全通过最小半径曲线。

不能保证安全通过辙叉护轮轨的原因,如图 1-8 所示,《技规》规定,辙叉翼轨作用面至护轮轨外侧面距离最大为 1 348 mm,车轮内距最小为 1 350 mm;这时的间隙为 1 350 − 1 348 = 2 mm,考虑重车时车轴微弯,内距可减小 2 mm,则间隙为(1 350 − 2)− 1 348 = 0 mm,车轮刚好擦过;若内距小于最小限度,则易与护轮轨相挤压,严重时导致爬上轨面脱轨。

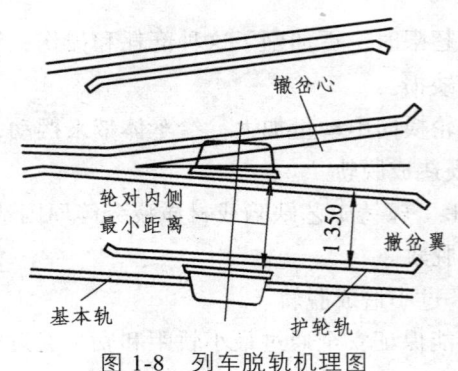

图 1-8　列车脱轨机理图

④ 切轴或断轴造成脱轨。

切轴或断轴后，除易造成支垫脱轨外，因车轮失去控制，不能正常在轨道上运转，自行脱离钢轨造成脱轨，原因是显而易见的。

⑤ 转向架不良造成脱轨。

转向架不良，主要指转向架两固定轴距超限、转向架对角线超限、同一转向架轮径超限、摇枕挡及轴箱导框间隙超限、以及摇枕和侧架等配件裂损或裂断等等。由于这些间隙超限或配件折损，造成转向架变形，轮对不能正常通过曲线或辙叉，与轮对不良等原因耦合时就易导致车辆脱轨。

以上，仅就车辆本身造成脱轨的主要原因进行了简要分析，车辆本身还有一些其他原因在此就不再具体分析了。但是，正如前面所述，造成车轮自行脱轨的原因很多，且绝大部分是线路不良造成的，往往又和列车超速、货物装载、车辆及轮对不良等耦合在一起；这就需要我们对脱轨的象征及原因进行详细调查和认真分析，从中找出最主要的原因，以判明责任和吸取教训。

（3）防脱轨措施。

① 对线路的检查。

高速线路是全封闭的，每天早晨第一列空载列车（往返各一列）以较低速度行驶做开道检查，在安全保障方面起重要作用。此外，在危险区段，如公路桥梁、岩石护坡和洪水多发区都安装了监测仪器，可发出事故信号，这些仪器与 TVM-430 及指挥调度中心联网，必要时向司机发出减速或停车命令。

② 动力转向架三爪万向轴的失衡与断裂监测。

三爪万向轴是牵引传动系统中最重要的部件，为了预防万向轴可能失去平衡而松动的现象，在车轴减速齿轮箱通过一个弹性悬挂装置与转向架构架联结处安装一个监测撞击与平衡的传感器，见图 1-9。

万向轴如果失去平衡，车轴减速齿轮箱会剧烈振动，超过一定幅度时，传感器发出信号，电机柜中的监测装置会启动一个阀门把列车管排空，引起紧急制动，同时切断牵引电源。司机将立即处理故障，慢速驾驶列车进入停车点。

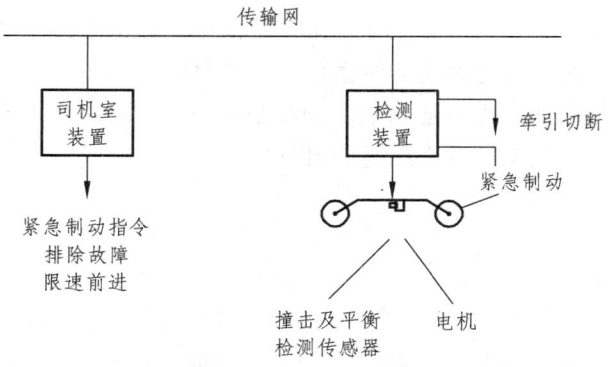

图 1-9 对三爪万向轴失衡的保护系统示意图

如果三爪万向轴由于疲劳而引起断裂，这种故障是无法被失衡监测系统发现的。因此，其断裂故障通过测量同一转向架的两台牵引电机转速差来确定。当转速差达到极限值时，立即发出信号切断相关转向架电机柜的电源，并向司机发出信号，司机停车目测检查并处理后，以 80 km/h 速度回到停车点。对三爪万向轴断裂的监测保护系统示意图如图 1-10 所示。

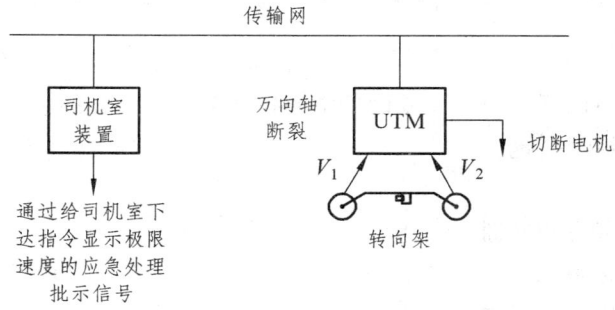

图 1-10 对三爪万向轴断裂的监测保护系统示意图

③ 转向架蛇行失稳的监控

转向架的构架上安装了横向加速度传感器，用以监测转向架的稳定性，检测信号进行经常性的连续处理。当发现其横向加速度超标时，就发出信息通过列车信息传输网，要求司机按照运营规程实行减速，然后再次加速。如果在加速过程中不稳定现象再次出现，则可以排除线路的问题，确认是动车组转向架本身的问题，此时司机应低速行驶。横向加速度传感器必须定期进行了检查。

④ 防滑装置的安全保护

对于每辆拖车有一台防滑装置负责两个转向架四根轮轴的防滑保护，当主防滑器出现故障时，会向后备防滑装置发出救援要求并自动替代执行防滑功能，同时发出故障编码。如果拖车防滑装置中的两套防滑器全部出现故障时（包括主防滑器和应急备用防滑器），司机将得到一个信号，得知故障的防滑器位置。此时，司机立即停车并根据运营规程的指示排除故障。

⑤ 轴温监测

沿线在地面安装了轴温监测器，监测所有路过的车辆轴箱的温度及其变化。如果发现有的轴箱轴温超过第一温度临界值时，立即发出预警信号，但不限速。当超过第二温度临界值时，向调度指挥中心报警并通过无线电传输系统或TVM430系统，要求列车紧急停车。同时还通知邻道线路上列车限速。由于地面轴温监测器每隔一定距离就布置一个，众多的重复信息反馈，可以保证这一监测系统具有很高的可靠性。

2. 列车冲突

（1）列车冲突定义。

"冲突"：系指列车、机车、车辆（包括轨道起重机，以下同）、动车、重型轨道车互相间或与设备（如车库、站台、车挡等）、轻型车辆发生冲撞招致机车、车辆、动车、重型轨道车破损。

在列车运行中由于人为失职或设备不良等原因，将车辆挤坏或拉坏构成中破及以上程度，或在调车作业中由于人为失职或设备不良等原因，将车辆挤坏或拉坏构成大破以上程度时，亦按冲突论。

由于机车、车辆冲撞造成货物窜动将车辆撞坏、挤坏时，算冲突事故，并根据所造成的后果，确定事故性质。

（2）列车冲突原因。

列车冲突主要是由以下人为过失或设备中的技术缺陷所引起的：
- 信号和列车控制系统。
- 制动系统。
- 运营人员的资格和培训。
- 运营规则和做法。

下面对这些原因进行更详细的讨论。

① 人为过失一直是导致列车出现严重冲突的原因。这些人为过失包括列车操作人员不遵守信号和其他行车指令，或者调度员发出不正确指令。虽然为确保信号正确显示投入了巨大关注，因为系统的高度可靠性和极不可能显示错误信号的物性使得更多的不是靠限制而是靠正确的信号来运行，但遵守信号和操作指令总是要依靠司机的。美国在过去20年中发生的两起恶性铁路事故都是由司机失误造成的。随着高速列车安装速度控制系统，使得大大降低了高速下由人为失误造成事故的可能性。然而，人为过失造成的低速碰撞变得常见，低速时APT系统很难派上用场。

不能对车辆、轨道或信号和控制系统遵守正确的维修和检查程序也可认为是人为过失，这类疏忽是事故的诱发原因，在这种场合下其直接原因可能是设备故障。

② 在运营规则和规章中，缺乏对给定情况的适用指导。这种情况虽属罕见，但理论上是可能的。例如，各个过程的异常指令次序会导致出现紧急状况。在采用新技术的高速铁路系统中由于对新的运营规程只有有限的经验，缺少适用的指导。对那些有时会发生缺陷的运营规程，需注意的重要点，就是在轨道上从事维修和检查的人员和设备与正常客运服务的作业之间要通过办理手续以防止矛盾的发生。

③ 列车制动系统的故障削弱了列车按信号显示或按列车控制指令停车的能力。最常见的

制动事故实例是列车做作正常的发车前制动试验，就带着不起作用的制动机发车运行。从历史上来看，制动系统发生机械故障或电气故障是极为少见的。但必须注意高速铁路系统可能要完全依靠电气或电子的制动机控制（用有线方法控制制动），以使其制动系统安全性能达到相当于气动控制时的历史安全性能。

④ 信号系统误动作造成假进路信号。这类事故地段少见，因为信号工程师为设计付出的努力，使信号系统本质上是故障安全的或者能提供足够的冗余度。但在设计、安装和维修过程中出现过失或者系统本身不能检测列车的存在，也的确导致事故的出现。

⑤ 错扳道岔或避车道，使列车转向错误的轨道从而导致碰撞。此类事故易发生在不与信号系统联锁的用人工手动扳道岔的地方。因此，这类事故的主因是人为过失。错扳道岔已经造成过不少严重的冲突和脱轨事故。在道岔与联锁系统结为一体的情况下，则不太可能在道岔处发生此类碰撞，除非信号失灵。

（3）防止列车冲突的措施。

防范列车相撞的功能完全由信号系统承担。在线路上，信号系统完成如下任务：

① 在司机室内不间断地显示信号系统允许的速度。

② 检查列车实际速度与信号系统允许速度是否吻合。

③ 在超过允许速度的情况下实现自动停车。

在下列情况下信号系统可以根据运行规则发出限速或紧急制动命令。

① 一辆车从桥上滑落或道路塌陷、滑坡造成一块山石滑落（条件是桥梁或危险区安装了监测仪）。

② 洪水多发区安设的水位监测装置报警。

③ 安装在路旁的轴温报警器报警。

3．列车火灾

（1）列车火灾原因分析。

① 机车方面。

内燃机车因油管和燃油系统漏油，排气系统积炭或故障，司机随意丢弃油污的油棉丝；电力机车因电网或电气系统故障产生电弧或火花，被润滑油或变压器污染的部分，又碰到这种点火源，整流器的触头在油中短路、动力电路短路等；蒸汽机车因防火星装置状态不良、司机随意倾倒灰渣等均会引起火灾。

② 旅客列车方面。

旅客列车因电气故障、采暖设备状态不良、旅客违章携带危险品以及旅客吸烟不慎等引起火灾。这种火灾又由于车体、车内装饰、家具、卧具以及旅客携带行李物品可燃性强，车内空间狭小，人员高度密集，列车运行生风，风助火势，若未能及时发现和扑灭，往往造成车毁人亡的重大事故。

从以上分析可看出：

● 列车火灾事故，无论是客车、机车，在车站、区间、厂库和隧道中都可能发生。

● 设备故障、人为失误、旅客违章携带危险品、吸烟不慎及坏人破坏都会造成火灾。据统计，有一半以上的火灾事故是人为因素造成的。

● 其他列车事故，如列车脱轨、冲撞等均有可能诱发火灾。

（2）列车防止火灾措施。

① 严格选择防火材料。

国外客车尤其是高速客车，都是尽量采用不燃、难燃材料，尽量降低单位地板面积的可燃材料重量指标。为此，许多国家根据车型和部位的不同，提出了严格的选材要求。

我国客车目前尚无阻燃材料选材的正式标准，标准化部门曾打算参照并采用法国的 NFF16-101 机车车辆阻燃材料的选材标准，但由于国内材料的限制和防火试验研究技术基础工作还跟不上，暂难以执行。为了提高准高速和升级换代 25.5 m 客车的防火安全性，于 1991 年制订了一个暂行的《客车用非金属材料阻燃技术条件》。显然，我国的高速客车也按这个技术条件进行自我要求是不够的、不合适的。应在此基础上，参照国外标准积极开展防火材料阻燃等级划分和烟毒指标方面的试验研究工作，创造条件，缩小技术差距，以期经过几年努力，正式制订出接近或达到国际先进技术水平的、我国客车阻燃材料选材标准以及相应的试验检测标准，为将来高速车合理选材和提高我国客车的防火技术奠定基础。

② 提高结构的抗火性。

为了提高高速客车结构的抗火性，除上述的要严格选择阻燃材料外，为使火灾初期时自身结构不变形，给安全疏散旅客提供保证，法国除按常温核算了结构的强度和刚度外，还根据经验按 350°温度和持续 15 min 的条件核算了强度和刚度。英国则要求车辆的抗火能力不低于 30 min，这一规定的含意是能抵抗 800 ℃ 的高温，即通常能熔化常用铝材的温度，这一要求尤其对地板来说非常重要。德国 ICE 高速客车要求关上门时端墙的耐火性能，当列车通过台起火后 10 min 之内不会蔓延到相邻车辆；整个车辆结构能保证在全面燃烧 15 min 的条件下可运行和不丧失牵引、制动控制性能。

③ 改进结构设计，设法隔断火源，以避免火灾发生。

从国内外火灾情况看，事故车辆火灾的火源主要是电器、采暖、烧水等设备及旅客吸烟和制动闸瓦制动时喷出的火星等，有时尘絮也能引起火灾。因此，为避免火灾发生，应针对火源、从结构设计上采取措施。

● 车体、转向架的布置应以便于清洗、清扫为原则，尤其是车内的布置，应避免出现有不便清扫的死角。车顶设置的检查门，除便于检查外，尚应便于清扫灰尘。暖气管道、送风口管道处的灰尘也应便于清扫。

● 电气柜和车外电器箱用金属制作，防止水、雪侵入，并远离热源、火源、油源，保证绝缘和不产生火花。与旅客接触的电器设备饰面或箱罩表面温度不得超过 60 ℃。电缆最好走金属管、铠装管，尤其是经过热源处，易被鼠、虫咬处要加防护套。

● 采暖装置设温度控制器。电加热器设过热保护装置。电加热器若设在座椅下或侧墙处应设防护板。若没有煤炉、油炉、气炉时，其周围和烟道附近均要设防火板。

● 垃圾箱最好为金属制品，并设有能自行封盖的箱盖，以避免垃圾起火时火焰扩散。

● 列车制动时，闸瓦发出的火星应避免飞溅到车体非金属部位和电器设备上。

④ 设挡火墙、挡火板，防止或减缓火焰的蔓延。

- 设挡火墙。

我国在改革开放后从原民主德国进口的客车,乘务员室与列车员休息室间,车体中央两个客室之间的间壁均设计为挡火墙。它是由碎木屑填以矿物合成材料与防火材料后压制而成的;做防火试验时,一侧烧火温度达 740 ℃,延续 30 min,另一侧温度未超过 139 ℃,没有烧穿现象,试验证明能达到防火目的。

法国包房客车间壁是以每间隔一个为挡火墙进行设置的,其间夹有 0.5 mm 厚的钢板。开敞式客车的大客室车顶有三处设有金属圆头板,板厚为 1.5 mm,以防火灾时火焰沿车顶迅速蔓延。车端设有电压较高的电气设备时,其与客室间的间壁也被设计为挡火墙。挡火墙上有电缆穿过时,加热胀套,当有火灾时热胀套遇热膨胀把电线孔堵死,以免火焰穿过并蔓延。

对于高速客车来说更有必要设挡火墙。除客室端间壁被设计为挡火墙外,座车车顶部位的三处均应设有金属圆头板(挡火板),卧车应以每间隔一个为挡火墙的形式进行设计,且挡火墙与车顶、侧墙连接处设有金属挡火板,以免火焰从挡火墙与钢结构间的缝隙穿过。同样,在挡火墙电线穿过处也要做好防止火焰蔓延的处理工作。

- 挡火板。

从原民主德国进口的客车,在客室一位端和中部位置的风道里各设有一个活动的挡火板,控制手柄露在风道外客室处,当有火灾时只要拉动手柄,活动挡板即可把风道挡住,防止火焰迅速蔓延。国外高速客车风道里一般设有活动挡板或在发生火灾时能自动切断通风。我国高速客车也应采取类似的措施。

⑤ 改进门、窗结构设计,为火灾时疏散旅客提供条件。

为方便旅客疏散,高速客车的侧门应设计为自动亦可手动的拉塞门。现在客车上的内开折页式侧门,事故时很不安全,火灾时旅客挤在那里,门根本无法打开,我国发生的几次火灾事故中,都有许多人都因烟雾、毒气而窒息死在侧门,根据我国为确保旅客旅行安全不能像有的国家那样旅客可自行开门,如果设外开门,虽说打开后挤不住旅客,但由于旅客不能自己开门,发生火灾的情况下乘务人员也很难挤过去开门,再者,外开门打开后会超出限界,所以侧门设计为拉塞门是最好的,可手动开启又能自动控制比较合理。手动需设解锁装置,解锁装置的控制机构设在车内乘务人员便于操作处,有明显标记且加铅封。当发生火灾时,乘务人员打开解锁机构后旅客自行开门外逃。自动控制要由乘务人员或司机操纵,乘客不能操纵。

高速客车车窗应是火灾时旅客疏散的主要出口之一。一般在车端设有安全窗或每节车设两个安全锤。安全锤铅封在透明的盒子里,当发生事故时可用来打碎窗玻璃,旅客从窗口逃出。

门、窗玻璃应采用钢化玻璃,门、窗上相应开口的大小应至少能允许一个人爬出。

⑥ 火灾报警与灭火。

高速客车应装设火情监测装置和自动报警装置,以及时发现火情,及早灭火。易起火处应最好设有自动灭火装置,以及时扑灭小火。此外,车上还应设有能与司机通话的电讯装置,当发现火情时及时通报司机,以选择合适的停车地点,采取必要的防火、灭火措施。国外有的车上还设有与地面消防部门的联防装置,这样,发生火灾时更能有力地组织灭火。

车内要设有适量的便携式灭火器,要置于明显、便于拿来灭火的部位。

车上设应急照明装置，蓄电池的供电量应至少能维持共使用 1 h。当发生火灾时，除应急照明装置外，其他电器应全部断电。

1.1.2.3 铁路运输系统现有解决方案存在不足

铁路运输系统依然是一个复杂的大系统，因而只从人、车、路（环）的某一个方面着手解决问题，没有从系统的角度来考虑和解决问题，是不能从根本上解决问题的，所以必须把人、车、路综合起来考虑，充分应用现代科学技术、利用信息的共享来确保系统的安全性。

1.2 交通运输系统新思路——智慧型交通运输系统

根据 1.1 节的分析可知，无论是道路交通系统还是铁路运输系统，为了有效地解决系统中所存在的效率和安全问题，都必须用系统工程的思想，从系统的角度，将人、车、路有效地结合起来，才可能从根本上解决问题。

那么，如何将交通运输系统中的人、车、路有效结合起来呢？必须利用各种先进技术，使人、车、路（环）三者之间能够进行高效、全面的信息交流与共享。如图 1-11 所示。

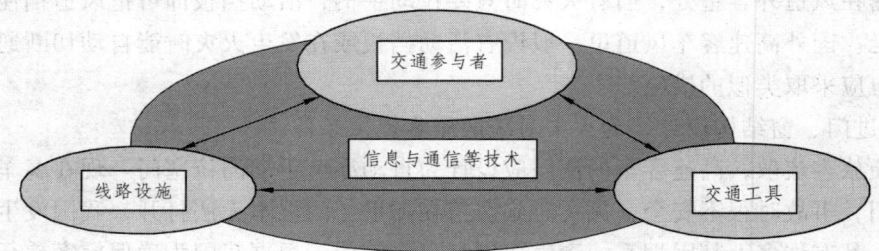

图 1-11 人、车、路结合方法示意图

通过以上方式，可将人、车、路各自影响安全的因素信息分别进行采集，并通过网络与通信技术传给系统控制中心，经系统控制中心处理后将信息发布出去加以利用，从而有效地控制系统中的险态，提高系统的效率，如图 1-12 所示。

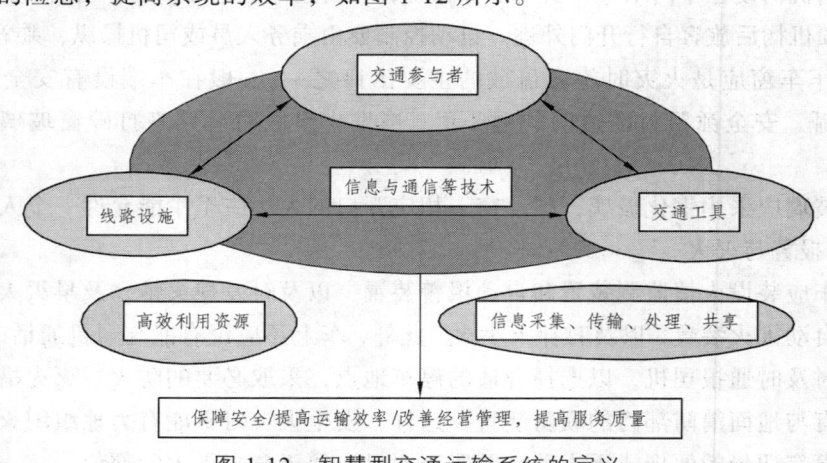

图 1-12 智慧型交通运输系统的定义

1.2.1 智慧型交通运输系统的产生

交通工程学家通过研究发现：在交通高峰时期，中心城市道路系统和国家高速公路系统并不是全部都发生交通拥堵的，有相当一部分道路仍然保持畅通，于是他们设想如果能够将道路网的交通信息告诉驾驶员，并提示他们可以通过那些路段绕行，则道路网的资源就可以得到充分的利用，换句话说就是将交通高峰期的车辆有效地分布在道路网中，尽量缩短人们的出行时间。

沿此思路，专家认为可充分利用高速发展的电子信息技术，将电子信息技术等高新技术引入运输系统。这样不但有可能解决交通拥堵问题，而且对交通安全管理，交通事故的处理与救援，客货运输管理，高速公路收费系统等都将产生巨大的影响。

1.2.2 智慧型运输系统的主要内容

1. 先进的交通信息服务系统（ATIS）

它是建立完善的信息网络基础上，交通参与者通过装备在道路上、车上、换乘站上、停车场上以及气象中心的传感器和传输设备可以向交通信息中心提供各处的交通信息。该系统得到这些信息并进行处理后，实时向交通参与者提供交通信息，公共交通信息、换乘信息、交通气象信息、停车信息以及出行相关的其他信息。

出行者根据这些信息确定自己的出行方式，选择路线，当车上装备了自动定位和导航系统时，该系统可以帮助驾驶员自动选择行驶路线。

2. 先进的交通管理系统（ATMS）

该系统与ATIS共用信息采集、处理和传输系统，但ATMS主要是给交通管理者使用的，它将对道路系统中的交通状况、交通事故、气象状况和交通环境进行实时的监测，根据收集到的信息，对交通进行如显示信号灯、发布诱导信息、道路管制、事故处理与救援等的控制。

3. 先进的公共交通系统（APTS）

该系统的主要目的是改善公共交通的效率，提供便捷、经济、运量大的公交系统。

4. 先进的车辆控制系统（AVCS）

尚处于实验阶段，从当前的发展形势看，可分为以下两个层次。

（1）车辆辅助安全驾驶系统。

该系统由车载传感器、车载计算机和控制执行机构组成。行驶中的车辆通过车载的传感器测定出与前车、周围车辆以及道路设施的距离和其他情况，车载计算机进行处理，对驾驶员提出警告，在紧急情况下，强制使车辆制动。

（2）自动驾驶系统。

装备了这种系统的汽车也称为智能汽车，它在行驶中可以做到自动导向、自动检测和回避障碍物，在自动公路上，能够在较高的速度下自动保持与前车的距离。

智能汽车在自动公路上使用才能发挥其全部功能，若在普通公路上使用，它仅仅是一辆装备了辅助安全驾驶系统的汽车。

5. 运营车辆运行管理系统

指以高速道路网和信息管理系统为基础，利用物流理论进行管理的智能化的物流管理系统。

6. 电子收费系统（ETC）

使用者在高速公路公司或银行预交一笔通行费，领到一张内部装有电子线路的通行卡，将其安装在自己汽车的指定位置，这样当汽车通过收费站的不停车收费道时，该车道上安装的读取设备与车上的通行卡相互通信，自动在预交账户上将本次通行费扣除。

7. 紧急事件管理与救援系统

它的基础是 ATIS、ATMS 和相关的救援机构与设施，通过 ATIS 和 ATMS 将交通监控中心、交通警察、道路养护管理机构、职业的救援机构、灾害处理管理中心等联成有机的整体，为道路使用者提供现场紧急处置、拖车、现场救护、排除故障车辆等服务。

1.2.3 智慧型运输系统的实质

国外于 20 世纪 70 年代初，我国于 20 世纪 70 年代末就开始试验和应用电子技术来改善交通管理，发展到 90 年代初，已经可以在相当大的范围内利用电子计算机对路口信号灯进行协调控制，但这还不是智能运输系统。

1. 智能运输系统的实现条件

对道路上的交通信息以及与交通相关信息的采集应该是尽量完整和实时的。

交通参与者、交通管理者、交通工具、道路管理设施之间的信息交换可以做到实时和高效。

交通管理中心、用户终端装备有功能强大的计算机系统，该计算机系统中的软件是按照智能化系统的思想研制开发而来的。

整个系统是按照智能化系统和面向知识信息处理而构成的。

2. 智能运输系统和现在已经存在的运输系统的区别和联系

（1）传统的运输系统的交通控制和管理的基本思想。

假设人是理性的，即每一个交通的参与者（包括驾驶员、乘客、行人等）都会在交通规则的指导下运动，社会教育他们这样可以获得最大的利益（时间、费用、安全）。

交通的管理者将交通系统假设成符合某种条件的物理系统模型，它的输入符合某种概率分布，然后利用经典的数学方法（微积分和概率论）来求解系统的最优解。能够达到或接近这个最优解的前提是交通的参与者会按照求解者的假定去做，这种假定往往是在对交通参与者的抽样统计基础上做出的。

在实际中,参与者不会完全按照这种假设来运动,这是因为人的趋利性往往超过其理性的一面,同时人还有非理性的一面,这表现在交通活动中车辆虽然是机械的,但是它的运行仍然表现出人的行为特点,因此整个交通系统并不是按照事先的设定和约定运行的,这就使按照一定的概率统计设计的控制系统大打折扣,只是由于路网资源丰富,车辆的路网占有率不是很大,这种现象没表现出来罢了。

随着车辆数目的增加,无论是发达国家还是发展中国家,车和路的矛盾都越来越突出,表现出堵车频繁、事故多、污染严重。用数学的语言来描述就是在以前的假设条件和约束条件下,系统输出与系统的目标值的偏离也会越来越大,实际上最后系统的输出是发散的,会导致系统崩溃,因而传统的运输系统的交通控制和管理办法肯定是无法解决根本问题的。

(2)智能运输系统的交通控制与管理思想。

假定人是理性的,而且其价值取向是基本稳定的,即用尽量短的时间,安全地到达目的地。

不一定用数学模型来描述,而是在系统的体制层和运输层之间加上一个通信层:将信息及智能处理按照分布结构进行了布置,甚至将信息的接收、处理和存储分散到每一个车辆或交通参与者可以使用的信息终端,使得整个系统的运行比传统的集中式控制更符合人的本性。

(3)区别。

传统的交通控制与管理系统:运用传统的技术和经典数学,以假设条件和约束条件下的数学模型和公式为基础,从管理者的角度出发,按照集中管理的方式对道路使用者进行控制和规范。在这个系统里管理者是主动的,而道路使用者是被动的,各种交通工程设施是在物理上迫使使用者这样做或不那样做的。

智能运输系统:更加重视人的主观能动性,它不是力图将带有较多社会和人类行为特征的交通系统描述成某种数学的模型,而是向道路的使用者提供各种各样的信息,让道路使用者从不同的方案中选择自己所认同的那一种,以诱导为主,而不是以强迫为主,在人的理性与价值取向的基础上,使人们的出行得到最大程度的满足。

1.3 智慧型交通运输系统涉及的相关技术

1.3.1 智慧型交通运输系统涉及相关技术

要实现交通运输系统中人、车、路(环)间信息的共享,必须首先通过先进的传感器技术感知到系统各组成要素的当前状态,如驾驶员的疲劳状态、车辆各设备的完好状态、道路各路段交通流量的状态、各路段的气候状况等,在此基础上,通过先进的通信技术、网络技术将采集到的各组成要素状态信息通过无线或有线通信的方式传输到系统控制中心,利用信息处理技术加以处理后通过控制技术等应用于地面运输系统,从而有效地将人、车、路结合起来,通过调整交通需求、提高服务能力等手段,建立起在大范围内发挥作用的、实时、准确、高效、安全、环保的运输系统。该过程如图 1-13 所示。

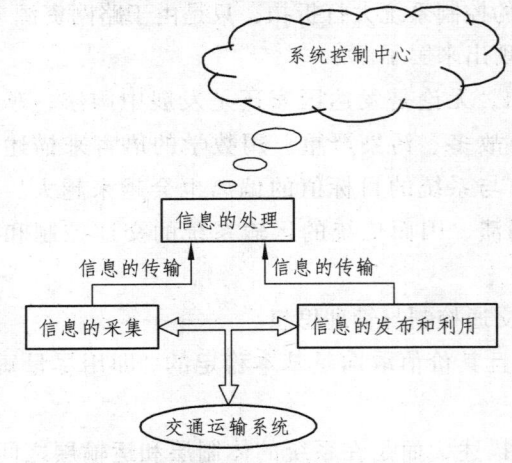

图 1-13 智能交通运输系统相关技术链

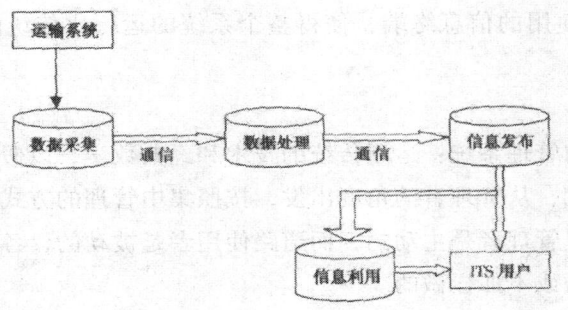

图 1-14 ITS 信息链

从信息处理的角度看,ITS 系统涉及数据采集、数据处理、信息发布和信息利用四个环节,每个环节对应技术如表 1-1 所示。

表 1-1 对应于不同数据处理环节的 ITS 技术

数据处理环节	ITS 相关技术		
	基础设施方面	车辆方面	驾驶人
数据采集	交通检测器、天气检测器、	AVI(自动车辆识别)、GPS(全球定位系统)、移动称重	眼动、脑电、心电等
数据处理	AID(自动事故检测)	数字地图	
数据通信	数据站、光纤	移动通信、DSRC(超短程通信)	
信息发布	VMS(可变信息板)、国际互联网	HAR(公路服务广播)、RDS/TMC(广播数据系统/交通信息通道)	
信息利用	匝道控制、UTC(城市交通控制)	路径诱导、碰撞回避	基于人机的安全设计

1.3.2 智慧型交通运输系统的技术特点

从 ITS 的概念和 ITS 的主要内容可知，ITS 是人们将先进的传感器技术、信息技术、数据通信传输技术、电子控制技术以及计算机处理技术等有效地综合运用于整个运输体系所得到的新型运输系统。

该系统可以说是众多技术的体现，但它又不只是这些技术的简单的合成和堆砌，而是彼此间有着紧密的联系。这种联系体现在智能交通系统的技术特点上。

1. 技术的集成性

集成性可谓是 ITS 技术的最大特点。

将新兴的信息、控制、交通和计算机技术和交通工程集成，就形成了智能交通系统中各种特有的技术：如城市道路和高速公路智能交通控制技术、交通信息采集和融合技术、路径导航及交通信息服务技术、高速公路联网收费及不停车收费技术、智能车路技术等。这些技术加强了人、车、路之间的联系，将各种设施单元（车载设备、路侧单元、控制中心）、交通管理部门和出行者集成到一起，为提高运输系统的运输效率和安全水平提供了基础和手段。

各个子系统均需采用信息和系统工程的方法，对系统本身进行上述 ITS 技术和方案的集成：如交通管理和控制系统，系统本身涉及信息采集、信息传输、信息加工和信息发布以及采取控制措施等各项技术手段，这些技术手段以信息为纽带联系在一起，通过对信息的处理加工和优化算法，提出优化和管理措施，并将指令传递到各种控制的终端，实现对交通流的控制。

各个子系统之间需集成为一个大系统，从而实施信息共享和一体化的交通综合管理：如交通信息服务系统和交通控制系统两系统之间，交通信息诱导必须以交通控制系统所掌握和分析的交通信息为基础，因此信息服务系统的信息和交通流诱导核心技术，必须和交通管理系统的信息加工和处理技术联系在一起。这种子系统之间的技术集成不仅能够实现子系统之间的良好协作，而且还能降低系统的处理时间，节省系统的设施和费用。

2. 技术的系统性

要将智能交通系统的各项技术构成集成到一起，形成一个有机和完整的系统，首先这些技术手段须符合系统的特定要求，有助于实现系统功能；另外系统的技术与技术之间有良好的接口和兼容性，才能整合到一起真正实现系统的总体功能和目标。这就是智能运输系统技术系统性特征的要求。如：视频检测技术、图像处理技术和图像传输技术之间就必须具有严格的系统性，如果它们事先没有严格的接口约定，通过视频图像分析出来的视频数据（如车流量、平均车速、占有率、车型等）就无法随视频图像一起传输，更不可能在电视监控系统和交通信号控制系统中得到利用。

3. 技术的先进性

智能交通系统的技术基础是新兴发展和迅速革新的信息技术，如计算机、网络、通信、控制等技术，都是现代信息社会当中的先进技术。如何将这些先进技术应用到传统的交通运输管理领域当中，形成现代的、先进的运输管理技术，正是智能交通系统解决所面临的交通问题所依赖的方式。

4. 技术的综合性

智能交通系统的定义明确指出要将信息技术、电子通信技术、自动控制技术、计算机技术和网络技术等有效地综合地运用于整个交通运输管理体系之中，这一方面说明了智能运输系统包含了大量的技术，另一方面则说明了这些技术还必须被综合利用，而不是简单的叠加，技术与技术之间有很好的分工协作，才能实现一个大范围内、全方位发挥作用的、实时、准确、高效的交通运输综合管理和控制系统。

甚至就系统当中的某一个子系统而言，也要综合地运用各种相关技术，才能实现一定范围内的功能目标。如交通管理和控制子系统：信息的采集因其方式各异会用到传感器、超声波或视频技术等，信息的传输则要依靠通信技术，信息的加工和处理则涉及计算机技术，包括硬件中的网络和软件中的数据库技术，对交通的管理和控制要借助自动控制技术和网络传输实现系统生成的各种控制方案，以及借助各种信息发布技术发布各种管理信息。同时，也只有将这些技术综合利用，才能真正实现对交通流的实时的和智能化的控制。

2 道路交通信息采集与处理技术

交通信息是城市交通规划和交通管理的重要基础信息，通过全面的、丰富的、实时的交通信息不但可以把握城市道路交通的发展现状，而且可以对未来发展进行预测，为城市交通规划和交通管理部门的正确决策提供科学依据。交通信息服务也是智能交通系统 ITS 功能的一个重要方面，未来智能运输系统中先进的交通管理系统 ATMS 和先进的交通信息系统 ATIS 等都离不开交通信息，动态交通诱导功能是智能交通系统的核心之一，这一功能的实现也是以城市交通系统中的实时交通信息为基本前提的。因此，交通信息采集与处理技术无论对城市的交通规划、路网建设、交通管理，还是对未来智能交通系统的实现都非常重要，是城市交通发展规划和道路交通科学管理的最重要的基础和前提。

交通信息分为静态与动态两种：

静态交通信息是指交通系统中一段时间内稳定不变的信息，主要包括道路网信息、交通管理设施信息等交通基础设施信息，也包括机动车保有量、道路交通量等统计信息以及交通参与者出行规律在时间和空间上相对稳定的信息。

动态交通信息是指实时道路交通流信息、交通控制状态信息以及实时交通环境信息等在时间和空间上相对变化着的信息。

这里主要讨论实时动态交通信息的采集与处理技术。目前国内外用于实时交通信息采集和处理的主要技术是电磁感应的环型线圈式车辆检测技术和微波车辆检测技术以及近年发展起来的视频车辆检测技术。

2.1 传感器的含义与组成

国家标准 GB7665-87 对传感器的定义是：能感受到规定的被测量的量，并依据一定的规律转换成可用于输出信号的器件或装置。传感器的涵义有广义和狭义之分，广义的传感器是指能感知某一物理量（或化学量、生物量等）的信息，并能将它转化为有用的信息的装置。狭义的传感器是指能将各种非电量转化成电信号的部件。

传感器一般是利用物理、化学和生物等学科的某些效应或原理按照一定的制造工艺研制出来的。因此，传感器的组成将根据不同的情况而有较大的差异。但是，总的来说，传感器是由敏感元件、传感元件和其他辅助部件组成的，如图 2-1 所示。

图 2-1 传感器组成框图

敏感元件是直接感受非电量，并按一定规律转换成与被测量有确定关系的其他量（一般仍为非电量）的元件，例如应变式压力传感器的弹性膜片就是敏感元件，它的作用是将压力转换成膜片的变形。

传感元件又称变换器，一般情况下，它不直接感受被测量，而是将敏感元件输出的量转换成为电量输出的元件。如应变式压力传感器的应变片，它的作用是将弹性膜片的变形转换成电阻值的变化，电阻应变片就是传感元件。

这种划分并无严格的界限，并不是所有的传感器必须包含敏感元件和传感元件。如果敏感元件直接输出的是电量，它同时兼为传感元件；如果传感元件能直接感受被测非电量并输出与之成确定关系的电量，此时，传感器就是敏感元件，如压电晶体、热电偶、热敏电阻、光电器件等。

信号调节与转换电路一般是指能把传感器元件输出的电信号转换成便于显示、记录、处理和控制的有用电信号的电路。信号调节与转换的电路选择要视传感元件的类型而定，常用的电路有弱信号放大器、电桥、振荡器、阻抗变换器等。

辅助电路通常包括电源，有些传感器系统常采用电池供电。

2.2 环型线圈感应式检测技术

2.2.1 环型线圈的工作原理

环型线圈感应式检测技术是指由环型线圈作为检测探头的一套能检测到车辆通过或是否存在于检测区域的技术。

环型线圈检测器由环型线圈、调谐回路和检测电路组成，如图 2-2 所示。

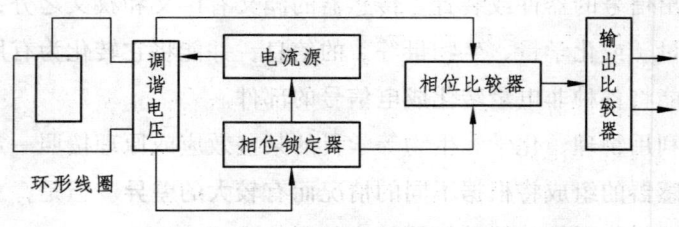

图 2-2 环型线圈检测器功能框图

1. 环型线圈

环型线圈是由电缆线绕几匝构成，一般规格为 2 m×2 m 的正方形，根据不同的需要，可以改变线圈的形状和尺寸。对车辆检测起直接作用的是环型线圈回路的总电感。总电感主要包括环型线圈的自感和线圈与车辆之间的互感。

（1）环型线圈的自感系数变化。

由电磁场理论知道，任何载流导线都将在其周围产生磁场，对于长度为 l，匝数为 N 的螺线管型线圈，线圈内磁场强度均匀。其自感量为

$$L = \mu_\tau \mu_0 N^2 A / l \tag{2.1}$$

式中，μ_τ 是介质的相对磁导率，空气的 $\mu_\tau = 1$；$\mu_0 = 4\times10^{-7}\,hm^{-1}$；$A$ 为线圈的环绕面积；由于环型线圈不能完全等同于螺线管，可考虑引入磁场的不均匀修正因子 F_1，于是环形线圈的自感量 $L_自$ 可近似表示为：

$$L_自 = F_1 \mu_\tau \mu_0 N^2 A / l \tag{2.2}$$

由式（2.2）知，环型线圈自感的大小取决于线圈的周长、环绕面积、匝数及周围介质情况。当车辆进入环形线圈时，改变了环形线圈周围的介质情况，铁磁车体使磁导率增加，从而使自感量增加。

（2）环型线圈的与车辆的互感系数变化。

当环形线圈被加上高频正弦交变电流 i_1 时，线圈周围就产生一个交变的磁场 H_1，当铁磁性的车体进入环形线圈时，车体内就会有涡流 i_2 产生，此涡流产生新的磁场 H_2，H_2 与 H_1 方向相反，可抵消部分 H_1 磁场，如图 2-3 所示。

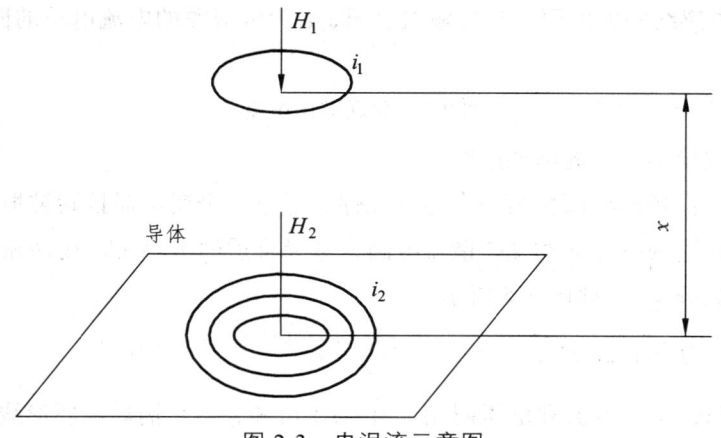

图 2-3　电涡流示意图

由于涡流对环形线圈的磁场具有去磁作用，因此，涡流的出现使环形线圈的电感量减少。

（3）环型线圈回路的总电感。

环形线圈检测器的工作频率范围为 20 kHz≤f≤180 kHz，此时，涡流的去磁作用占主导地位，因此，当车辆进入环形线圈时，其总电感量将减少。

2. 调谐回路

（1）谐振电路。

谐振电路指由电感 L 和电容 C 组成的，可以在一个或若干个频率上发生谐振现象的电路。通常有串联谐振电路和并联谐振电路，如图 2-4 所示：

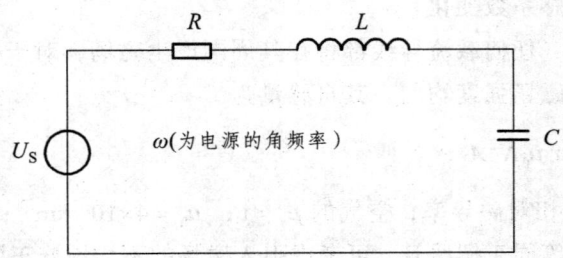

注意：R 为电感元件和电元件的电阻之和，电路的固有谐振频率为 $f_0 = 1/2\pi\sqrt{LC}$

图 2-4　串联谐振电路

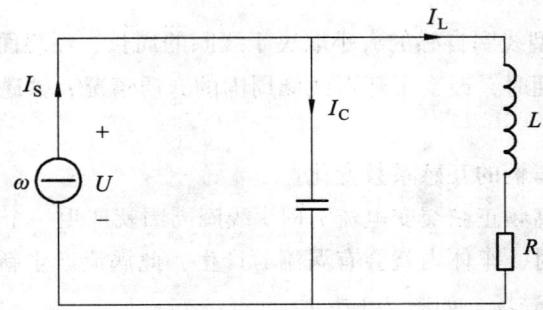

注意：R 为电感线圈的电阻，U 为输出电压，I_s 为电流源的电流电路的固有谐振频率为：
$f_0 = 1/2\pi\sqrt{LC}$

图 2-5　并联谐振电路

（2）环形线圈检测器中的谐振电路。

如图 2-5 所示：环形线圈作为一个感性元件，通过一个变压器接到被恒流源支持的调谐回路上，该调谐回路为一并联的 LC 谐振电路，选择合适的电容 C，使谐振回路有一个固有的振荡频率（谐振频率），如图 2-5 所示。

$$f_0 = 1/2\pi\sqrt{LC}$$

此时，调谐回路中的电流和电压同相。由（1）可知，当车辆进入环形线圈时，其总的电感量 L 将减少，调谐回路的频率会增加，其电流和电压不再相同，由相位比较器可知是否有车辆通过。

（3）检测电路。

主要完成信号检测与输出的功能，该电路包括相位锁定器、相位比较器、输出电路等。新型的环型线圈检测器还包含微处理器，具有更强的信号处理功能，因而可以获得更高的检测精度。相位比较器的一个输入信号对应相位锁定器的输出信号，其频率为调谐回路的固有振荡频率；另一个输入信号跟踪车辆通过线圈时谐振回路的频率变化，从而使输出的信号为一反映频率随时间变化的电压信号，如图 2-2 所示。

从图 2-6 可以看出，当车辆前沿进入线圈一边时，检测器被触发产生信号输出，而当车辆后沿驶离线圈另一边时，信号低于阀值，输出电平为 0。车辆实际对环形线圈作用的长度 L_V 称为车辆的有效长度。车辆有效长度约等于车辆长度与线圈长度之和。

输出电路先将相位比较器输出的信号进行放大，然后以两种方式输出，即以模拟量、数字量的方式输出。模拟量输出用来识别车型，数字量输出用以计数。大多数情况下都使用检测器的数字电平输出。为了检测不同的交通参数和适应不同检测或控制要求，可设置检测器工作在方波或脉冲两种方式下输出。在方波输出的方式下，只要车辆进入环形线圈，检测器就产生并保持信号输出，图 2-6 所示的输出方式就是这种方式，该方式可用于车辆占有率的检测。

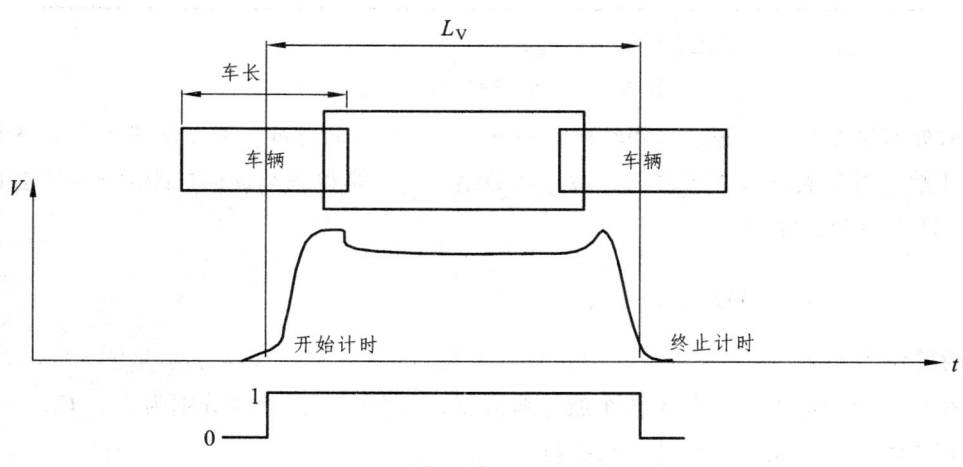

图 2-6　环形线圈检测器检测车辆过程

2.2.2　交通参数的检测方法和计算

在交通控制系统中，常用的交通参数主要有：交通流量、占有率、排队长度、速度和密度等。这些参数有些可以直接通过测量得到，有些需要根据其他检测量计算得到。

1. 交通流量

用环型线圈检测器检测交通流量时，应尽量做到每车道设置一个线圈。用一个线圈横跨多个车道的方法，容易漏检，如当几辆车并排通过线圈时，只能算一辆车。前面已指出，环型线圈检测器的输出可以是方波或脉冲的方式。只要让微处理器对输出信号的上升沿或下降沿进行计数，则两种方式均可用来检测交通流量。设检测器的计数周期为 T，N_i 为观测期内第 i 车道检测器的计数值，则 i 车道在该周期内的交通流量为：

$$q_i = N_i/T$$

然而，按这种方法算出来的交通流量，还需要进行调整，因为它无法区分大小车辆。一个简单的方法是进行交通调查后，确定交通流中的各种车辆的平均分布状况，然后用一个折算系数把上述公式中计算出来的交通流量换算成标准小客车当量。

2. 车　速

为了准确测量车速，通常要在车流方向上埋设两个性能相同的环型线圈，线圈的同边距离 s 为 $3\sim5$ m，如图 2-7 所示。

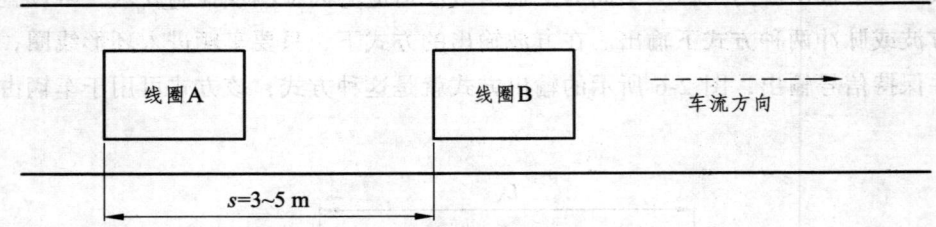

图 2-7　检测车速的线圈设置方式

由微处理器给出一个基准时间脉冲，如 p（ms）的时间脉冲。当车辆进入线圈 A 时，脉冲计数开始；当车辆进入线圈 B 时，脉冲计数结束，于是得到车辆通过距离 s 所需要的脉冲数为 n，则车辆的速度为

$$V = 1\,000s/pn$$

V 的单位为 m/s。

设在某一观测期内，共有 N 辆车通过检测点，且每辆车的速度分别为 V_1, V_2, $\cdots$, V_n，则该时间段内的交通流的时间平均速度为：

$$V_t = \frac{1}{N}\sum_{i=1}^{N} v_i$$

空间平均速度是指在某一时间内通过一路段的所有车辆的速度平均值。设路段长度为 Δ，在一个观测期内共有 N 辆车通过该路段，则 N 辆车通过该路段的平均行使时间为：

$$\overline{t} = \frac{1}{N}\sum_{i=1}^{N}\frac{\Delta}{v_i}$$

于是该观测期内的空间平均速度为

$$V_s = \frac{\Delta}{\overline{t}} = \frac{N}{\sum_{i=1}^{N}\frac{1}{v_i}}$$

3. 占有率

也叫车辆占有率，其定义为一路段内车辆占用的道路长度总和与路段长度之比。由于难以测量，通常用时间占有率来代替。用环形线圈检测器测量占有率要将检测器置成方波工作方式。设在某个观测期 T 内，共有 N 辆车通过线圈，测得 i 车道的车辆 j 通过环形线圈的方波宽度为 t_{ji}，则该时间段内，车道 i 上车辆的时间占有率为：

$$\sigma_i = \left(\sum_{j=1}^{N} \frac{t_i}{T} \right) \times 100\%$$

4. 交通密度

在"交通工程"学中，我们知道，当假设车流均匀，车种单一时，得到的车流速度、密度、流量之间存在以下关系：

$$交通密度 = 交通流量 / 空间平均车速$$

该关系式被称为交通流模型。

由此可见，根据交通流模型，只要测出交通流量和车流的空间平均速度则可得到观测期 T 内的交通密度

$$\rho = (N/T)/Vs = (N/T) \frac{\sum_{i=1}^{N} \frac{1}{v_i}}{N} = \frac{1}{T} \sum_{i=1}^{N} \frac{1}{vi}$$

式中，V_i 表示第 i 辆车的车速。

5. 车型分类

根据不同类型的车辆通过环形线圈时，其电感量输出特性曲线不同来判别车型。由于这种方法的误差较大，所以实际应用较少。

2.2.3 环型线圈的应用范围

车辆检测器设备的存在和发展，起源于交通控制系统对交通数据的检测需求。通常用于检测交通流量、占有率等交通参数，为交通控制系统提供控制区域内的各种实时交通流信息，其可靠性、准确性和灵敏度直接影响着交通控制系统运行的有效性。

环形线圈感应式检测器设备自应用以来，在世界范围内的城市交通控制系统中，一直是首选的车流量信息检测手段。它具有性能稳定可靠、灵敏度高、数据准确，对周围环境条件的要求也不苛刻等优点，而且具有较强的发展空间。

目前，环形线圈感应式检测器设备主要应用于交通流数据信息采集系统、交通信号控制系统、交通诱导及停车管理系统中。

最初的检测需求大多是交通流量、流向，车速，车道占有率以及车长、排队长度等，这些可以通过不同的感应线圈的设置方式来实现。

2.2.4 环型线圈的设置方式

不同的检测需求和系统对环型线圈的设置要求不同。交通流数据信息采集系统和交通信号控制系统通常要从以下几个方面进行考虑。

1. 从确定检测点位置考虑

保证车辆行驶到检测点位置时的行驶速度是设计时速或正常行驶速度的80%左右。

2. 从检测目的的响应时间考虑

交通信号控制系统中绿信比、相位差优化要求保证车辆以正常行驶速度的80%通过检测点位置后，到达停车线时的旅行时间不少于 8 s。

在有路口左转检测需求时，可以在左转车辆出口处设置线圈，并使之与信号控制器中的左转相位相结合，从而保证在下周期对该左转相位的预处理和绿分离控制。

3. 从检测数据的准确性和有效性考虑

保证进入车道或路段（有向）的所有车辆都被检测到，而其他非相关车道或路段的车辆不被检测。在交通信号控制系统中通常要求检测流量的有效性不小于90%，而车流量信息采集系统通常要求检测流量的准确性不小于95%。

这里需要注重考虑的是：路段上的出入口，公共汽车站，路口左右转向交通流所占比率。

对于交通诱导及停车管理系统来说，在考虑前面提到的几个方面的基础上，还要注重考虑定位的抗干扰性和线圈检测、故障监测的可靠性。

2.3 远程交通微波检测器技术

远程交通微波检测器（RTMS）是一种工作在微波频段的雷达探测器，它向行驶的车辆发射调频微波，波束被行驶的车辆阻挡而发生反射，反射波通过多普勒效应使频率发生偏移，根据这种频率的偏移可检测出有车辆通过，经过接收、处理、放大后输出一个检测信号，从而达到检测道路交通信息的目的。微波检测器，安装在路侧灯杆上方或车道正上方，可进行单车道检测或多车道检测

2.3.1 远程交通微波检测器的工作原理

1. 多普勒效应

远程交通微波检测器是利用微波的多普勒效应来测定车速的。一个多普勒效应明显的例

子：当鸣笛的火车迎面开过来的时候，我们听到的笛声音调是由低到高的；在火车急驰而过向远离我们的方向运动时，我们听到的笛声音调是由高到低的。火车行驶的速度越快，我们听到笛声音调的高低变化也就越明显。这种音调变化实际是由于火车与人之间的相对运动，声源（车笛）对空气介质振动的频率偏离了声源本身的振动频率所引起的。类似的这种现象在日常生活中是普遍存在的。它首先被澳大利亚物理学家多普勒在1842年发现的。于是，人们就将这种现象按照科学家的名字命名为多普勒效应。

上面的例子说明了多普勒效应在音频范围内存在的事实。实际上，多普勒效应在电磁频域内也存在，并且人们早已证明，当物体相对微波信号源运动时，有下面的关系式成立：

$$f' = f_0 + \frac{2V_R}{C} f_0$$

其中：f'——反射信号的频率；

f_0——微波源产生的发射频率；

V_R——运动物体的径向速度分量；

C——电磁波在空间的传播速度。

从上式可以看到，接收到的反射信号频率为 f' 是由两部分组成的，第一部分是微波源发出的微波的频率 f_0；第二部分就是由物体运动引起反射信号的多普勒频移，这个频移量就叫多普勒频移，通常用 f_d 表示：

$$f_d = \frac{2V_R}{C} f_0$$

其中微波源发射的微波的频率 f_0 和电磁波传播的速度 C 是不变的，因此，当 f_0 选定后，多普勒频率的大小只与物体相对微波源的速度成正比例关系，只要我们把反映目标运动速度信息的多普勒频移 f_d 找到，再经过适当的处理，就可测出目标的运动速度。

2. 远程交通微波检测器的工作原理

远程交通微波检测器就是依据多普勒效应进行测速的。它发射一束已知频率 f_0 的微波，微波以恒速 C 传播，在其传播区域内如遇到运动的物体，将有一小部分波被反射回来，即频率为 f' 的反射波，微波检测器接收到这部分反射波，比较发射与反射两个波的频率 f_0 和 f' 便可判断是否有车辆通过，并根据频率的变化即 $f_d = f' - f_0$ 和已知的数据 f_0 和 C 计算出运动物体的速度 V_R。

远程交通微波检测器是以低功率微波信号在扇形光线区域内发射连续的调制微波，光线在表面上"画出"一道长长的投影，任何没有背景的目标都会返回给 RTMS 目标的位置和所测试到的范围（如图2-8所示）。RTMS 在解决测量范围功能时允许它设置成每 2 m 为一"层"的层面，在车辆掠过的范围内可最多构建 32 层。用户可为每一条车道定义一层或多层。RTMS 每隔 30～300 s，将一份包含每条车道上车辆的数据传输到控制中心。

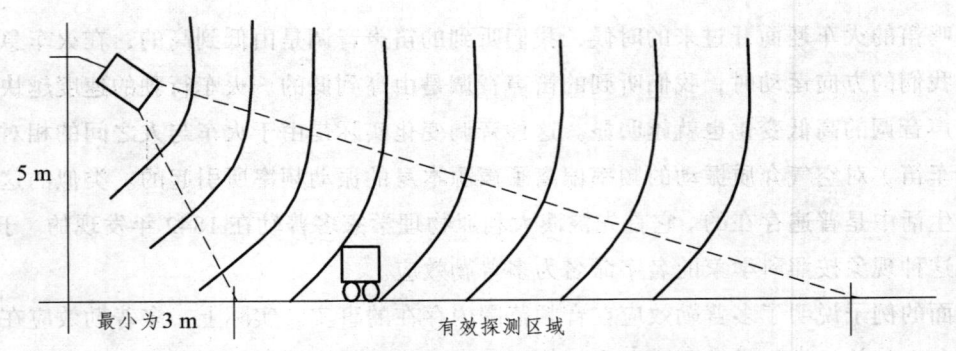

图 2-8 远程交通微波检测器功能示意图

RTMS 有两种可行的计数方式,即侧向安装和正向安装。侧向安装方式下一台检测器可探测 8 条车道的交通信息,图 2-9 表示侧向安装多车道检测域。

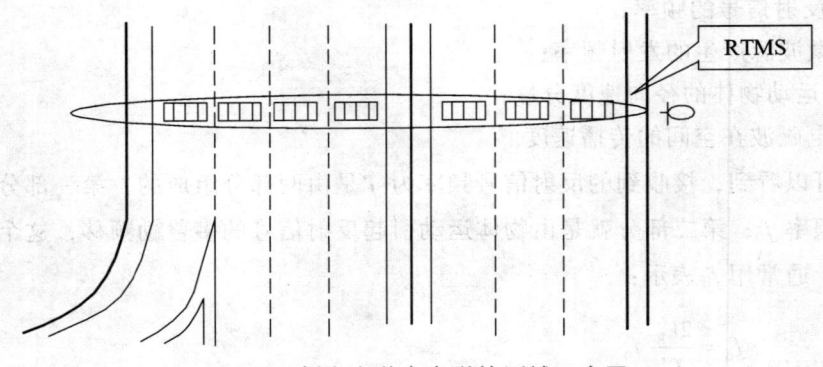

图 2-9 侧向安装多车道检测域示意图

2.3.2 远程交通微波检测器的特点

1. 多道性

多数检测器是单道设备,在多车道的公路上应用时,需由多个检测器单元组成。因此带来高额的成本和复杂的安装,并且随着单元和布线的增加使得可靠性下降且更不便于维修。RTMS 能够根据车的长度检测在多达 8 条车道的每一条车道上的车的类型、道路占有率、流量和平均速度。由于 RTMS 的安装高度在 5 m 左右,所以可方便地安装在现有的电线杆上。多道性使 RTMS 在每一条车道上安装的方便性、可靠性、稳定性方面的性能价格比很高。

2. 真实再现

多数交通检测器都不是再现式设备,如果物体移动得很慢或不动,则不能够检测到交通情况。这就意味着对于这些检测器来说,一条交通拥挤的道路看起来是一条空路。RTMS 和感应线圈一样,是一种能够真实再现的检测器。不论车辆是静止不动的还是移动的,它都能够真实探测出。

3. 侧向安装

大多数检测器都是正向架空安装的设备，即只能安装在龙门架或过街桥上。在安装和维修时，检测器下方的道路必须被关闭。RTMS是能够在不中断交通的情况下安装在现有路侧电线杆上的离路检测器，在安装时最多要求路边搭起围栏，因此非常方便。

4. 全天候

除了微波检测器以外，所有的检测器在天气变化时维持良好的运行都是有困难的。短波红外线检测设备不能在雾、大雨和雪中运行。当早晨和傍晚太阳位置很低时，视频图像系统会出现运行问题。所有基于镜头工作的设备都需要时常地擦拭和维护。超声波检测器非常容易受到由风引起的震动的影响，从而产生误报。RTMS是一种真正的实时再现的雷达设备，能够全天候进行工作。

5. 低价格

RTMS由于其多车道检测的功能使其每条路的平均价格都较低，并有安装简单，免维护，高可靠性和易于快速更换的优点。

6. 准确性

RTMS是一种准确的检测器。它独一无二的区域检测能力可使它从多角度应用，而其他检测器则是很难维持这种准确性。

7. 使用方便

RTMS是可以升级的。由于它是基于软件运行的，所以通过更换它的软件可以方便地更换其工作程序。RTMS软件是不断升级的，升级过程只需要更换一块芯片。RTMS非常容易维修，出现故障时，只需更换一个备件，并且不受气候的影响在10 min内即可方便快捷地完成，更换下来的故障部件可返回厂家进行维修。

2.3.3 远程交通微波检测器的应用领域

1. 高速公路路段多车道监测与管理

采用RTMS构成的高速公路交通管理系统，侧向安装横截多车道高速公路，可实现高速公路的自动事故检测。远程交通微波检测器通过接触器回路提供每车道的再现情况，每30 s通过串行接口提供实时检测的各车道车流量、车道占有情况、车道（来向和去向）平均速度等。

2. 高速公路匝道或T型路口信号管理

正向位置安装可以监控多车道岔口的车队情况。此时，远程交通微波检测器能向信号控制器提供实时的车队长度信息，并根据实际需要优化路口信号配时，如图2-10所示。

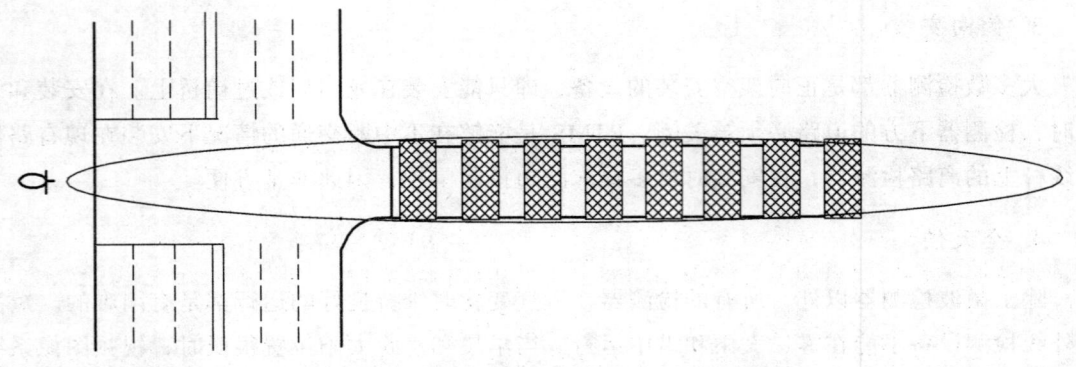

图 2-10　T 型路口 RTMS 设置示意图

3. 侧向安装应用于多车道十字路口

侧向安装可以应用于城市交通控制系统的多车道十字路口。在拐角立株上侧向安装（图 2-11），横截多车道，远程交通微波检测器通过接触器信号回路直接与控制器连接提供每车道或每时段的再现信息。控制器根据 RTMS 检测到的车流量、道路占用率、平均车速等实时交通信息，自动编程修改信号灯的配时，智能化地指挥交通。

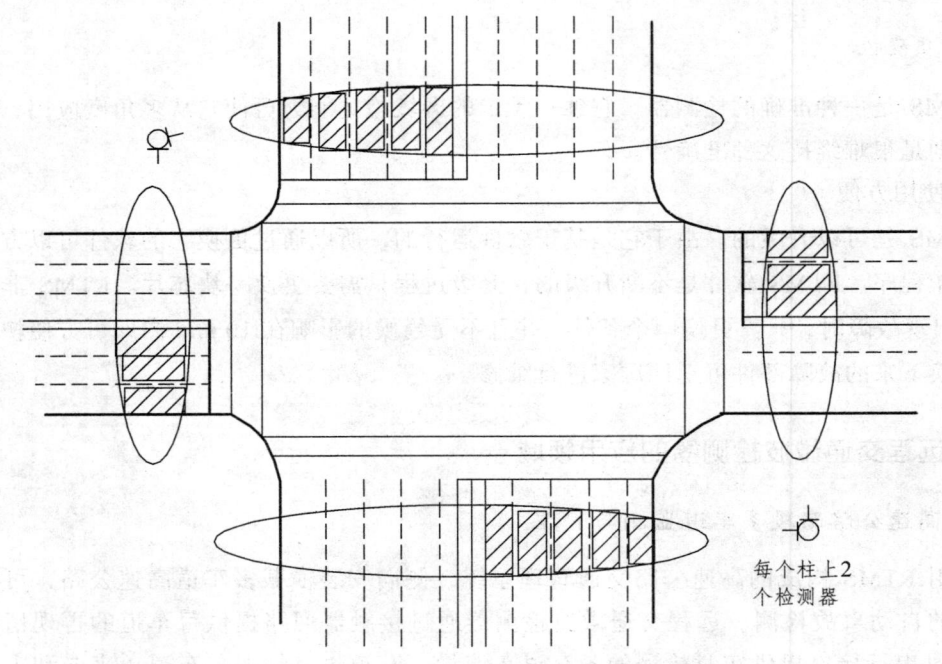

图 2-11　侧向十字路口控制 RTMS 设置示意图

4. 违章自动监测系统

这是自动抓拍违章车辆车型、号牌的监测系统。设置 RTMS 的检测域后监控摄像机或数码相机可抓拍到闯单行线、禁行线、走紧急停车道、公交车道、导流带等违章车辆的视频图像或照片，抓拍到的图片既可以本地存储，也可通过通信网络上传到信息中心。

2.4 视频检测技术

对于交通管理人员而言，交通路口的电视图像是最直观的交通信息，同时也是最大的交通信息源。随着人们对图像信息研究和应用的深入，视频图像含有丰富的交通信息，操作员虽然可以从视频图像直观地获取现场的交通情况，但是这种信息只是定性的，很难把这种信息迅速传输到控制网络中。加之由于同时显示的视频图像有限，操作员的精力有限，因而存在操作员没有观察到的图像，这部分信息没有被利用。

由于视频检测器主要由摄像机和图像识别单元（含计算机）组成，因而它的安装和维修不会对路面造成破坏，也不会对交通造成阻碍，因而近年来，随着图像处理技术的发展，视频技术已经走向市场，应用到交通管理工作中。

2.4.1 视频检测器的工作原理

由 CCD（Charged Couple Device，电荷耦合设备）摄像机连续摄得两帧图像（数字图像），对其全部或部分区域进行比较，如有差异则说明检测区有运动物体，从而检测出通过的车辆。视频检测器的关键是快速的图像识别算法。

2.4.2 基于图像识别技术的交通参数视频检测方法

基于图像识别技术的交通参数视频检测方法是一种非接触式检测方法，它利用数字图像识别技术，对用高速摄像机拍摄到的交通现场画面进行处理，获得被检测车道上车型、车速、车流量等交通参数，为交通控制和管理提供准确的交通流数据，从而更有效地进行交通控制和管理。

基于图像识别技术的交通参数视频检测方法一般包括图像信息获取、图像预处理（包括图像恢复和图像增强等）、图像特征提取（包括图像分割、特征提取、符号描述、纹理分析、运动图像分析和图像的检测和配准等）和车型分类及车流量统计等几个过程。图像信息的获取就是把图片等信息经输入设备数字化后输入计算机以备后续处理。图像预处理的目的是去除干扰、噪声和差异，将原始图像变成适合于计算机进行特征提取的形式，它包括图像的变换、增强、恢复等。图像特征提取的作用在于对经预处理的图像数据进行加工、整理、分析、归纳，从而去伪存真、去粗取精，抽出能反映事物本质的特征。车型分类是根据提取的特征参数，采用某种分类识别函数和判别规则，对图像信息进行分类和辨识，得到车型识别结果。分析经数据预处理的图像，可以获得车辆的车型数据（长度和宽度等），分析运动图像可以获取车速，分析车型数据可以获得车辆类型，进而根据折算系数可以统计出车流量。为了保证交通参数检测的实时性，视频检测系统必须有较快的计算和处理速度，因而一般采用高档 PC 机加装专业图像采集卡的方式进行图像采集和处理工作。

1. 预处理

图像在形成、传输和记录过程中，受多种原因的影响，其质量会有所下降，典型表现为图像模糊、失真、有噪声等，这一降质过程称为图像的退化。图像恢复的目的就是利用退化过程的先验知识，尽可能恢复图像的本来面目，即将退化了的图像恢复到能够真实反映景物的图像。图像增强的目的是采用一系列技术去改善图像的效果或将图像转换成一种更适合于人或机器进行分析处理的形式。图像增强主要有灰度级修正、图像平滑、图像锐化、图像的伪色彩处理和图像的几何校正等技术。图像恢复处理与图像增强处理的关系是：先进行恢复处理（如果图像已退化的话），再做增强处理。

（1）摄像机的安装。

根据道路实际情况及实施的可能性和信息的完备性，将摄像机安装在被检测道路的正上方，面向车头，如图 2-12 所示，摄像机的摇移、推拉、俯仰角度在调整完毕后固定，以保持检测参数相对不变；调整电子快门，保证对高速运动物体摄取的画面清晰；打开自动光圈，这样可以一定程度地适应天气的变化。

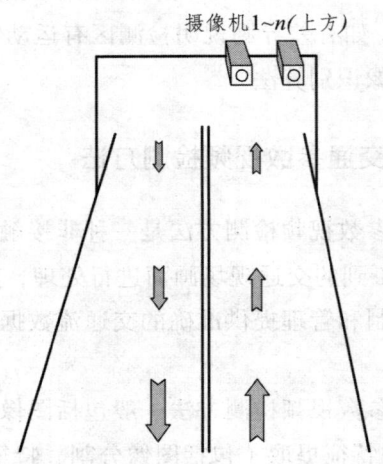

图 2-12 摄像机实际安装图

（2）图像采集与处理的协调。

系统采用的图像采集卡，可将摄像头拍摄的视频图像转换为 BMP 格式的数字图像保存在计算机内存中，根据为图像卡分配的可用内存大小可算出内存中能够同时存储的图像帧数。因为内存在计算机中是一种相对紧缺的资源，所以同时存储的图像数量毕竟有限，根据道路交通实际情况，没有必要采用每秒 24 帧的速度连续采集，可酌情相隔一定时间单帧采集一幅交通画面。又因为得到交通参数的图像处理算法需要花费一定的时间，所以为了不影响系统的实时性，图像采集过程应与图像处理过程分开进行，且保证图像采集的顺序进行。利用 WINDOWS 操作系统的多任务处理特性，可将图像采集过程和图像处理过程放在不同的线程中进行，且赋予采集线程较高的优先权，保证采集的实时性。为了充分利用内存资源，可将存储图像的内存区构造为一个图像缓冲池，如图 2-13 所示。

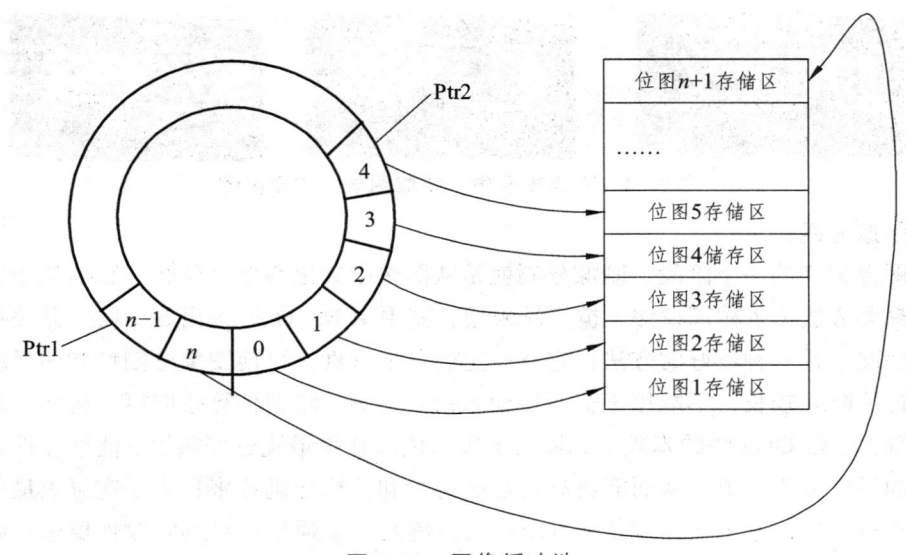

图 2-13 图像缓冲池

图中环上有两个指针数组,一个是采集图像指针数组 ptr1,指向当前采集到的图像内存地址元素,内存中每采集到一帧图像,它就加 1;另一个是处理图像指针数组 ptr2,指向当前系统正在处理的图像内存地址元素,系统每处理一帧图像,它就加 1。对于已被系统处理过的图像,必须将其对应的内存区域释放。这是因为只有在图像缓冲池数组中有空的元素时,即有足够内存区域时,才能采集图像到内存。

图中存储图像数据的指针数组形成首尾相接的环形,所谓指针数组是指一个数组,其元素均为指针类型数据,也就是说,指针数组中的每一个元素都是指针变量,指针数组的定义形式为:类型标识*数组名[数组长度说明]。

数组中每一个元素为指向存储某一图像数据的内存块地址,数组大小为内存中能同时存储的图像帧数,数组下标由 0 开始,若超过最大值,则又从 0 开始。

(3) 图像恢复。

在不同应用领域的图像,有不同的退化原因,如遥感图像,可能大气扰动和几何畸变是退化的主要原因;一般景物照相,运动模糊可能是主要原因。在交通参数的视频检测系统中,运动模糊是造成图像退化的主要原因。

在视频检测中,车速较高(大约超过 60 km/h)时,摄像机摄取的画面通常是模糊的。为了精确地进行图像分割,往往需要先对运动模糊图像进行图像恢复如图 2-14 所示。比较传统的图像恢复方法,如基于 Bayes 估计的恢复方法,基于调和理论的迭代算法和滤波法等,都面临着高维方程组的求解问题,或要求恢复过程满足广义平稳过程的假设。上述方法难以满足视频检测的实时性要求。

由于神经网络在并行非线性处理及大容量计算方面存在巨大潜力,因此被用于解决图像处理领域内的多种问题。如基于 S 函数的连续并行自反馈 Hopfield 神经网络图像恢复算法。

图 2-14　原清晰图像、模糊图像、恢复图像

（4）图像分割。

作为图像识别的一个阶段，图像分割就是从图像中抽出各个对象物。目前基于度量空间的空间域聚类方法（也称阈值法）被广泛采用，其中由 N. Otsu 提出的类间方差法在不要求实时性的情况下是一种较好的方法，它有一定的自适应性，可使图像分割性能明显改善。由于该算法计算时间较长，不能用于交通量动态视频检测。将遗传算法应用于视频交通量检测的图像分割中，在 Otsu 法的基础上，采用多次迭代以获得最优分割阈值，能够在搜索空间内找到全局的最优分割阈值，从而能更有效地把背景和目标分割开来；由于在寻求最优解的过程中采用并行计算，其运算速度优于 Otsu 法，满足了交通量检测的实时性要求。效果如图 2-15 所示。

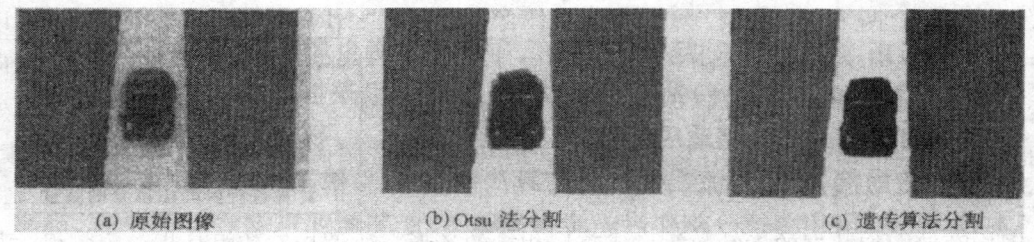

图 2-15　车辆图像二值化分割效果

（5）运动目标分割及阴影的剔除。

背景环境即车道上无车辆通过的环境基本上是确定不变的，可采用图像差分运算检测车辆在道路上的运动，即用当前摄取的图像减去最邻近的背景图像，若无运动发生，则理论上差分图像灰度全为 0；若有车辆通过检测区，则差分图像上变化部分即为待识别车辆图像。本方法受速度变化影响小，检测速度较快。图像上变化区域的性质，需根据建立的车辆及阴影模型来判断。

车辆模型：机动车辆外轮廓近似平直（摩托车除外），因此对其图像进行分割后以矩形为主。规定车辆的最小宽度和长度以及最小车间距，有助于车辆区域的检测，并可剔除行人及非机动车辆等的干扰。

阴影模型：阴影区域的走向与太阳光及其他光源的位置有关，在检测环境确定后，根据被检测区域每天不同时刻的太阳位置，可以获得简单的阴影模型。阴影区域的亮度都低于背景亮度，且基本均匀。阴影区域在水平和垂直方向都有一定的宽度范围，且其边缘非常平直清晰，在阴影与车体交界处，有明显的灰度梯度变化，这为区分阴影与车体区域，获得车辆外形带来方便。本算法适合于在光线从车辆的侧向或垂直方向进行照射的情况下进行检测，在光线从车辆正后、正前方向照射情况下不能工作。进行阴影区域的剔除，可以提高区域分割的精度。

设采集的交通图像是灰度图像,前景图像为 QI,背景图像为 BI,变化部分为 DI,(x, y) 为当前处理像素点的坐标,则运动目标分割方法为:

① 获取图像变化信息。

$$DI(x,y) = f[QI(x,y), BI(x,y)]$$

式中,$f(a, b) = |a - b|$,是求灰度差值算子。

可对上式的差分结果进行阈值处理,得到一个新的输出图像,即:

$$DI(x,y) = \begin{cases} DI(x,y) & DI(x,y) \geqslant Td \\ 0 & 其他 \end{cases}$$

选择适当的阀值 Td,使差分图像中只保留具有显著变化的区域。

② 阴影区域的剔除。

通常情况下,在图像中背景、移动物体和物体阴影的灰度值范围是不同的,具有显著差异,并且不论光源方位如何,物体阴影的灰度值一定是较低的。因此,物体阴影区域的剔除可以采用区域灰度的跳跃性原理,即用边缘检测的方法检测出移动物体、阴影和背景之间的边缘,通过边缘个数来排除阴影区域。同时,也可以根据区域灰度的连续性原理,采用灰度直方图来进行物体与阴影区域的分割。

灰度直方图即为灰度级的像素数 n_i 与灰度级 i 的二维关系,它反映了一幅图像上灰度分布的统计特性,是利用像素灰度作属性的区域分割法的基础。设灰度图像 f 的灰度级范围为 (Z_a, Z_b),$P(Z)$ 表示 (Z_a, Z_b) 内所有灰度级出现的相对频率,显然,$P(Z)$ 是 Z 的函数,设灰度级 Z_i 的像素数为 n_i,则一幅图像的总像素数 N 为

$$N = \sum n_i$$

灰度级 Z_i 出现的频率定义为

$$P(Z) = n_i / N$$

通常称 $P(Z)$ 的图形为图像 f 的直方图。

通过图像分割,可以得到交通图像中的变化区域(包括移动目标和阴影区域),图像变化区域的直方图有两种情况,如图 2-16 所示。

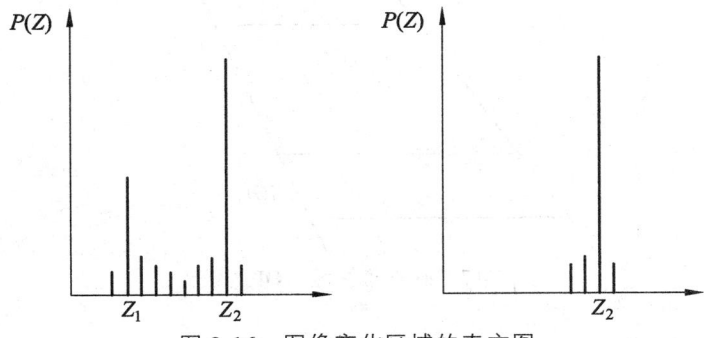

图 2-16　图像变化区域的直方图

图 2-16（a）中，图像变化区域的直方图在灰度级 Z_1、Z_2 处出现两个尖峰，而物体形成的阴影区域，其灰度值明显低于物体的灰度值。在直方图第一个尖峰处的灰度级 Z_1 就是物体阴影的灰度级，大部分物体阴影所在的像素点的灰度值都集中在 Z_1 附近。直方图第二个尖峰处的灰度级 Z_2 就是移动物体的灰度级，移动物体的大部分像素点的灰度值都集中在 Z_2 附近。图 2-16（b）中，仅在灰度级 Z_2 处出现一个尖峰，表明在图像变化区域的全部像素点的灰度级是相同的，各像素点的灰度值均在灰度级 Z_2 附近，因此，变化区域中不存在阴影区域。在实际应用中，采用直方图进行阴影剔除的步骤如下。

a. 作出图像变化区域 $DI(x, y)$ 的直方图 $P(Z)$，判断直方图 $P(Z)$ 是否存在双峰，如果存在，则表明变化区域存在阴影区域，需要进行阴影剔除，进行下一步工作；否则，阴影区域不存在，不需要进行阴影剔除，退出阴影剔除工作。

b. 记下与直方图 $P(Z)$ 左边峰相对应的灰度级 Z_1，设定相对灰度阈值 ΔZ（或者绝对灰度阈值为 $Z_1 + \Delta Z$），相对灰度阈值的取定与光源的亮度有关，如果光源亮度较亮则相对灰度阈值较大，否则较小。

c. 变化区域图像中各像素点灰度值与灰度阈值进行比较，如果灰度值不小于灰度阈值，则保留，否则剔除。

（6）车辆特征提取。

① AOI 区域的设置。

为了减少不必要的计算，一般只处理为达到目的所需的最少信息，即所有特征提取都在感兴趣的区域（area of interesting，AOI）内进行。

由于车辆行驶速度可能不同，通过检测区的时间也不同，可设计多 AOI 区域细分被监测车道方案，以提高算法的检测精度，区域设置见图 2-17。各区域实际道路长度相等，沿车道走向平行展开，与图像水平轴方向平行。区域数目可依问题的复杂程度确定，区域数目越多，采样信息的完备性越好。具体操作中，可在采集到的道路交通画面上，直接设置整个 AOI 区域。根据透视投影原理，各区域在图像上的长度并不相同，可根据摄像机安装的实际情况计算出来。

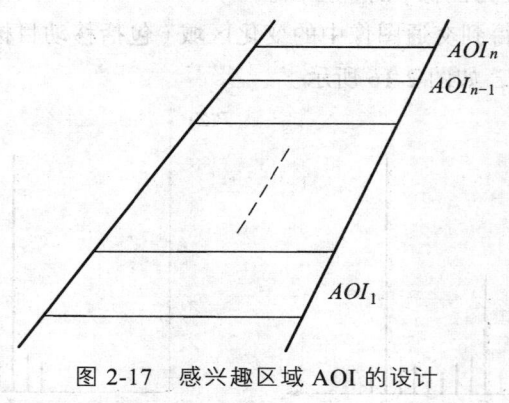

图 2-17 感兴趣区域 AOI 的设计

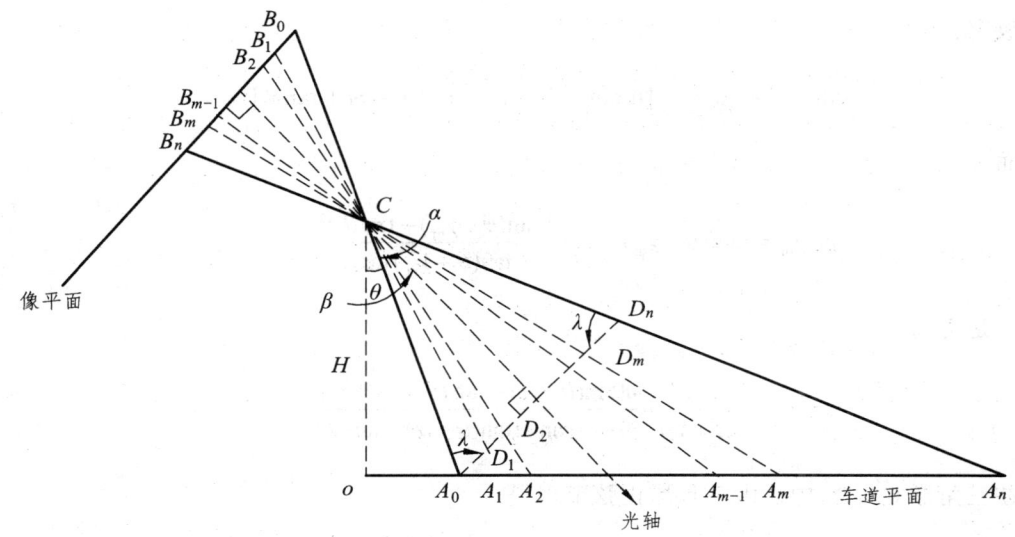

图 2-18 实际距离与图像上距离的关系

如图 2-18 所示,当摄像机安装完成后,摄像机视角 α 及光轴与垂直方向的夹角 β 就被确定下来并可测得其值,设焦点 C 到车道平面的距离为 H,AOI 区域的边界点 A_0、A_n 之间的距离是视野内道路的最长距离。现用分界点 A_1、…、A_m、…、A_{n-1} 将视野内道路长度等分为 n 等分,对应地把整个 AOI 区域等分为 n 个子区域,A_0、A_1、…、A_m、…、A_n 的像点分别为像平面上的点 B_0、B_1、…、B_m、…、B_n。从 A_0 点作光轴的垂线,分别与 CA_1、CA_2、…、CA_m、…、CA_n 交于点 D_1、D_2、…、D_m、…、D_n。设 CO 与 CA_0 之间的夹角为 θ(O 为焦点 C 在车道平面上的投影点),CA_n 与 A_0D_n 之间的夹角为 λ。则由三角知识易知

$$\theta = \beta - \alpha/2$$

$$\lambda = 90° - \alpha/2$$

AOI 区域在车道平面上的长度 L_{rAOI} 为:

$$L_{rAOI} = H[\tan(\theta + \alpha) - \tan\theta]$$

则每个 AOI 区域的实际长度 L_{erAOI} 为

$$L_{erAOI} = H[\tan(\theta + \alpha) - \tan\theta]/n$$

于是:

$$A_0A_m = m \cdot L_{erAOI} = mH[\tan(\theta + \alpha) - \tan\theta]/n$$

记直线 A_0B_0、A_mB_m 的夹角为 γ_m($m = 1, 2, …, n$),而

$$A_0A_m = OA_m - OA_0 = H[\tan(\theta + \gamma_m) - \tan\theta]$$

显然有:

$$mH[\tan(\theta + \alpha) - \tan\theta]/n = H[\tan(\theta + \gamma_m) - \tan\theta]$$

故有：
$$\tan(\theta + \gamma_m) = [m\tan(\theta + \alpha) + (n - m)\tan\theta]/n$$

而：
$$\tan\gamma_m = \tan[(\theta + \gamma_m) - \theta] = \frac{\tan(\theta + \gamma_m) - \tan\theta}{1 + \tan(\theta + \gamma_m)\tan\theta}$$

于是有：
$$\tan\gamma_m = \frac{m[\tan(\theta + \alpha) - \tan\theta]}{n(1 + \tan^2\theta) + m\tan\theta[\tan(\theta + \alpha) - \tan\theta]}$$

在三角形 CA_0D_m 中，由三角形正弦定理得

$$\frac{A_0C}{\sin(180° - \gamma_m - \gamma)} = \frac{A_0D_m}{\sin\gamma_m}$$

即：
$$A_0D_m = \frac{A_0C\sin\gamma_m}{\cos\left(\dfrac{\alpha}{2} - \gamma_m\right)} = \frac{A_0C\tan\gamma_m}{\cos\dfrac{\alpha}{2} + \sin\dfrac{\alpha}{2}\tan\gamma_m}$$

因而有：
$$\frac{\overline{A_0D_m}}{A_0D_n} = \frac{\tan\gamma_m\left(\cos\dfrac{\alpha}{2} + \sin\dfrac{\alpha}{2}\tan\gamma_m\right)}{\tan\gamma_m\left(\cos\dfrac{\alpha}{2} + \sin\dfrac{\alpha}{2}\tan\gamma_m\right)}$$

注意到 $\gamma_n = \alpha$，故有：
$$\frac{A_0D_m}{A_0D_n} = \frac{\tan\gamma_m}{\sin\alpha + 2\sin^2\dfrac{\alpha}{2}\tan\gamma_m} = \frac{\tan\gamma_m}{\sin\alpha + (1 - \cos\alpha)\tan\gamma_m}$$

所以：
$$\frac{A_0D_m}{A_0D_n} = \frac{m[\tan(\theta + \alpha) - \tan\theta]}{n\sin\alpha(1 + \tan^2\theta) + m(1 + \sin\alpha\sin\theta - \cos\alpha)[\tan(\theta + \alpha) - \tan\theta]}$$

由于直线 B_0B_n 显然与 A_0D_n 平行，因而不难证明三角形 B_0B_mC 与 A_0D_mC（$m = 1, 2, \cdots, n$）相似，由相似三角形知识可知：

$$\frac{B_0 B_m}{B_0 B_n} = \frac{A_0 D_m}{A_0 D_n}, \quad m = 1, 2, \cdots, n$$

设整个 AOI 区域对应的图像长度 B_0B_n 为 1，则有

$$B_0B_n = \frac{1m[\tan(\theta+\alpha)-\tan\theta]}{n\sin\alpha(1+\tan^2\theta)+m(1+\sin\alpha\tan\theta-\cos\alpha)[\tan(\theta+\alpha)-\tan\theta]}$$

② 车辆特征提取。

在做了光照变化自适应灰度修正后，AOI 区域内的图像变化信息超过一定的阈值时即可认为是车辆运动引起的。在剔除了车头前方（AOI_1）纯阴影区域的影响后，在一给定的阈值基础上，从 AOI_1 开始，依次判断每个区域的图像灰度变化是否超过该阈值，若是，则判断下一个 AOI 区域内图像灰度变化是否超过该阈值，直到连续两个区域 AOI_{m-1} 和 AOI_m 内的图像灰度变化均小于该阈值，则认为当前车辆区域结束。若车尾后方的纯阴影区域存在并占 j 个 AOI 区域，则取：

$$N = m - 2 - j$$

为该车辆车体所占的 AOI 区域个数。则车辆长度为：

$$L_{rVehicl} = N \times L_{erAOI}$$

若该长度小于给定的判断干扰的长度界限时，则认为通过的是干扰物体图像，否则为进一步求得车辆宽度作准备。

求车辆宽度之前，先要剔除侧向阴影对车体图像的影响，然后进行 AOI 区域内的二值化图像分割。为提高算法处理速度及避免车头前部或车尾后部纯阴影区域的干扰，二值化图像分割只在车辆所占据的 N 个 AOI 区域内进行。

软件设置 AOI 区域，使 AOI 区域的左右边界等于图像上被检测车道的左右边界，即 AOI 区域在实际环境中的宽度是已知的。又因为 AOI 区域在图像中可以看作近似的梯形，所以可以得到以像素数表示的 AOI_m 宽度：

$$W_{pAOIm} = （AOI_m 上底边像素数 + AOI_m 下底边像素数）/2$$

在分割后的二值化图像中，AOI_m 区域内车辆目标区域所占面积 S_m 除以该 AOI 区域长度 l_m 可得车体占据的宽度 $W_{pVehiclem}$（也用像素数表示）

$$W_{pVehiclem} = S_m / l_m$$

则 AOI_m 区域内车体宽度占 AOI 区域宽度的比例可以求得，用此比例乘以 AOI 区域的实际宽度，即可得到 AOI_m 区域内的车体宽度，最后取 N 个 AOI 区域内的车体宽度平均值，得到车辆宽度：

$$W_{\text{rVehicle}} = \frac{1}{N} \sum_{i=1}^{N} \frac{W_{p\text{Vehiclem}}}{W_{p\text{AOIm}}} \cdot W_{\text{rAOI m}}$$

若该宽度小于给定的最小车辆宽度，则认为是干扰，排除干扰后，根据事先定义的车型分类标准，与检测到的车辆长度和宽度作比较，可获得通过车辆的类型。

从 AOI_1 检测到有车辆通过时开始，若 AOI_1 在第 K 帧和第 $K+1$ 帧的连续两帧中都未检测到有车辆通过，则车辆通过监测区的时间为 $K-1$ 帧的时间，相应车辆的速度为车辆长度和时间之比。

综上所述，车辆特征提取算法的具体步骤如下：

Step1：分析 AOI_1 区域中前景图像灰度与背景图像灰度之差，检测有无变化。若有变化，转 Step2；否则延迟一段时间重新采集图像，再重复 Step1。

Step2：分析变化性质，若为阴影区域，或是上帧图像中的同一车辆，则延迟一段时间重新采集图像，再重复 Step1，否则进行 Step3。

Step3：由车辆图像分析灰度变化区域的长度，以 AOI 区域数 N 表示。

Step4：对差分图像进行二值化图像分割，利用侧向阴影模型，在灰度变化的 N 个 AOI 区域进行边界分析，确定车辆长度和宽度。

Step5：若检测到的车辆宽度小于给定的最小车辆宽度，或长度小于最小车辆长度，则认为是干扰物体图像，转回 Step1；否则，根据车辆宽度和长度，参考车辆样本表，判断车辆类型，给相应的车型数量加 1。

Step6：用车辆长度及车辆通过监测区域的时间可以算出车速：对 AOI_1 进行分析，当 AOI_1 区域内连续两帧（从 AOI_1 开始有车辆起的第 $K+1$ 帧，第 $K+2$ 帧）图像的变化小于给定阈值，则认为该车辆已经通过，根据连续 K 帧的时间及车辆长度，可计算出该车辆的速度。

Step7：处理完成后，将得到的交通参数加入数据库。返回 Step1。

以下两种情况不能从采集的交通图像中得到准确的车辆特征数据：一种是被检测车辆尚未完全进入摄像机视野；另外一种是被检测车辆已经有一部分驶离了摄像机视野。

2.5 交通检测器的优化选择

2.5.1 交通检测器的性能比较

1. 检测参数数据类型比较

交通检测器可以直接检测到的交通参数一般包括：车辆计数、车速、流量、占有率、车辆分类。

不同类型的检测器能检测到的参数类型可能不同，即使是同一类型检测器，不同厂家生产的检测器产品所能提供的数据类型也不相同。如表 2-1 所示。

表 2-1 参数数据类型比较

类型	产品	流量	车速	车辆分类	占有率	车辆出现	能检测的其他类型的数据
感应线圈	SQ2000	√	√	√	√	√	
磁力检测器	3M Microloop	√	√	√	√	√	
	SPVD	√	√	×	√	√	
道路管检测器	Model TCC540	√	√	√	×	×	
被动式红外线	ASIM IR224	√	×	×	×	√	
	ASIM IR254	√	√	√	√	√	
	Eltec Mode 842	×	×	×	×	√	<45 m/h 的车速
	Siemens PIR-1	√	×	×	×	√	车辆排队
主动式红外线	Autosense II	√	√	√	×	×	
多谱勒微波雷达	TC26-B	√	√	×	×	×	
	TDN-30	√	√	×	×	×	
	Loren	√	√	√	√	√	
车辆出现检测微波雷达	Accuwave 150LX	√	×	×	×	√	
	RTMS	√	√	√	√	√	
超声波雷达	TC-30	√	×	×	×	√	
	Lane King	√	×	×	×	√	
声学检测器	SmarTek SAS-1	√	√	×	√	√	
	SmarSonic TSS-1	√	×	√	√	×	
视频检测器	Autoscope	√	√	√	√	√	车头时距、密度、空间占有率、空间平均车速、道路服务水平、车辆转向、交通事件
	Video Trak	√	√	√	√	√	车头时距、密度、延误、排队长度、交通事件
	Traficon	√	√	√	√	√	车头时距、车辆间隙、车辆长度、密度、排队、事件
	Vantage	√	√	√	√	√	车头时距、车辆间隙、车辆长度、交通事件
	Traffic Vision	√	√	√	√	√	车辆车道变换、车辆排队、车辆转向、车头时距、事件

2. 环境及交通状况对各类检测器技术及产品的影响

表 2-2 对检测器技术及产品的影响

检测器类型	影响叙述
感应线圈	不会受到恶劣天气的影响。但对路面交通流的压力和温度敏感。高温会使路面沥青变形，导致线圈的损坏
磁力检测器	不会受到恶劣天气的影响
道路管检测器	在雨天或雪天，潮湿的路面会妨碍道路管检测器的使用，积雪清除设备可能会对道路管检测器造成损坏。 道路管检测器的压力启动开关对温度敏感。 道路管检测器难以检测低速行驶的车辆，而且当车辆停在道路管上时，可能会造成误检
主动式红外线	受雨雪天气的影响，因为较短的红外线波长不能穿透雨雪
被动式红外线	不受恶劣天气的影响
微波雷达检测器	多谱勒微波雷达不检测车辆出现。因此，时停时走的交通流会影响多谱勒微波雷达的检测性能
超声波检测器	频率在人的听觉范围和超声波范围内的噪声会对超声波检测器的工作造成电磁干扰
声学检测器	检测性能受降雪的影响
视频检测器	检测性能受环境因素的影响教大，包括风、温度和光照条件等

3. 安装及校准对各类检测器产品选择的影响（见表 2-3）

表 2-3 对各类检测器产品选择的影响

检测器类型	影响叙述
感应线圈	感应线圈需埋设在路面下，但对应的计数器或检测器安装在路旁或控制箱内。感应线圈的安装需要两天时间。与其他检测器相比，它的安装和维护对交通流的干扰最大。另外，其损坏率较高
磁力检测器	安装在路面下 18～34 英寸（45.72 cm～86.36 cm）的管道中，安装时间比感应线圈短。检测器的设置过程简单易行
道路管检测器	将道路管沿道路横向布置，并将道路管连接到路旁的计数器。安装过程简单，一般不超过 1 h，但会对交通流造成一定的干扰
主动式红外线	Autosense 采用顶置安装，需要专门的工程车辆，并进行施工区域的交通控制，安装过程简单。但考虑到设备的重量和尺寸，需要专门的安装支架。由于软件具有自测试功能，能够自动确认满意的运行状况，因而校准容易

续表

检测器类型	影响叙述
被动式红外线	ASIM IR 系列：顶置安装比较简单，但由于生产厂家没有提供辅助检测校准的有效工具，因而侧向安装的校准过程相对较难
微波雷达检测器	易于安装，检测参数和检测区域的设置由专门的设置软件进行。不用关闭车道就可以完成对检测器的设置和校准。一旦设置和校准完毕，后续维护工作量不大
声学检测器	安装在车道上方。安装过程中需要专门的工程车辆，并进行施工区域的交通控制。设置过程中，对信号转换模块的处理要十分小心，因为信号转换模块的线路容易过载
超声波检测器	易于安装和校准，但想获得最优的检测性能，需要做进一步的校准
视频检测器	与其他检测器相比，其校准过程最复杂，需要多次试验才能获得最优的检测性能。而且摄像机需要定期的擦拭和维护才能获得较高质量的图像

4. 费用对各类检测器产品选择的影响（见表2-4）

表 2-4　费用对各类检测器产品选择的影响

费用影响因素	影响叙述
购买费用	购买费用与检测器本身的费用和交通应用的需求有关。 对大多数检测器而言，只包括检测器本身的购买费用。但有的检测器也包括一些辅助设施的费用。 交通需求也会影响购买费用
安装费用	与安装时所需要的材料和安装校准的难易度有关。对于安装时会对交通流造成干扰的检测器，必须考虑安装施工区域交通控制所造成的损失
维护费用	与检测器的故障率及可靠度有关
寿命周期的平均花费	检测器设备的使用寿命越长，寿命周期的平均花费越低。 影响交通检测器使用寿命的因素很多
其他费用	如路面翻修对地理型检测器的影响。 检测点是否有安装某种检测器所需的支撑设施，若没有，需考虑支撑设施的费用

5. 检测器选择的其他考虑因素

表 2-5　检测器选择的其他考虑因素

考虑因素	影响叙述
永久安装和临时安装	检测器临时安装一般用于时段性的交通数据采集，而检测器因永久安装一般用于长期的交通数据采集和交通状况监控，与它们对应的检测器选择过程也不相同

续表

考虑因素	影响叙述
具体交通应用	如检测器的应用性质，主要需要哪几种类型的数据，交通应用地区的天气状况等
电源	一般通过电线接入电网供电或自带电池供电。对使用电池供电的检测器，要考虑电池的尺寸、能否太阳能供电和电池充电等问题
数据通信和存储	地理型检测器技术通常可以进行远程数据检索。而有些检测器通过无线通信简化了数据检索的过程

2.5.2 交通检测器的优化选择

以下是交通检测器的选择流程。

（1）永久性安装时交通检测器的选择流程如图2-19所示。

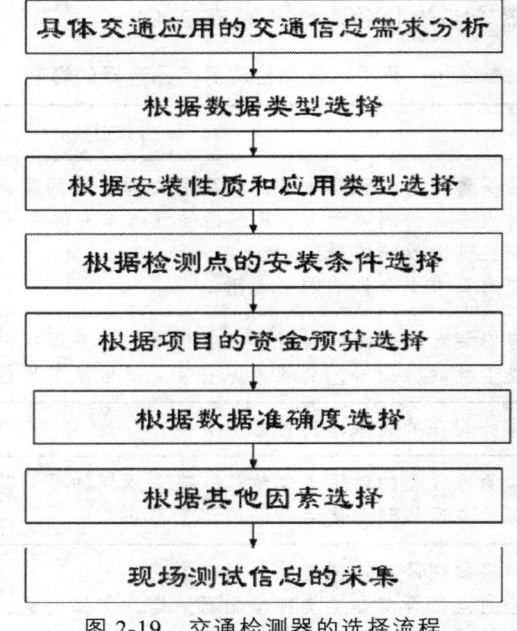

图2-19 交通检测器的选择流程

（2）临时性安装时交通检测器的选择。

① 交通检测器临时性安装通常用于短期的交通数据采集。临时性安装的交通检测器一般是便携式的。

② 目前，短期交通数据采集的两种主要方法是道路管检测器和人工计数。

③ 在许多应用中，如需要检测多条车道时，道路管检测器和人工计数并不适合。

④ 临时性安装时交通检测器的选择，除了参考各类检测器的特性比较外，还要考虑以下因素：

⑤ 大多数时候是对高峰时段的交通流数据进行检测，因此最好采用路旁安装，尽可能不对交通流造成干扰。

⑥ 检测器要易于安装和调试。

⑦ 临时性安装最好能借助现有的支撑装置。

⑧ 临时性安装时的数据存储及数据通信问题。

⑨ 检测器供电的问题，在不易实现电线连接的情况下，考虑使用太阳能供电或电池供电。

⑩ 费用问题：对临时性安装的检测器进行费用分析时，临时性数据采集的应用频率是要重点考虑的因素。

3 车辆信息采集与处理技术

3.1 车辆定位技术

定位是实现导航功能的前提和基础，是实现城市交通流诱导和应急管理与救援等不可或缺的技术。如果交通流诱导系统、应急管理救援系统不能对车辆进行实时、准确和可靠地定位，系统的功能将无法实现。最初人们依靠综合利用星历知识、指南针和航海针进行导航与定位，而当历史进入 20 世纪以后，伴随着人类科技水平的提高和各种活动的日益频繁，人们对导航定位技术的需求范围更广，要求也更高了。目前用于机动车辆的定位技术主要有三种：独立定位、卫星定位和地面无线电定位。现分别进行叙述。

3.1.1 独立定位技术

独立定位方式主要有两种：一是惯性导航系统；二是航位推算系统。

1. 惯性导航系统

惯性导航系统（INS）属于一种推算导航方式，即从一已知点的位置根据连续测得的运载体航向角和速度推算出其下一点所在的位置，因而可连续测出运动体的当前位置。惯性导航系统中的陀螺仪用来测量角速率；加速度计用来测量运动体的加速度，经过对时间的一次积分得到速度，速度再经过对时间的一次积分即可得到距离。惯性导航系统主要有如下优点：① 由于它是不依赖于任何外部信息，也不向外部辐射能量的自主式系统，故隐蔽性好且不受外界电磁干扰的影响；② 可全天候、全球、全时间地工作于空中、地球表面乃至水下；③ 能提供位置、速度、航向和姿态角数据（陀螺仪测量的角速率），所产生的导航信息连续性好而且噪声低；④ 数据更新率高、短期精度和稳定性好。其缺点是：① 由于导航信息经过积分而产生，定位误差随时间而增大，长期精度差；② 每次使用之前需要较长的初始对准时间；③ 设备的价格较昂贵；④ 不能给出时间信息。

所以，惯性导航系统（INS）需要和其他系统配合使用来实现动态目标的定位。

2. 航位推算系统

（1）航位推算定位原理。

航位推算（DR）是一种常用的独立式车辆导航定位方法，对于行驶在二维平面空间的车辆，假如起始位置和车辆所有位移是已知的，可以计算任何情况下车辆的位置。简言之，它是相对于一个参考点确定车辆位置（坐标）的技术。这种方法中航向和距离传感器被用来测量车辆行驶的方向和距离，从而推算出当前车辆的位置。航位推算原理图如图 3-1 所示。

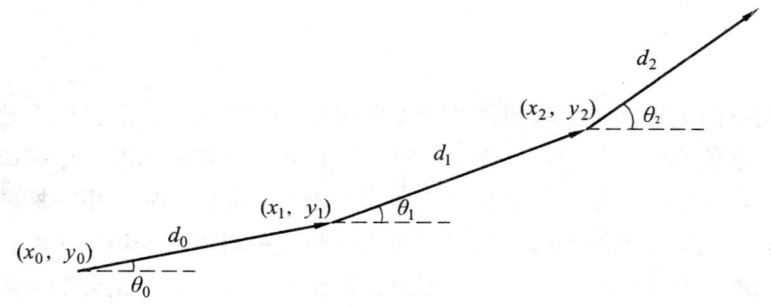

图 3-1 航位推算原理图

车辆在 t_k 时刻的位置可表示为：

$$x_k = x_0 + \sum_{i=0}^{k-1} d_i \cos \theta_i$$

$$y_k = y_0 + \sum_{i=0}^{k-1} d_i \sin \theta_i$$

$$\theta_k = \sum_{i=0}^{k-1} \omega_i$$

其中，(x_0, y_0) 是车辆在 t_0 时刻的初始位置，(x_k, y_k) 是车辆在 t_k 时刻的位置，d_i、θ_i 分别是车辆从 t_k 时刻的位置 (x_i, y_i) 到 t_k+1 时刻的位置 (x_{i+1}, y_{i+1}) 的位移矢量的长度和绝对方向，相对航向定义为连续两个绝对航向之差，用 ω_k 表示。

（2）航位推算定位组成结构。

航位推算由加速度计或者里程表、角速率陀螺（角速度传感器）和外围电路组成，其组成如图 3-2 所示。速率陀螺用来测量车辆行驶的方向，而里程表用来测量车辆行驶的距离。在已知起始点的情况下，我们就可以通过处理器对车辆行驶的方向和距离的处理来确定车辆当前的位置。

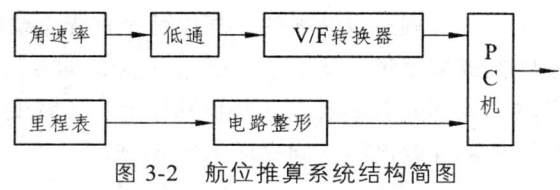

图 3-2 航位推算系统结构简图

（3）航位推算定位硬件设备。

① 角速率陀螺（角速度传感器）。

目前大多数定位和导航系统利用陀螺测量角速率。在组合导航系统中，角速率陀螺的作用主要是测量在行驶过程中方向的变化量。陀螺仪的工作原理是：首先的陀螺仪测量出车辆行驶过程中的角速率 ω，经过积分便可以得到车辆在行驶过程中的方向。

② 里程表和加速度计。

在 DR 航位推算定位系统中用于测量车辆行驶距离的传感器有两种：一是里程表；二是

加速度计。

  a. 里程表。

  里程表是通过测量车轮转数来测量行驶里程和速度的装置。目前已较多地采用非接触式的电磁或光电速度传感器，其基本原理是：每当车轮转过一定距离时，电磁或光电开关动作一次，相应的电路输出一个脉冲，通过计数器累计输出脉冲的个数，用一标准常量乘以里程表的脉冲数，得到汽车行驶的距离。单位时间内行驶的距离便是车辆的速度。

  里程表的标准常量几乎与轮胎半径成正比，轮胎半径的轻微变化会给距离计算带来一个小的误差，轮胎半径的变化主要由下面几个因素引起：

车轮速度：轮胎半径随车辆速度增加而增大。

轮胎压力：轮胎半径随轮胎内压力增大而增大

轮胎磨损：轮胎半径随轮胎磨损而减小。

  b. 加速度计。

  加速度计是一种运动传感器，能用来确定运动载体的速度和位移。在航位推算中，加速度计是一种距离传感器。加速度计具有如下两个优点：加速度计能够单独确定运动载体的速度和位移，不需要辅助设备；加速度计能被制作成体积小、价格低的集成块。

  加速度计的工作原理是，根据运动载体的加速度 α，经过两次积分，我们就能够得到运动载体的速度 v 和位移 d，如下式所示。

$$v(t) = v(0) + \int_0^t \alpha(t)\mathrm{d}t$$

$$d(t) = d(0) + \int_0^t v(t)\mathrm{d}t$$

  ③ V/F 电压频率转换器。

  V/F 转换器的功能是实现信号的模数转换（A/D 转换）。目前，A/D 转换技术得到了广泛的技术，特别是利用 A/D 转换技术制成的各种测量仪器因使用灵活、操作简便、体积小、重量轻、便于携带、测量结果准确等特点而普遍受到欢迎。电压频率变换型（Voltage—Frequency Converter）是通过间接转换方式实现模数转换的。其原理是首先将输入的模拟信号转换成频率，然后用计数器将频率转换成数字量。从理论上讲这种 A/D 的分辨率几乎可以无限增加，只要采样的时间能够满足输出频率分辨率要求的累积脉冲个数的宽度。其优点是分辨率高、功耗低、价格低，但是需要外部计数电路共同完成 A/D 转换。

  ④ 导航处理器。

  航位推算系统中最重要的部分是导航处理器（微机），在处理器中把来自陀螺和里程表的信号进行处理，并采用数据融合的方法进行数据处理。

  （4）航位推算定位优缺点。

  由于航位推算是一个累积过程，因此，所有传感器的误差均会造成位置误差的积累，使得定位精度降低。在车辆导航系统中，里程表通常用来测量车辆行驶的距离，速率陀螺用来测量车辆行驶的相对方向。根据航位推算方法进行位置推算，其产生定位误差累积的主要原因如下：

① 里程表误差，由于轮胎的充气程度不同、车速的变化、轮胎的磨损、载荷的大小、道路状况的影响使车轮打滑和弹跳及车辆转弯等造成测量距离误差的出现；

② 角速率陀螺存在误差飘移，且随时间累积：方向误差指由于载体的姿态变化（非水平时）引入的方向误差。

为了减小累积误差，可采用如下方法：利用 GPS 精确定位信息对导航传感器的误差进行校正。尽管航位推算系统的定位产生误差累积，但它属于独立式车辆推算定位，当 GPS 接收机接收不到卫星定位信号时，航位推算系统可继续定位工作，从而提高整个导航系统的可靠性。

3.1.2 卫星定位技术

卫星导航系统主要有两种：一是全球定位系统（GPS）；二是全球轨道卫星导航系统（GLONASS）。全球卫星定位系统优点是能迅速、准确、可靠、全天候的为车辆提供导航、定位信息，但也存在一些缺点和不足。分述如下。

1. GPS 单独定位

全球定位系统（GPS）的全称是实时与测距导航系统/全球定位系统，英文全称为 Navigation SatelliteTiming and Ranging/Global Positioning Systems（NAVSTART/GPS）。GPS 系统可以为用户精确、连续、全天候地提供动态目标的三维位置、三维速度和时间信息。目前，GPS 已经成为世界范围内应用最广泛的卫星导航系统。

全球定位系统 GPS，于 1973 年由美国政府组织研究，耗费巨资，历经约 20 年，于 1993 年全部建成。该系统是伴随现代科学技术的迅速发展而建立起来的新一代精密卫星导航和定位系统，不仅具有全球性、全天候、连续的三维测速、导航、定位与授时能力，而且具有良好的抗干扰性和保密性。该系统的成功研制已成为美国导航技术现代化的重要标志，被视为本世纪继阿波罗登月计划和航天飞机计划之后的又一重大科技成就。

全球定位系统 GPS 的研制最初主要用于军事。如为陆海空三军提供实时、全天候和全球性的导航服务，并用于情报收集、核爆监测、应急通信和爆破定位等方面，其作用已在 1991 年海湾战争中得到了证实。以美国为首的多国部队所持有的 17 000 台 GPS 接收机被认为是作战武器的效率倍增器，是赢得海湾战争胜利的重要技术条件之一。随着 GPS 系统步入试验和实用阶段，其定位技术的高度自动化及所达到的高精度和巨大的潜力，引起了各国政府的普遍关注，同时引起了广大测量工作者的极大兴趣。特别是近几年来，GPS 定位技术在应用基础的研究、新应用领域的开拓、软硬件的开发等方面都取得了迅速发展。目前，GPS 精密定位技术已经广泛地渗透到了经济建设和科学技术的许多领域，尤其是在大地测量学及其相关学科领域，如地球动力学、海洋大地测量学、天文学、地球物理和资源勘探、航空与卫星遥感精密工程测量；变形监测、城市控制测量等方面的广泛应用，充分显示了这一卫星定位技术的高精度和高效益。这预示测绘界将面临着一场意义深远的变革，从而使测绘领域步入一个崭新的时代。

(1) GPS 的组成。

全球定位系统主要由三部分组成,空间星座部分(GPS 卫星星座)、地面监控部分和用户设备部分。

① 空间卫星部分。

全球定位系统的空间卫星星座部分由 24 颗卫星组成,其中包括 3 颗备用卫星,其分布图如图 3-3 所示。

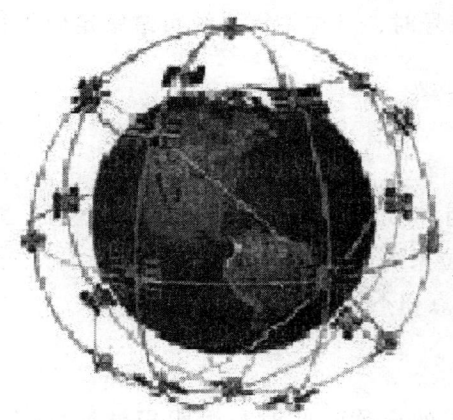

图 3-3 GPS 空间卫星分布图

卫星分布在互成 60°的 6 个椭圆形轨道面上,卫星轨道面相对地球赤道面为 55°,同一轨道上两卫星之间的升交角距相差 90°,轨道平均高度为 20 200 km,卫星运行周期为 11 h 58 min。同时在地平线以上的卫星数目随时间和地点而异,最少时为 4 颗,最多时达 11 颗。

上述 GPS 卫星的空间分布,保障了在地球上任何地点、任何时刻均至少可同时观测到 4 颗卫星,加之卫星信号的传播和接收不受天气的影响,因此 GPS 是一种全球性、全天候的连续实时定位系统。

GPS 卫星的主体呈圆柱形,设计寿命为 7.5 年。主体两侧配有能自动对日定向的双叶太阳能集电板,为保证卫星正常工作提供电源;通过一个驱动系统保持卫星运转并稳定轨道位置。每颗卫星装有 4 台高精度原子钟(铷钟和铯钟各两台),以保证发射出标准频率(稳定度为 $10^{-12} \sim 10^{-13}$),为 GPS 测量提供高精度的时间信息。

在全球定位系统中,GPS 卫星的主要功能是:接收、储存和处理地面监控系统发射来的导航电文及其他有关信息;向用户连续不断地发送导航与定位信息,并提供时间标准、卫星本身的空间实时位置及其他在轨卫星的概略位置;接收并执行地面监控系统发送的控制指令,如调整卫星姿态和启用备用时钟、备用卫星等。

② 地面监控部分。

GPS 的地面监控系统主要由分布在全球的五个地面站组成,如图 3-4 所示,按其功能分为主控站(MCS)、注入站(GA)和监测站(MS)三种。

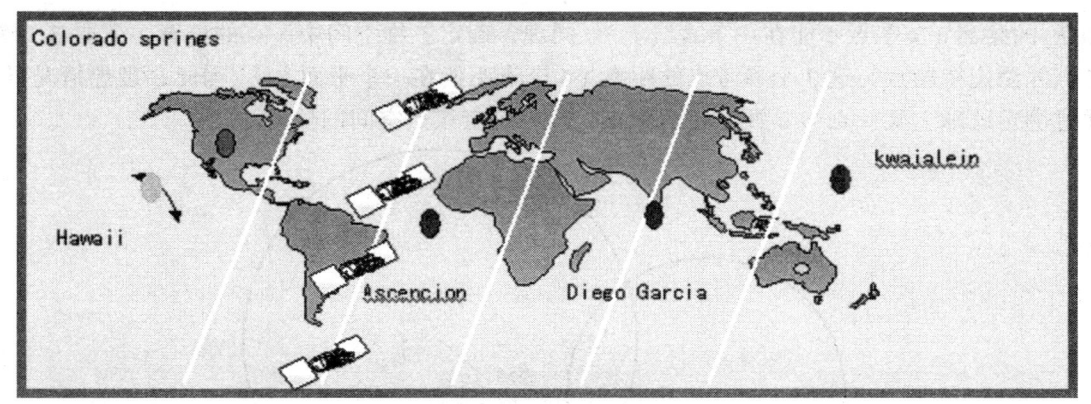

图 3-4 GPS 地面控制部分分布图

主控站一个,设在美国的科罗拉多的斯普林斯(Colorado Springs)。主控站负责协调和管理所有地面监控系统的工作,其具体任务有:根据所有地面监测站的观测资料推算编制各卫星的星历、卫星钟差和大气层修正参数等,并把这些数据及导航电文传送到注入站;提供全球定位系统的时间基准;调整卫星状态和启用备用卫星等。

注入站又称地面天线站,其主要任务是通过一台直径为 3.6 m 的天线,将来自主控站的卫星星历、钟差、导航电文和其他控制指令注入到相应卫星的存储系统中,并监测注入信息的正确性。注入站现有 3 个,分别设在印度洋的迭哥加西亚(Diego Garcia)、南太平洋的卡瓦加兰(Kwajalein)和南大西洋的阿松森群岛(Ascencion)。

监测站共有 5 个,除上述 4 个地面站具有监测站功能外,还在夏威夷(Hawaii)设有一个监测站。监测站的主要任务是连续观测和接收所有 GPS 卫星发出的信号并监测卫星的工作状况,将采集到的数据连同当地气象观测资料和时间信息经初步处理后传送到主控站。

GPS 地面监控系统除主控站外均由计算机自动控制,而不需要人工操作。各地面站间由现代化通信系统联系,实现了高度的自动化和标准化。

③ 用户设备部分。

全球定位系统的用户设备部分,包括 GPS 接收机硬件、数据处理软件和微处理机及其终端设备等。

GPS 信号接收机是用户设备部分的核心,一般由主机、天线和电源三部分组成。其主要功能是跟踪接收 GPS 卫星发射的信号并进行变换、放大、处理,以便测量出 GPS 信号从卫星到接收机天线的传播时间;解译导航电文,实时地计算出测站的三维位置,甚至三维速度和时间。

(2)GPS 定位原理。

利用 GPS 进行定位的基本原理,是以 GPS 卫星和用户接收机天线之间距离(或距离差)的观测量为基础,并根据已知的卫星瞬间坐标来确定用户接收机所对应的点位,即待定点的三维坐标 (x, y, z)。由此可见,GPS 定位的关键是测定用户接收机天线至 GPS 卫星之间的距离。

如图 3-5 所示,欲确定平面上一点 U(User)的位置,需要两个参考点 A 和 B 并测定 R_1

和 R_2 的距离（3 个点不能在一条直线上）。同理，确定三维空间中一点的位置，需要 3 个参考点并测定待测点与这 3 个参考点的距离（4 个点不能在一个平面上）。因此，理想情况下，通过测定地球上某一点与 3 颗卫星的距离，即可确定该点空间的位置。

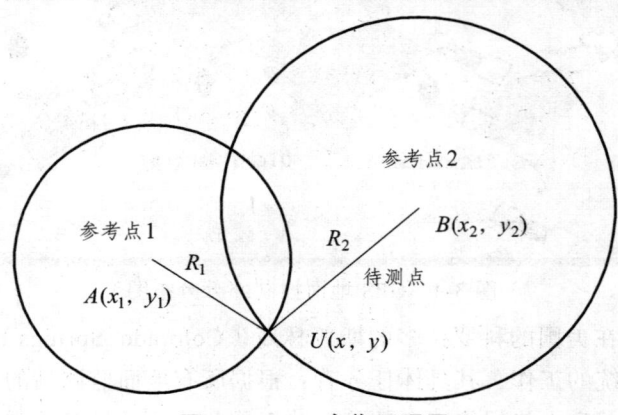

图 3-5　GPS 定位原理图

① 伪距的概念及伪距测量。

GPS 卫星能够按照星载时钟发射某一结构为"伪随机噪声码"的信号，称为测距码信号（即粗码 C/A 码或精码 P 码）。该信号从卫星发射经时间 t 后，到达接收机天线；用上述信号传播时间 t 乘以电磁波在真空中的速度 C，就是卫星至接收机的空间几何距离 ρ。

$$\rho = \Delta t \cdot C$$

实际上，由于传播时间 t 中包含有卫星时钟与接收机时钟不同步的误差，测距码在大气中传播的延迟误差等等，由此求得的距离值并非真正的站星几何距离，习惯上称之为"伪距"，与之相对应的定位方法称为伪距法定位。

假设在某一标准时刻 T_a 卫星发出一个信号，该瞬间卫星钟的时刻为 t_a，该信号在标准时刻 T_b 到达接收机，此时相应接收机时钟的读数为 t_b；于是伪距测量测得的时间延迟，即为 t_b 与 t_a 之差。

$$\rho = \tau \cdot C = (t_b - t_a) \cdot C$$

由于卫星钟和接收机时钟与标准时间存在着误差，设信号发射和接收时刻的卫星和接收机钟差改正数分别为 V_a 和 V_b，则：

$$\hat{\rho} = \tau \cdot C = (T_b - T_a) \cdot C + (V_b - V_a) \cdot C$$

（$T_b - T_a$）的值即为测距码从卫星到接收机的实际传播时间 $\triangle T$。由上述分析可知，在 $\triangle T$ 中已对钟差进行了改正；但由 $\triangle T \cdot C$ 所计算出的距离中，仍包含有测距码在大气中传播的延迟误差，必须加以改正。设定位测量时，大气中电离层折射改正数为 $\delta \rho_I$，对流层折射改正数为 $\delta \rho_T$，则所求 GPS 卫星至接收机的真正空间几何距离 ρ 应为

$$\rho = \hat{\rho} + \delta \rho_I + \delta \rho_T + C \cdot V_a - C \cdot V_b$$

② 绝对定位。

GPS 绝对定位又称单点定位，其优点是只需用一台接收机即可独立确定待求点的绝对坐标；且观测方便，速度快，数据处理也较简单。主要缺点是精度较低，目前仅能达到米级的定位精度。

在伪距测量的观测方程中，若卫星钟和接收机时钟改正数 V_a 和 V_b 已知；且电离层折射改正和对流层折射改正均可精确求得；那么测定伪距 $\tilde{\rho}$ 就等于测定了站星之间的真正几何距离，而与卫星坐标（x_s, y_s, z_s）和接收机天线相位中心坐标（x, y, z）之间有如下关系：

$$\rho = [(x_s - x)^2 + (y_s - y)^2 + (z_s - z)^2]^{1/2}$$

卫星的瞬时坐标（x_s, y_s, z_s）可根据接收到的卫星导航电文求得，故式中仅有三个未知数，即待求点三维坐标（x, y, z）。如果接收机同时对三颗卫星进行伪距测量，从理论上说，就可解算出接收机天线相位中心的位置。因此 GPS 单点定位的实质，就是空间距离后方交会。

实际上，在伪距测量观测方程中，由于卫星上配有高精度的原子钟，且信号发射瞬间的卫星钟差改正数 V_a 可由导航电文中给出的有关时间信息求得。但用户接收机中仅配备一般的石英钟，在接收信号的瞬间，接收机的钟差改正数不可能预先精确求得。因此，在伪距法定位中，把接收机钟差 V_b 作为未知数，与待定点坐标在数据处理时一并求解。由此可见，在实际单点定位工作中，在一个观测站上为了实时求解四个未知数 x、y、z 和 V_b，便至少需要四个同步伪距观测值 ρ_i。也就是说，至少必须同时观测四颗卫星。伪距法绝对定位原理的数学模型为：

$$[(x_{si} - x)^2 + (y_{si} - y)^2 + (z_{si} - z)^2]^{1/2} + C \cdot V_b = \tilde{\rho}_i + (\delta\rho_I)_i + (\delta\rho_T)_i + C \cdot V_{ai}$$

（3）GPS 的特点。

① 全球地面连续覆盖：由于 GPS 卫星的数目较多，且分布合理，所以地球上任何地点均可连续地同步观测到至少 4 颗卫星，从而保障了全球、全天候连续地三维定位；保证其功能多，精度高。GPS 可为各类用户连续提供动态目标的三维位置、三维速度和时间信息。

② 实时定位：利用全球定位系统，可以实时地确定运动目标的三维位置和速度。

③ 定位精度高：现已完成的大量实验表明，目前在小于 50 km 的基线上，其相对定位精度可达（1~2）×10^{-6}，而在 100 km 到 500 km 基线上可达 10^{-6} ~ 10^{-7}。

④ 操作简便：GPS 测量的自动化程度很高，且接收机的重量较轻、体积较小，携带和搬运都很方便。

（4）GPS 误差分析。

前面阐述了 GPS 定位的基本原理，其中影响伪距观测量的主要误差来源体现在 3 个方面：

① 空间飞行部分：包括卫星星历误差、卫星钟偏差。

② 信号传播部分：包括电波信号的电离层传播延迟，对流层传播延迟和多径效应。

③ 用户系统部分：包括用户接收机测量误差、用户计算误差。

下面分别就几种误差进行介绍。

① 卫星星历误差。

由卫星星历所给出的卫星在空间的位置与卫星的实际位置之差为卫星星历误差。卫星星历误差主要由地面监控部分监测站的分布及其站址误差、监测站所取得的观测量精度、卫星所受摄动力模型的精确程度、计算精度与卫星中的稳定度等因素组成。

② 卫星钟误差。

尽管 GPS 卫星配备了高稳定度的原子钟,但是卫星钟本身以及广义相对论和狭义相对论引起的频率均将影响卫星钟的准确性。相对论效应导致的卫星钟频的增长可以通过人为地减小卫星钟频进行校正,其他误差可以利用主控站测定的参数进行模型改正。卫星钟差或经改正后的残差,可以利用差分定位消除。

③ 电离层传播延迟。

GPS 卫星信号通过电离层时将受到这一介质弥散性的影响,使信号的传播路径产生变化,因此而产生的时间延迟在最恶劣的条件下可高达 300 ns,等效于 100 m 的测距误差。电离层的影响可以通过双频观测、电离层模型修正或者差分的方法加以减弱。

④ 对流层传播延迟。

对流层传播延迟是电磁波信号通过对流层时其传播速度不同于真空中的光速所引起的延迟。其中干分量主要与大气的温度和压力有关,湿分量主要与大气温度和高度有关。与电离层延迟相比,对流层延迟比较容易预测,估计方法也较成熟。利用差分方法来消除对流层的影响时,同步观测站之间的距离不能太大,根据经验,距离在 50~100 km 时,对流层传播延迟将成为影响 GPS 定位精度的决定因素之一。

⑤ 多径效应。

所谓多径效应,就是接收机天线除直接接受到卫星的信号外,还同时收到天线周围的物反射的卫星信号,两种信号叠加对定位精度的影响难以控制,它随周围环境的不同而不同。消除办法有多次取均值、选择屏蔽良好的天线或者将天线安置在反射面体少的地方。但在动态定位中,多径效应导致的定位误差则是无法消除的。

⑥ 用户接收机的测量误差。

用户接收机测量误差主要是由相关接收机对测距码的分辨率和接收机噪声造成的。一般通过提高接收机硬件的灵敏度和稳定度来降低接收机本身对定位精度产生的影响。

以上介绍了伪距定位的误差来源及其相应的改善措施,将所有这些误差最终对定位精度的影响综合在一起后,产生的定位误差将达到 100 m 的数量级。

(5)差分 GPS 定位原理及方法。

由于 GPS 系统在 SA 政策实施下提供的单点定位精度在 100 m 左右,对于交通流诱导,这种精度难以满足要求。为了解决这个问题,提高定位的精度,提出了差分的技术。所谓差分 GPS(DGPS—Differential GPS)就是将一个已精确测定的已知点作为差分基准点,在此点安装 GPS 接收机,连续接收 GPS 信号,通过处理后再与已知的精确位置作比较,不断确定当前的误差,然后把它通过通信链传送至该地区的所有移动 GPS 用户,以修正它们的定位解。其原理如图 3-6 所示。差分 GPS 实时定位技术基本上可分为两种类型,即局域差分 GPS 和广域差分 GPS。局域差分的技术特点是向用户提供综合的差分 GPS 改正信息——观测值改正,而不是提供单个误差源的改正。它的作用范围比较小，例如在 150 km 之内。广域差分的技术特点是将 GPS 定位中主要的误差源分别加以计算，并分别向用户提供这些差分信息，它作用的范围比较大，往往在 1 000 km 以上。

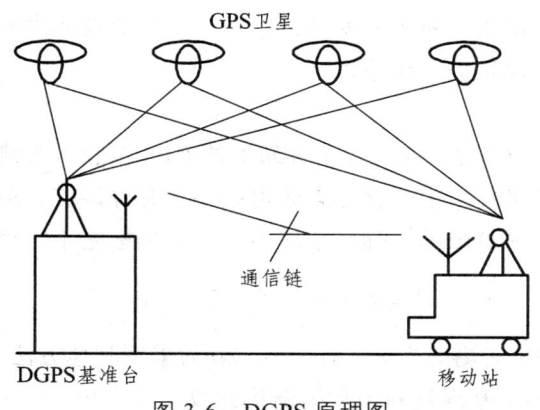

图 3-6　DGPS 原理图

局域差分 GPS（Local ~ Area Differential GPS，简写为 LADGPS）定时定位技术是由基准站、数据通信链和用户站组成的。它提高用户站定位精度的原理是建立在基准站和用户站对 GPS 卫星的同步同轨迹的基础之上的。通常认为，若基准站和用户站同步观测同一颗卫星，且基准站和用户站间隔在一定距离内（一般不超过 150 km），则这两种站上的观测值相应于同一卫星的同一轨道弧段，它们之间存在强相关性，即它们都包含相同的误差。因此，以伪距差分为例，将基准站所观测的每一颗 GPS 卫星的伪距误差按伪距比例改正的信息（一般还需加上伪距改正变率信息）通过数据通信链传输至邻近的用户站，用户站利用这一信息对其所观测的伪距进行改正，即可提高用户站定位精度。根据国外经验，当基准站和用户站间隔小于 150 km 时，伪距 LADGPS 实时相对定位误差为 $3 \times 10^{-5} \sim 10 \times 10^{-5}$。也就是说，基准站和用户站之间的距离在 150 km 范围内时，用户站定位的精度约为 $\pm(3 \sim 10)$m。

由于 LADGPS 削弱用户站定位误差是基于同步同轨性原理的，既认为主控站和用户站的误差都与同一时空强相关，所以对基准站和用户站之间的距离间隔的要求和对用户站定位精度的改善都有较大限制。

LADGPS 系统的基本构成：

① 基准站。

② 用户站。

③ 数据通信链。

总的来说，LADGPS 对硬软件的要求不高，大部分已商品化，维持费用也较低。其中伪距差分系统对于满足大中城市和近海区域的精度要求不高的定位和诱导的要求来说比较适用。它主要的缺点是当基准站和用户站的间距增大时，二者误差的相关性就会减弱，定位精度就会迅速降低，因为这时除了对流层造成的影响在二者地形类似的情况下相差不大以外，卫星星历误差的影响和电离层的影响对二者来说将明显不同。因此当二者间距为 100 ~ 150 km 时，由基准站发出的伪距差分改正信息对用户站来说将很难达到 LADGPS 预定的改正效果。因此，在大区域工作 LADGPS 的站网分布必须具有足够的密度，才能保证定位精度。

实现 DGPS 的方法有多种，包括位置差分法、伪距差分法、载波相位差分法等，这 3 类差分方式的工作方式是相同的，即都由基准站发送改正数，由用户接受并对其测量结果进行改正，以获得精确的定位结果。所不同的是，发送改正数的具体内容不一样，其差分定位精度也不同。以下只叙述前两种的工作原理。

① 位置差分原理。

这是一种最简单的差分方法。安装在基准站上的 GPS 接收机观测 4 颗卫星后便可进行三维定位，解算出基准站的坐标。由于存在着轨道误差、时钟误差、SA 政策影响、大气影响、多径效应以及其他误差，解算出的坐标与基准站的已知坐标是不一样的，存在误差。即

$$\delta X = X' - Xo \quad \delta Y = Y' - Yo \quad \delta Z = Z' - Zo$$

式中 X'，Y'，Z' 为 GPS 实测的坐标，Xo，Yo，Zo 为采用其他方法求得的基准站精确坐标。δX，δY，δZ 为坐标改正数。基准站利用数据链将此改正数发出去，由用户站接收，并且对其解算的用户站坐标进行改进：

$$Xu = Xu' + \delta X, \quad Yu = Yu' + \delta Y, \quad Zu = Zu' + \delta Z$$

如考虑到用户站的位置改正值瞬间变化，则

$$X_u = X_u' + \Delta X + \frac{d(\Delta X)}{dt}(t-t_0)$$

$$Y_u = Y_u' + \Delta Y + \frac{d(\Delta Y)}{dt}(t-t_0)$$

$$Z_u = Z_u' + \Delta Z + \frac{d(\Delta Z)}{dt}(t-t_0)$$

式中 t_0——校正的有效时刻。

最后得到的改正后的用户坐标已消去了基准站与用户站的共同误差，例如卫星轨道误差、SA 影响、大气影响等，提高了定位精度。以上先决条件是基准站和用户站观测同一组卫星的情况。

这种差分方法的优点是计算方法简单。只需要在解算的坐标中加改正数即可。能适用于一切 GPS 接收机，包括最简单的接收机。缺点是必须严格保持基准站与用户台观测同一组卫星。如果有 8 颗可观测卫星，将组成 70 个组合，基准站和流动台观测环境也不能保证完全相同，因此无法保证两站观测到同一组卫星。

② 伪距差分原理。

这是目前用途最广的一种技术。在基准站 GPS 接收机测量出可见的所有卫星的伪距 ρ_i 和搜集全部卫星的星历文件，计算出各卫星的地心坐标 (x_s^i，y_s^i，z_s^i)，又根据其他方法得到基准站的准确地心坐标 (x_P，y_P，z_P)，则可利用二者反求出各卫星到基准站的实距 R_s^i：

$$R_s^i = \sqrt{(x_s^i - x_0)^2 + (y_s^i - y_0)^2 + (z_s^i - z_0)^2}$$

同时基准站 GPS 接收机测量到的伪距 ρ^i 包含各种误差,可以求出伪距的误差修正值:

$$\Delta\rho^i = R_s^i - \rho^i$$

又可求出伪距误差修正值的变化率:

$$\Delta\rho_i = \Delta\rho^i / \Delta t$$

基准站将 $\delta\rho^i$、$\delta\rho_i$ 送给用户,则用户至卫星的伪距为

$$\rho_{uc}^i = \rho_u^i(t) + \Delta\rho^i(t) + \Delta\rho_i(t-t_0) \tag{3.1}$$

由于修正后的伪距去除了基准站与用户共同的系统误差,因而:

$$\rho_{uc}^i = R_u^i + C(\Delta t_{PR} - \Delta t_{SV}) + V_0 \tag{3.2}$$

其中 (x_p, y_p, z_p) 是用户点地心坐标;$(\Delta t_{PR} - \Delta t_{SV})$ 求得用户接收机与卫星的钟差;V_0 为接收机噪声;Δd_ρ 的含义是同一观测历元的残差和。这样,综合式(3.1)、(3.2)可在观测4颗卫星的基础上求出用户点坐标的 DGPS 解。

与位置差分相比,伪距差分具有如下优点:①基准站能够提供可见的所有卫星的修正值,因而用户可选择接收任意四颗卫星的信号,而前者要求用户与基准站接收相同的4颗卫星;②计算的伪距修正值是直接在 WGS-84 坐标系上求得的,是直接修正值,不用换算为当地坐标,因而定位精度高。

当然两种方法同时要求:①基准站的坐标要精确测定,这是 DGPS 的基础;②用户与基准站之间的距离要有限制,一般在 100 km 以内,否则电离层群的延迟将导致较大误差。

综上所述,使用伪距差分后,用户和基准站的星钟误差、星历误差、SA 政策影响误差几乎都是一致的,从而可以作为系统误差加以消除。若用户与基准台相距较近(小于 100 km),则卫星信号传播路径几乎相同,因此电离层和对流层误差也可近似相消。

3.1.3 地面无线电定位技术

地面无线电定位技术的原理是根据电磁波的恒定传播速率和路径的可预测性。常用的地面无线电定位技术主要有:罗兰—C(Loran—C)和奥米伽(Omega)。但是这些系统很少应用到陆地车辆导航中,这是因为无线电信号受到地面障碍物的干扰,从而产生信号衰落和多径效应造成定位精度下降或者失效。例如,Loran—C 的陆用定位精度误差大于 500 m,对车辆导航系统而言这是无法接受的。

利用现有移动通信系统中基站和移动终端之间的无线电信号传播特征,同样可以实现移动站定位。通过移动通信网提供定位业务的要求最初是由美国在其 1991 年开始实施的智能交通系统通信标准中提出的。以下主要阐述 GSM(Group Special Mobile)数字蜂窝移动通信的定位技术。

GSM 是由模拟蜂窝移动通信发展起来的。GSM 系统集中了现代信源编码技术,信道编码、交织、均衡技术,数字调制技术,话音编码技术以及慢跳频技术,同时在系统中引入了

大量计算机控制和管理。GSM 系统提供多种电信服务，包括话音、电文、图像、传真、计算机文件、消息等。

当前 GSM 定位系统采用的是时差定位方法，主要有三种，即观测时间差（OTD）定位、补偿时间或提前时间（TimeAdvance）定位以及抵达时间定位。

时差定位是根据同一移动站所发信号到达不同基站的时延差异，通过坐标变换获得移动终端的位置信息。其原理如图 3-7 所示。该定位方法与来波方向定位所需最少基站数有所不同，由于移动终端信号到达基站的等时延曲线为圆弧，因此欲确定移动站位置，在理想情况下至少需要三个基站。

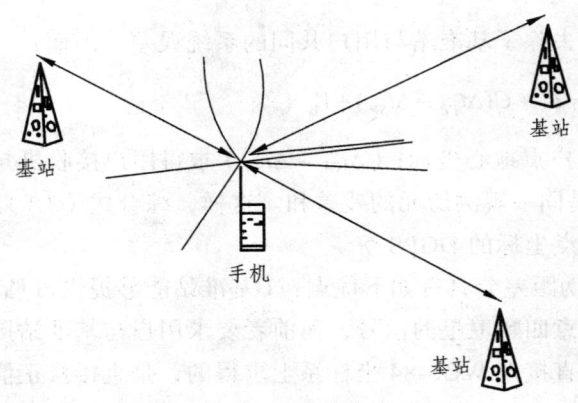

图 3-7　GSM 网时差定位原理图

通过移动通信网提供定位业务具有广阔的应用前景，该业务目前已得到了欧洲电信标准化组织（ETSI）和美国电信／电子行业协会（TIMEA）和世界各大通信公司（如西门子、诺基亚、摩托罗拉、北电网络、爱立信和朗讯科技等）的广泛重视，但由于该业务的提供涉及定位信息获取、网络体系结构和业务提供方法等多项内容，因此要很好地实施和推广该项业务还有大量的工作有待完成。特别是在如何提高可定位概率和精度方面和怎样实现高效灵活的业务提供方法等领域还有较大的探索空间。

3.1.4　车辆定位技术在交通诱导中的应用

80 年代末，GPS 定位技术的广泛应用，使得 GPS 技术很快能应用到车辆的定位与导航系统之中。由于在任一时刻，地球上任一目标均能通过 GPS 定位系统得知其三维坐标、三维速度和准确时间，只要在车辆上安装 GPS 接收机，便能实时获知车辆的位置、运行速度、和运行方向等信息。低精度 GPS 接收机的价格仅在 1 000 元人民币左右，体积仅有普通的计算器大小，其定位精度在百米之内。但是，车载 GPS 接收机的定位精度经常受到卫星信号状况和道路环境的影响。在一天内，不同时刻以及不同地区的卫星信号的状况差别很大，有时甚至不能接收到正常的 GPS 信号，另外，当车辆行驶在隧道内、高层建筑附近以及高大树木下时，也不能正常接收到卫星信号，从而无法定位。因此，尽管车载 GPS 定位导航系统的定位精度与最早的航位推算系统的精度相比提高了，但单纯 GPS 定位系统仍然存在着定位精度有时较低、可靠性不高的问题。

从 90 年代开始，国外就开始了 GPS 组合导航技术在车载导航系统中的研究与应用。美国、日本、法国等国家先后推出了新一代的车载导航系统。这类系统被称为第二代车辆定位与导航系统。它们的共同特点是车辆的定位精度比第一代系统的定位精度相比有很大的提高，都是利用 GPS 组合导航技术来提高定位精度以及导航系统的可靠性。这类导航系统有法国的"CARINAT"车辆定位与导航及信息系统，美国的 GENERAL MOTOR 公司实验室研制的"TRAVTEK"车辆导航及信息系统，日本 SUMITOMO 电子公司研制的"SUMITOMO"汽车电子导航系统，美国的 FORD-MOTOR 公司和 CHRYSLER MOTOR 公司等提出的 IVHS 智能车辆系统等。

目前，国外许多研究人员把进一步提高车辆的定位精度和降低系统的成本作为努力的目标。美国 CORNING 和 ANDREW 公司正在从事一项研究，将 GPS 接收机、光纤陀螺仪和嵌入式微处理器组合成 GPS／DR 组合车载导航定位系统。该系统分为数据采集、数据处理以及数据显示等几个部分。

在我国，GPS 车辆导航理论的相关研究基本上集中在跟踪性方面，在应用方面，北京、上海、广州、深圳、厦门、南京等大中城市在"110"报警车、银行运钞车以及出租车上安装了 GPS 定位、报警及监控系统。近年来，国内有一些高校也在从事组合导航系统的理论研究，获得了一些有意义的实验成果。但是关于 GPS/DR 组合定位系统的具体应用还没有实质性的报道，下面我们主要对 GPS/DR 组合定位系统在城市交通流诱导系统中的应用加以简述。

1. GPS/DR 组合定位系统定位原理

在城市交通流诱导系统中，实时、准确、连续、可靠地提供移动站的位置信息是非常重要的。但不论是在城市还是在郊区，GPS 卫星信号都会受到高楼和隧道的遮挡。因此，仅用 GPS 来实现连续不间断的定位是不可能的。而车辆航位推算导航系统（DR）是一种自主式的车辆导航系统，它利用陀螺及里程仪的传感信息来记录和推算当前的导航位置，它具有短时间内精度高，但导航误差会随时间积累的特点。因此，将 GPS 和 DR 组合来构成车辆定位系统，可以很好地解决车辆短时间内会丢失 GPS 卫星信号的问题，从而实现连续地对车辆进行定位。

GPS/DR 组合定位系统由 GPS 定位系统、航位推算系统（DR）和信息处理系统三部分构成，系统原理框图如图 3-8 所示。

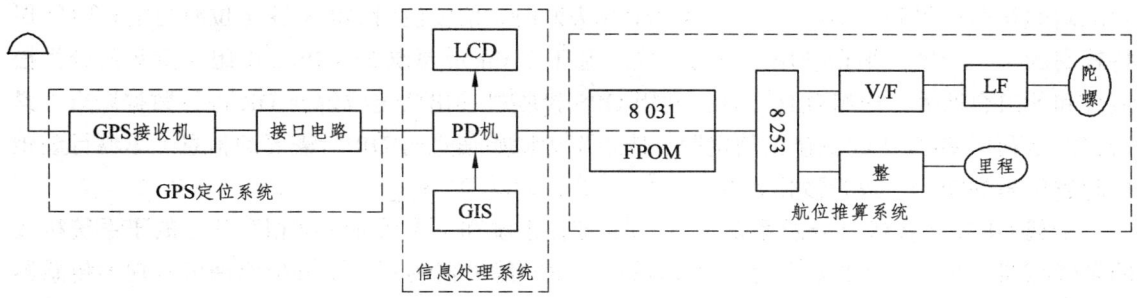

图 3-8　GPS/DR 组合定位系统框图

此处 GPS 定位系统采用的是 Jupiter12 通道接收机，它是美国 ROCKWELL 公司 1996 年的新产品，它具有体积小、重量轻、功耗低、高抗振、高灵敏度、高精度和高动态性能的特点。接收载波信号频率 $L1$ 为 1 575.42 MHz，标准定位服务，输出信号按 RS232 标准送至计算机串口。

航位推算系统由角速率陀螺、里程表、V/F 转换器、低通滤波器、计数器、微处理器等组成。其中方向传感器采用的是 CS6A-60 型角速率陀螺，其输出电压为 ±5 V ~ ±10 V，可不用放大直接经过低通滤除噪声信号，再经由 A/D650 构成的 V/F 转换器，将 -10 V ~ +10 V 的模拟电压转换为 0 ~ 50 kHz 的频率信号，送入 8253 的 0 计数器的时钟输入端作为计数脉冲。距离传感器采用的是里程表，其输出信号为脉冲信号，不必经过模数转换，而直接经电平转换后送至 8253 的 1 计数器作为计数脉冲。

信息处理系统接收来自 GPS 定位系统和航位推算系统（DR）的两种定位数据，根据组合定位系统的数学模型进行两种定位结果的数据融合。当车辆行驶时，由于林荫、路边隧道及路边高层建筑因素造成 GPS 信号丢失，GPS 定位系统无法正常工作时，能够利用 DR 系统的自主定位结果得以维持正常导航。此外当 GPS 系统由于可见星少于四颗而导致定位精度较低时，还可利用 DR 系统在一定距离内的较高精度改善 GPS 的定位精度。DR 系统推算结果的误差会随时间积累，可定时对其进行标定和校正。

2. GPS/DR 组合定位系统数据融合方案的确定

在组合导航系统中采用多传感器信息融合技术可以扩展整个系统的时间和空间覆盖率，增加系统的信息利用率，提高融合数据的置信度和精度，增强系统的容错性和可靠性。实现 GPS/DR 组合导航的核心问题是数据融合方案的设计，即采用何种方法来融合两种定位系统的信息以获得最优的组合定位结果。在车辆导航定位中有两种常用的组合方案：切换式组合和 Kalman 滤波。

对车载 GPS/DR 组合导航系统，最简单易行的融合方法是切换式组合导航，即根据 GPS 数据的有效性来使系统的定位输出在 GPS 数据和 DR 数据之间切换。但这种方法的信息利用率低，定位精度未获提高，只是解决 GPS 遮挡问题的简易方法，对多径效应等造成的定位误差则无能为力。

Kalman 滤波方法用于 GPS/DR 组合定位系统就是将 GPS 和 DR 信息系统同时用于定位解的求解过程中，使系统的状态在滤波过程中不断得到修正，组合定位的输出又可以提供较为准确的初始位置和方向信息，从而在 GPS 失效时，单独使用 DR 推算定位时也能长时间保持较高的定位精度。根据利用信息的不同，基于 Kalman 滤波的 GPS/DR 组合方案又分为松组合和紧组合两种。松组合是指直接利用 GPS 接收机输出的定位解与 DR 进行数据融合。紧组合是指利用 GPS 接收机输出的伪距、伪距率等原始信息与 DR 所需要的信息（车辆行驶距离和方位角的变化）进行数据融合。

车载 GPS/DR 组合导航系统是由 GPS 定位系统和 DR 系统两个相互独立的子系统构成的多传感器系统。在多传感器系统中，联合卡尔曼滤波器利用信息分配原理可实现多传感器的最优综合，并使整个系统具有一定的容错能力，从而能够获得整体上最优的性能。要实现车载 GPS/DR 组合导航系统的定位导航信息最优综合，关键是建立其滤波模型，此书不再详述，今后读者可在实际应用中自行拓宽此部分。

3.2 自动车辆识别技术

自动车辆识别系统（AVI）使用装备在车上的射频装置向路边的接收装置传送识别信息，如 ID 号码、车型、车主等，以判别车辆身份。

3.2.1 自动车辆识别系统

1. 自动车辆识别

自动车辆识别技术是指当车辆通过某一特定地点时，可以不借助人工而能将该辆车的身份识别出来的技术的通称。车辆的身份，泛指车辆本身的代表符号以及一切的属性，包括车辆车牌号码、车主及车籍等资料，但无论多少，车辆至少必须具有一个可供识别的标识，并且是唯一的。传统上，车牌号码作为车辆的最佳标识，理论上只要能够读取每一辆通过车辆的车牌号码便足以达到车辆识别的目的，这对人的肉眼来说，是极容易的事，但对机器而言却是很难的事。

2. 自动车辆识别的组成

目前世界各国厂商所生产的 AVI 产品种类极多，且彼此之间多难以兼容，每一家产品皆有其特色。虽然如此，一些基本的系统架构却都基本相同，皆由三个主要组件组成。

（1）车载单元（On—Board Unit）。

这一部分组件附属在车辆上，可以是固定式的，也可以是活动式的，作为车辆识别用的标识，其本身拥有一种可供识别的信号，这信号一般是唯一的，因此可以当做车辆的"身份证"。

（2）路侧阅读单元（Road—Side Reader Unit）。

用以接收或识别车载单元发（反）射（散）出来的信号，并把收到的信号解译成有意义且可以阅读的文（数）字资料，以供进一步分析计算使用。

（3）数据处理单元。

把从解读单元所解译出来的资料和计算机数据库里面的使用者资料进行比对，验证身份，并进行所有的数据处理工作。

从信号或信息传递与处理的观点看，AVI 的基本运作流程大致可分为以下三部分：

（1）截取来自车辆发散出来的模块化电磁波信号。

（2）将电磁波信号转译成有意义的信息。

（3）将译读出来的信息输入计算机中，进行资料对比、验证身份、收取通行费、文件查验等数据处理工作。

3. AVI 系统分类

（1）按工作频率分类。

在实际运行的 AVI 系统中，使用的工作频率有三种，即 915 MHz、2.45 GHz 和 5.8 GHz。从已建成的电子收费系统看，915 MHz 系统主要用于北美地区，5.8 GHz 系统主要用于欧洲和亚洲以及大洋洲地区，2.45 GHz 系统主要用于实验，实际中使用很少。5.8 GHz 已成为国际电信联盟（ITU）划分给专用短程通信（DSRC）的专用频段。

（2）按通信方式分类。

按 AVI 系统的通信方式分类可分为主动式和被动式。

主动式由于标签一定含有电源。当车道天线向电子标签发送询问信号后，电子标签利用自身的电池能量发射载波及数据给车道天线。主动式通信方式的工作距离可以较远，大约为 30 m。

在被动式系统中，由车道天线发射电磁信号，电子标签被电磁波激活进入通信状态，上行载波来源于频率偏移后的下行载波，发射的能量来自于存储的电磁波。被动式电子标签既可以是有源的，也可以是无源的。被动式电子标签的电源是供存储数据和处理数据用的，其工作距离较近。

按目前的技术水平，主动式和被动式的性能比较见表 3-1。

表 3-1　主动式和被动式的性能比较

类别	主动式	被动式
通信距离	约 30 m	约 8 m
可同时通信的车辆数	最大 8 辆	原则上 1 辆
信息量（车速为 60 km/h 时）	539 kbit	46 kbit

（3）按读写方式分类。

按系统的读写方式分为只读型和读写型。

只读型 AVI 系统采用只读型电子标签。只读型电子标签的内容只能被读出，而不可被修改或写入，其内部存储器是只读型存储器。只读型大多在早期被应用于桥梁、隧道的开放式收费系统中。

读写型 AVI 系统采用读写型电子标签。读写型电子标签的内容既可被车道天线读出，也可由车道天线写入或修改。其内部存储器是 RAM 或 EPROM。

读写型电子标签内部通常还带有 ROM 存储区，供存放固定信息和初始化信息。读写型系统大多应用于封闭式收费环境。

（4）按有无使用 IC 卡分类。

凡不带 IC 卡的电子标签一般都称为"单片式"，带 IC 卡接口并在使用时需插入 IC 卡的又称"两片式"。单片式比较简单，价格低。两片式价格较高，具有较多优点，系统功能可以非常容易地扩展，是未来的发展方向。其优点如下：

a. 对驾驶员进行收费。车主和驾驶员并不一定是同一个人。由于 IC 卡的便携性，因而系统对收费公路使用者——驾驶员进行收费，而不是对车辆本身进行收费。

b. 安全性高。当使用只有一块的读/写型电子标签时，标签总是留在车内的，这意味着标签容易被偷。而两片系统的 IC 卡存有钱和其他重要数据时，可随身携带，这样偷窃一般就不会发生了。

c. 增加对用户的服务。IC 卡作为不停车收费系统的一部分，其功能相当于一个便携式数据库，可对其进行增值，里面可记录金额或其他信息，既可应用于预付方式，也能应用于后付方式。IC 卡是通过编程来确定其付款类型的。

d. 一卡多用的特征。正如前面所谈到的，由于 IC 卡具有存储容量大、安全性好等特征，所以适用于多条收费道路联合收费，一卡可代替目前人们使用的多种卡片，例如信用卡、电话卡、电子钱包、公交卡等。这样才能真正让更多用户选用不停车交费的方式。

但两片式涉及的技术规范较多，需考虑的问题也较多。如果系统方案设计较好，并遵从有关技术标准，单片式系统可以比较容易地过渡到两片式系统。

根据技术的发展趋势和国内应用情况，以及国家五委会关于 ETC 试验频点的批示，建议选择 5.8 GHz 频段、全双工被动式通信方式、可读写的"单片式"或"两片式"电子标签的 AVI 系统。

4. 电子标签的性能要求

（1）工作频率。

根据国家无线电管理委员会"1998-74 号文"，批准交通部"网络环境下不停车收费系统研究与推广应用"行业联合攻关项目中关于 5.8 GHz 频段使用的申请。电子标签工作的频率范围应为 5.795~5.815 GHz，不响应系统工作频率之外的频率信号。该频段除用于中国电子收费业务外，还将作为未来 ITS 领域服务的业务频段。

（2）物理防护。

物理防护是指标签具有必要的封装，一定的坚固性，不易损坏。因用于车载用途的，要考虑防碰撞及防止机械振动。故标签应具有关于抗振动和冲击的明确技术指标。

（3）电子安全防护。

电子安全防护是指标签应设计成内部存储信息不能被普通电子器件发出的电磁信号误操作和故意改写，也就是说电子标签应具有抗电磁干扰的能力，不能被非电喷车的点火系统所辐射的电磁波触发。由于我国非电喷车还将使用较长一段时间，这就意味着汽车点火系统作为宽带干扰源在较长一段时间内仍然大量且广泛地存在着。

（4）标签的信号强度。

被动式电子标签的信号强度是指标签在规定的工作条件下，标签返回的调制信号的强度。电子标签应保证信号强度在规定范围内。主动式电子标签的信号强度即标签的发射功率，其值应在国家无线电管理机构规定的范围内，并应在满足读写器接收灵敏度的情况下尽可能的小。

（5）标签的响应时间。

标签的响应时间是指被动式标签被读写器发出的查询信号所触发时，应在确定时间内进入正常工作状态。如唤醒时间小于 5 ms。

（6）标签的安装。

标签应安装在用户的机动车上，应有统一的标签安装位置。例如电子标签在轿车、客车、货车以及摩托车上应有明确的统一安装位置。

（7）标签的定向。

被动式标签工作平面的法线应尽量与读写天线的极化方向相一致，以保证最佳的阅读性。

（8）标签的安装方式。

对于 ETC 应用中的车辆识别，推荐采用固定安装的方式。

（9）标签安装环境要求。

a. 电子标签安装的位置须保证其周围具有一定的"净区"。净区内不能被任何金属物或突出物遮挡，需特别注意的是防爆太阳膜。因为防爆太阳膜内含金属成分，可能对电子标签形成电磁遮挡，给通信带来障碍。

b. 标签易受损坏的位置不应作为安装位置。

c. 安装位置不应对车辆造成损坏，同时不应对车辆的维修造成妨碍，更不能对驾驶员的视线造成妨碍，推荐的安装位置在车内后视镜对应的前挡风玻璃处。

d. 被动式标签安装时应考虑电磁波反射强度，必要时使用金属板做衬板以增强电磁波的反射。

3.3 自动车型分类技术

自动车型分类系统就是利用硬件和处理程序来确定车辆的类型，它由测量车辆物理特征的各种车道传感器和利用这些装置输出的信息的处理器组成。车道传感器记录车辆的物理特征，处理器汇集各种传感器装置的输入信息并根据这些信息对车辆进行分类，将确定了车型的车辆信息发送到相关系统，以确保按车型实施正确收费。

车辆类别可从两条渠道获得，一是标识卡上存储有车辆牌照和车型类别代码；二是通过对检测所得的车辆各种间接参数进行综合评判而确定车型类别。前者由于卡存储的车类代码不可修改，无须增添新设施即可在通信过程中得到准确度很高的车辆类型判别。但是，一旦用户将卡从原有车辆上拆卸下来，重新安装到与车类型不符的另一类车辆上，光有通信所获取的车类信息是分辨其真伪的。第二种判别法需要安装多种检测设备以检测车辆轴数、轮数和外部几何尺寸（或车重）等特征参数，还得用计算机配以专用软件作综合（或图像）辨识，不但加大了系统投资，也增加管理维修费用。目前常用的分类方法是双管齐下，但有主有次，以卡上获取车辆类别信息为主，再用检测所得的数据进行校核，加以确认。这样做的好处是可大大降低差错率，同时也可节约设备投资。

下面介绍一种以车辆轴距、轴数和前轮处车高进行车辆自动分类的方法，这种方法简单、合理，目前我国部分高速公路已采用这种技术。

1. 车辆分离器

车辆分离器是自动车型分类系统中的一个重要设备，其主要作用就是将通过的每一辆车分离开，正确地区分正常车辆和带拖车的车辆，给车型自动分类系统提供准确的信息，确保分类精度。

车辆分离器由红外线发射器组和红外线接收器组组成，发射和接收一一对应，分别垂直地竖立在收费车道两旁，如图3-9所示。它发射出几十束平行的红外线光栅（光栅间隔不大于38 mm），凡是相联接的车辆（如拖车），其联接物（直径≥40 mm）都会遮挡部分光束（从距地500~1 100 mm 的范围内），从而发出的是整车信号。

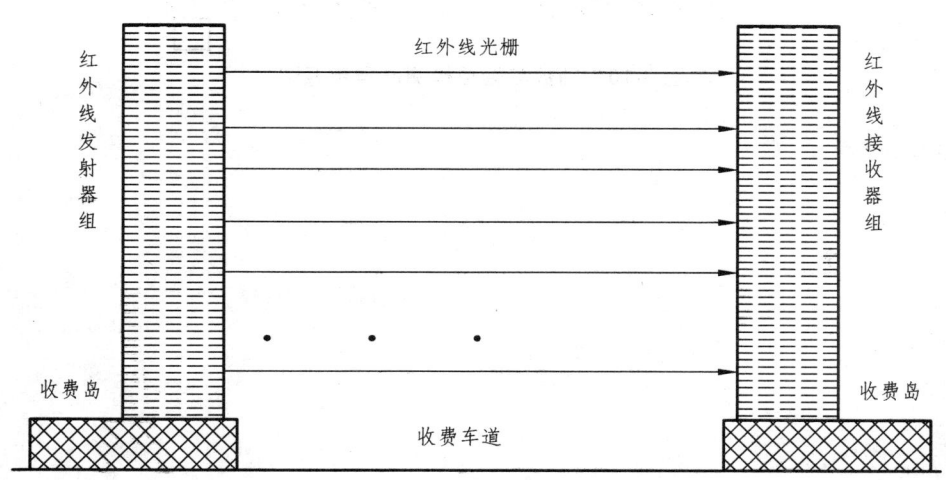

图3-9　车辆分离器检测原理图

2. 车高度检测

车高检测器一般与车辆分离器合并在一起。当车辆经过收费车道时，可根据红外光束被遮挡的情况，检测车头处或前轮处的高度，同时也可测出车辆底盘高度。

3. 轴距与轴数检测器

轴距检测可以通过红外线或踏板式检测器采测到，但这种轴距的检测不是真正的测出轴距的实际尺寸，而是检测轴距属于哪个范围，轴距划分的范围由车型分类标准来确定。

如图3-10所示，W1和W2为两个压力检测器，埋设间距为 L。当车辆沿行车方向行驶时,由车辆分离器给出一辆车的信息,车辆通过轴距检测区域时,压力传感器检测到轮胎压力,通过计算便可知道车辆的轴距范围。当车辆分离器初始化后,W1 第一次检测到压力,而 W2 还没有检测到压力时,表示车辆还没有完全进入检测区;当 W2 第一次检测到压力,而 W1 还没有再次检测到压力时,表示车辆轴距大于 L,如果此时 W1 已经检测到第二次压力,表示车辆轴距小于 L。在分离器给出一个车辆信息的期间,W1 和 W2 检测到的压力次数应该相同,这样可以检测出车辆的轴数。根据检测出的轴距范围和轴数以及车身高等参数,基本上便可以确定车辆的类型。

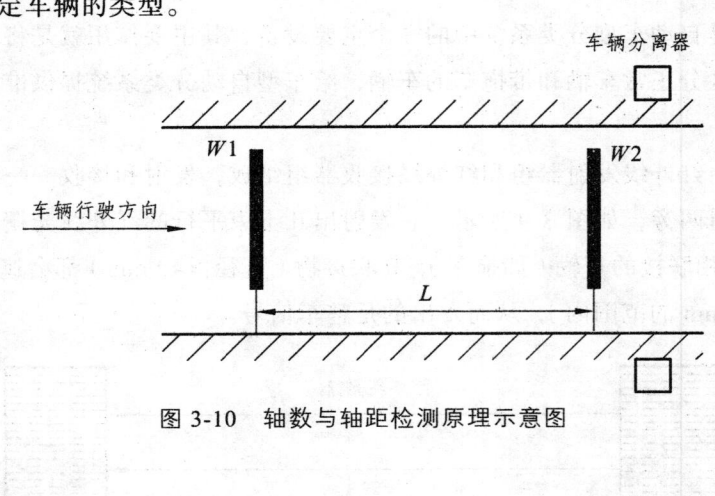

图 3-10 轴数与轴距检测原理示意图

4 驾驶员信息采集与处理技术

4.1 驾驶员信息采集指标

通常,对驾驶员的以下指标进行监测:
(1)视力:视野、静视力、动视力、暗反应、明反应、视立体觉、色觉。
(2)听力。
(3)记忆力。
(4)注意力。

4.2 驾驶员视觉信息采集

1. 视觉器官

驾驶员驱车前进,有80%以上的所需信息来自视觉,驾驶员视觉功能的好坏对行车安全有着直接的影响。

人眼注视目标时,由目标发出或反射出来的光经折射,投射到视网膜上成像,视神经细胞将光信息转换成神经电信号,经过视觉通路传至大脑的枕叶视中枢,激起心理反应,形成视觉。人眼构造如图4-1所示。

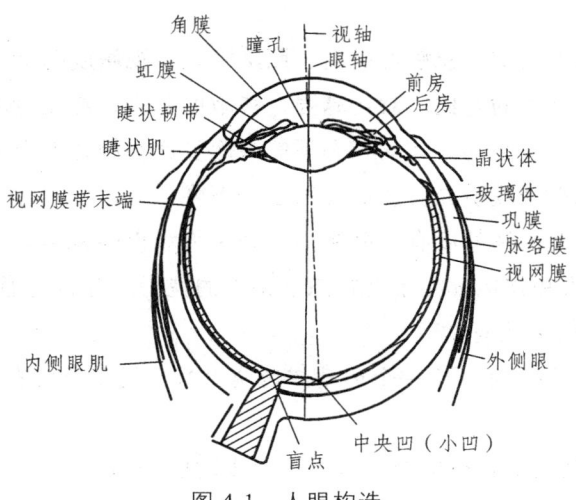

图 4-1 人眼构造

（1）视网膜各部位视细胞的分布不同，中央凹附近视细胞分布最多，因此感受性最高，视力最好；离中央凹越远，视细胞分布越少，物体的成像越模糊，视力越差。因此驾驶员要想准确地识别物体，就要不断地转动眼球，保持物体投影在中央凹附近。

（2）视细胞包括锥体细胞和棒体细胞两种。锥体细胞对光的强度有较低的感受性，因而是昼视觉的感受器，它可以检测亮度和颜色信息。棒体细胞对弱光有较高的感受性，因而是夜视觉的感受器，它只能检测亮度信息。

（3）盲点处，既无锥体细胞，也无棒体细胞，因而没有视觉功能。

2. 视敏度

视敏度是指分辨物体细节和轮廓的能力，是人眼正确分辨物体的最小维度。视敏度是以视角来衡量的。视角是指目标对眼睛所形成的张角，人眼能分辨物体的视角越小，则视敏度越高。如图 4-2 所示。

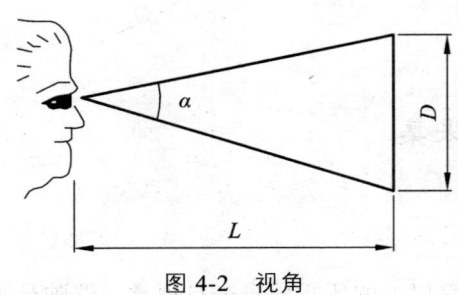

图 4-2 视角

$$\alpha = 2arctg\frac{D}{2L}$$

视敏度的测定在临床上通常采用视力表的方法。视敏度是以视角的倒数来表达的。也就是我们通常所说的 1.5，1.0，0.5，0.1 等。

影响视敏度的因素有：

（1）照度水平。照度增加，视敏度提高；照度降低，视敏度降低。

（2）刺激物与背景亮度的对比。对比越强，视敏度越高；对比越弱，视敏度越低。

（3）刺激物的状态。刺激物在运动状态下的视敏度比在静止状态下的视敏度低。

（4）眼睛疾病。如近视或散光会造成视敏度的下降。

在道路交通中，涉及的视敏度有：静视力、动视力和夜间视力。

① 静视力：是指人和视标都在不动状态下检查的视力。静视力通常用国际标准的 E 型视力表检查。一般认为 1.0 为正常。

② 动视力：是指人和视标其中一个运动或者两个都在运动时检查的视力。驾驶员在行车中的视力应为动视力。

③ 夜视力：是指驾驶员在夜间黑暗情况下所表现的视力。

3. 动视力

动视力有以下特征：

（1）驾驶员的动视力随车速的增大而下降：以辨别道路标志为例，当以 60 km/h 的车速行驶时，一般驾驶员可看清 240 m 以内的标志；当车速增大到 80 km/h 时，只能看到 160 m 之内的标志。

（2）动视力随年龄的增大而下降：年龄越大，动视力随车速增大而下降的程度越大。如图 4-3 所示。

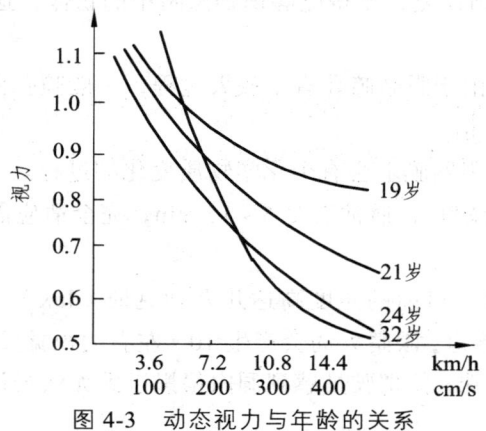

图 4-3 动态视力与年龄的关系

（3）动视力比静视力与交通事故的关系更为密切：对驾驶员来说，仅检查静视力是不够的，动视力的检查更为重要。

4. 夜视力

夜视力有以下影响因素。

（1）光照强度：即视力随光照强度的加大而增强。由于夜晚照度低下而引起的视力下降叫做夜近视。

（2）物体的对比度：亮度大、对比度大的物体容易辨认。

（3）物体的颜色：对不同的颜色，辨认的难易程度也不同。

实验：在没有路灯仅靠汽车近光灯的情况下，让驾驶员辨认路肩上是否有物体或行人存在。

（1）发现距离：穿白衣服时平均为 80 m，穿黑衣服时为 43 m。

（2）确认距离：能辨清是人，穿白衣服时为 42 m，穿黑衣服时为 20 m。

（3）肯定方向距离：若要看清人的行动方向，穿白衣服时为 20 m，穿黑衣服时为 10 m。

夜视力对驾驶安全的影响。

（1）夜间由于光照不足，驾驶员很难看清和预见道路上的各种情况，因此夜间行车比白天危险得多。

（2）研究发现，尽管夜晚行人稀少，车辆密度小，但事故率很高（占 50% 以上）。

黄昏是行车最危险的时刻，这是因为：

① 光线变暗，开大灯与不开大灯差别不大，驾驶员不容易看清道路上的行人与车辆；
② 自然界的朦胧现象，即黄昏时车外青色变浓，黄、红、橙色标志及行人衣着都变成暗色；
③ 黄昏时驾驶员眼球上的视锥细胞机能低落，使其辨认物体的机能下降。

5. 驾驶员的暗适应与明适应

（1）暗适应。

① 定义：人由光亮的地方突然进入黑暗的地方，开始时视觉感受性很低，看不清东西，经过一段时间后，视力逐渐恢复，变得能够识别黑暗中的物体，这个过程叫做暗适应。

② 暗适应时延原因：

a. 在暗适应过程中，由于眼睛瞳孔有个放大过程，一般瞳孔由 2 mm 变到 8 mm，使进入眼球的光线增加 10～20 倍；

b. 在暗适应过程中，视网膜上会有个化学物质变化的过程。

③ 暗适应需要的时间较长，通常需要 5～15 min，完全适应需要 30～40 min。

④ 暗适应实例。

a. 白天高速公路隧道入口前的照度高达几万勒克斯（lux），而隧道内的照明一般只有 100 lax，这时驾驶员进入隧道，眼睛大约会产生 10 s 左右的视觉障碍，可能会引起交通事故。

b. 这种因亮度相差悬殊，使驾驶员感到洞内很黑以致无法辨认洞内障碍物的现象，称之为"黑洞效应"。

c. 西安火车站地下隧道修好不到一年，竟发生了 46 起事故，显然与"黑洞效应"有关。

（2）明适应。

① 定义：当人由黑暗骤然进入非常明亮的环境时，感到光线耀眼，眼睛也有个习惯和视力恢复的过程。这叫做明适应。

② 明适应比暗适应快得多，一般只需数秒到 1 min。

③ 明适应实例：

驾驶员在长隧道中行驶时间较长，已逐渐适应了暗视场环境。当驶出洞口时，洞外高亮度的景物会在驾驶员眼中形成一个明亮的"白洞"。如果恰在前方"白洞"范围内有大型车辆行驶，则在感应现象作用下，难以辨认大型车后所跟的小型车。这种现象叫白洞效应。以上可见，隧道内的照明设计对安全有较大的影响。

6. 驾驶员视野

（1）定义：眼睛除所注视的目标外，还能看见一定空间范围内的物体，这种所能看见的空间范围就是视野。

（2）视野范围：正常人单眼视野范围上侧约 50°，下侧约 70°，内侧约 60°，外侧约 90°，双眼水平综合视野可达 180°。如图 4-4 所示。

（3）注视点：人眼在垂直方向 6°和水平方向 8°的角度内看到的物体，其影像落在中央窝上，看得最清楚，这就是眼睛的注视点。

（4）视野与物体的颜色有关。如图 4-5 所示。

（5）视野可用视野计进行测量。

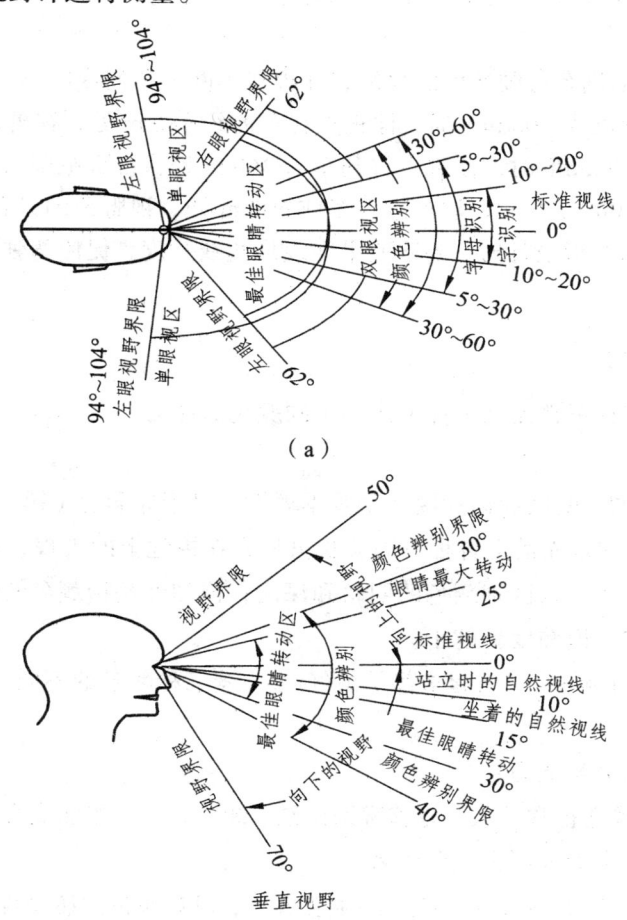

图 4-4 视野

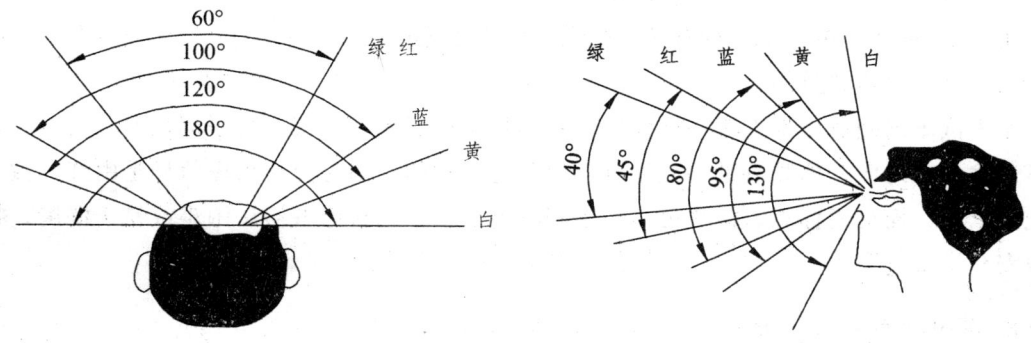

图 4-5 视野与颜色的关系

（6）视野对驾驶员的影响

① 驾驶员根据前方道路情况作出反应，使眼球转动，保证注视点始终对准前方道路。

② 驾驶员利用周边视力观察道路环境的全面情况，如从视线盲区驶出的车辆，突然跑到

路上的儿童等，从而保证行车安全。驾驶员的视野范围要有一定的广度，有"隧道视觉"的人不宜担当驾驶任务。

③ 驾驶员视野随汽车行驶速度的提高，注视点不断前移而变窄：

a. 汽车的行驶速度为 40 km/h 时，注视点在车前约 180 m 处，视野范围可达 90°～100°。

b. 车速增加到 70 km/h 时，注视点移到车前 360 m 处，视野范围只有 65°。

c. 车速增加到 100 km/h 时，注视点在车前 600 m 处，视野范围只有 40°。

d. 因此，在公路线形设计时，要限制平面线形直线长度，促使驾驶员变动注视点，避免发生交通事故。

7. 驾驶员的色觉

（1）定义：指人在正常光亮条件下辨别不同颜色的能力。

（2）颜色机理：

① 颜色具有色调、明度和饱和度 3 个基本属性，对于非彩色（黑、白、灰）来说，只有明度一维的变化。色调是光谱上各种不同波长可见光在视觉上的表现，如红、黄、绿等色感；明度是颜色的亮度特性，以区别颜色的明暗和深浅；饱和度是指颜色的纯洁度。颜色中掺入的黑、白、灰色越多，饱和度就越小。

② 宇宙间的所有颜色，归纳起来都是由红、绿、蓝三种颜色的不同含量搭配调和而成的，称它们为三原色。

（3）人对颜色的分辨能力：

① 三色觉者：视觉正常的人，能够辨别由红、绿、蓝三色相加混合成可见光谱上的各种颜色，所以把视觉正常的人叫做三色觉者。

② 色弱患者：虽然能够区分光谱上的主要颜色，但对颜色的感受性较低。这种人叫异常三色觉者，或称为色弱患者。

③ 二色觉者。二色觉者只能看到两种原色。

④ 单色觉者。单色觉者没有颜色视觉，也称全色盲。

（4）色觉对驾驶员的影响：

作为汽车驾驶员，不论哪一种色盲患者，甚至色弱者，对安全行车都是不利的，尤其是从事运输生产的职业驾驶员是不允许有任何色觉异常的。因为交通指挥信号是由红、黄、绿色光显示的，而交通标志、标线也多用不同颜色表示，色盲患者辨认困难或易于混淆，将给交通安全带来危害。

8. 驾驶员的深度知觉

（1）定义：指人对物体的形状、大小、远近、方位等特性的知觉。深度知觉是由人的多种感官，如视觉、听觉、触觉、运动觉、平衡觉等相互作用而形成的，其中视觉最为重要。

（2）深度知觉形成机理：空间中远近不同的刺激物造成的眼视觉上的差异即双眼视差，

此时两眼对应的视觉刺激就变成神经兴奋,传到大脑皮层,经过分析和综合,形成深度知觉。双眼视差是驾驶员知觉立体物体和物体前后距离的重要信息,一般双眼视力正常的人都具有正常的距离知觉,只有极少数人距离知觉能力很弱,甚至缺乏距离知觉,这种人被称为"立体盲"。

（3）深度知觉对驾驶员的影响:

患有立体盲的驾驶员,难以估计交通环境中各种车辆、行人、物体的形状、大小和距离,因而容易发生交通事故。

以超车为例,如果驾驶员是立体盲,无法了解被超车辆的大小和距离,对迎面来车的远近又无法估计,自然无法掌握超车时间。一旦超车,难免发生擦、挂或相撞事故。

4.3 驾驶员听觉信息采集

1. 驾驶员听觉分析

（1）驾驶员听觉信息量。

驾驶员靠听觉获取的信息约占总量的20%。

（2）听觉信息特点。

听觉信息与视觉信息相比具有两个明显的特点:一是反应快,听觉为 $0.12\ s \sim 0.16\ s$,视觉为 $0.5\ s \sim 2.0\ s$;二是刺激强,适合于警报装置的设置。

（3）听觉信息在汽车驾驶中的作用。

① 驾驶员根据运转声音可以了解汽车机件的工作状况是否正常。

② 驾驶员在超车或会车时用按喇叭的方式来引起对方驾驶员的注意。

③ 驾驶室中设置的某些警告装置和信号反馈装置是通过声音实现其功能的,这种信息传递方式在某种程度比视觉传递信息有更高的可靠性。

2. 听觉检测方法

听觉检测方法可归纳为两大类。一类为主观测听,另一类为客观测听。

（1）主观测听是依靠受检查者对声音刺激的感受作出主观判断来进行测定的,它包括语言测听、秒表检查、音叉检查等。这种方法简便易行,至今仍是临床常用的听力检查法,但准确性稍差。

（2）客观测听法与主观测听法不同,它不受被检者主观意识的干扰,其结果客观可靠。临床上常用的客观测听法有声导抗测听、电反应测听、耳声发射测试等。由于多数客观测听法比较复杂并需要特殊的仪器设备,因此尚未普及应用。

4.4 驾驶员反应能力信息采集

4.4.1 反应时间概述

1. 反 应

反应是回答某种刺激所产生的动作。

2. 反应时间

是驾驶员从感觉器官接受刺激到做出反应的时距。

3. 反应时间的计算

反应时间可表达为下式：

$$t = t_1 + t_2 + t_3 + t_4$$

t_1：感觉器官接受信息时间；

t_2：信息加工时间；

t_3：神经传导时间；

t_4：肌肉反应时间。

4. 反应时间分类

（1）简单反应时间：指人对单一刺激物做出确定性反应所需的时间。

（2）复杂反应时间：指人对各种可能出现的不同刺激物作出选择性反应所需的时间。如表4-1所示。

表 4-1 不同感觉道的简单反应时间（ms）

感觉道	视觉	听觉	嗅觉	触觉	痛觉	湿觉
反应时间	150~225	120~182	210~390	117~182	400~1 000	180~240

4.4.2 驾驶员反应时间的影响因素

（1）刺激——刺激物种类，刺激强度。

（2）情绪。

（3）年龄、性别。

（4）运动器官。

（5）驾驶疲劳。

（6）饮酒。

4.4.3 驾驶员反应时间的检测方法

1. 简单反应时间的检测

简单反应时间可通过"灯光－按键"法测定。被试者手指放在反应按键上，当灯光出现时，立即按反应键，主试者通过计时器测出从信号刺激呈现到作出反应开始的时间即可。

2. 复杂反应时间的检测

采用了红、绿、黄3个颜色的灯作为刺激信号，由对应的3个按键作为反应信号。红灯信号由右脚反应（脚踏键），绿灯信号由右手反应（右手键），黄灯信号由左手反应（左手键）。1次检测中每种颜色的灯要分别随机点亮10次，反应时间以10次的平均值计算。

4.4.4 驾驶员反应时间与行车安全的关系（见图4-6和图4-7）

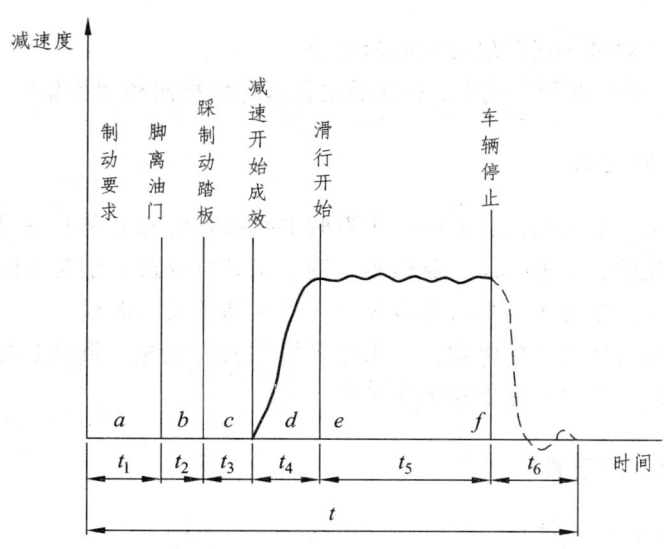

图4-6 驾驶员反应时间与行车安全的关系

t_1：驾驶员的反应时间，指从驾驶员发现前方有紧急情况，意识到必须进行紧急制动并从加速踏板上开始抬起右脚这段时间：——反应时间

t_2：移脚时间，即驾驶员将右脚从加速踏板移动到制动踏板的时间；

t_3：制动传递时间，只驾驶员从脚踩下制动踏板到制动器开始起作用的时间；

t_4：制动减速度增长时间；

t_5：制动持续时间，指这段时间里制动减速度基本不变，车辆滑行

t_6：制动消除时间，停车后驾驶员右脚松开制动踏板，制动力逐渐消除。

动作时间：t_2、t_3

驾驶员的反应特性时间：决定于驾驶员的心理素质和驾驶技术

汽车设计决定

图4-7 t_1~t_6的含义

4.4.5 动作稳定性与行车安全的关系

动作稳定性：驾驶员动作稳定性一般用反应时间与动作时间的比值表示。

① 比值越大，表明人的反应时间长而运动时间短，行为趋于轻率，是快而粗糙的动作；

② 比值越小，表明反应时间短而运动时间长，行为趋于慎重，尽管大脑机能优越，但动作不圆滑。

③ 以上两种情况都不利于安全行车。

实验证明：动作稳定性偏小和偏大都不利于行车安全。特别是偏大时，对行车安全更不利。

4.5 驾驶员注意能力信息采集

4.5.1 注意的基本概念

注意：是心理活动对一定对象的指向和集中。

驾驶员的注意：是指在行车途中，心理活动有选择地指向和保持集中于一定的交通信息。

4.5.2 驾驶员注意的因素

（1）直接与道路有关的因素：影响汽车驾驶的路边环境和道路的各组成部分（平面上的转弯和纵断面上的变坡、交通标志、路面不平度、交叉口以及道路的连接和分叉）；

（2）与其他汽车、摩托车、自行车以及行人等交通有关的因素。

（3）与交通没有直接关系的因素：令人注目的有关建筑物、路肩上的物体、路旁的丛生植物、周围的景观甚至飞过道路上空的飞机等。

4.5.3 影响人注意力的因素

1. 客观刺激物本身的特点

（1）刺激物的强度。

（2）刺激物之间的对比。

（3）刺激物的活动变化。

（4）刺激物的新异性。

2. 人的主观原因

（1）人对事物的需要、兴趣和态度。

（2）人的精神状态。

3. 注意的特征

（1）注意的范围（广度）。

驾驶员在运动状态下的同一时间内尽所能清楚把握对象的数量。注意范围的影响因素：

① 客观事物的特点。

② 个人的经验。

（2）注意的分配。

指人在进行两种或多种活动时，能把注意同时指向不同对象的能力。驾驶员的注意分配活动：

① 完成驾驶操作：驾驶员动作过程，主要包括：

a. 速度控制。如起步、加速、减速、停车。

b. 方向控制。如调整行驶轨迹、转弯、调头等。

c. 安全设备操作。如开闭灯光、鸣笛、操纵雨刷器等。

② 观察外界各种情况。

主要包括：

a. 道路环境情况。如道路的宽窄、路面状况、弯道、坡度、路肩、障碍物及其他环境情况等。

b. 交通情况。如其他机动车、非机动车、行人等情况。

c. 交通管制状态。如警察的指挥手势、信号灯显示、划线、标志等。

（3）注意的稳定性。

是指注意力能否较长时间地保持在某种事物或所从事的某种活动上。

（4）注意的转移。

注意的转移是人根据一定的目的，主动地把注意从一个对象身转移到另一个对象上去。

例如：驾驶员超车时注意的转移：被超汽车—迎面驶来的汽车—后视镜—道路交通标志。

4.5.4 注意的检测方法

1. 注意力广度检测（如图 4-8 所示）

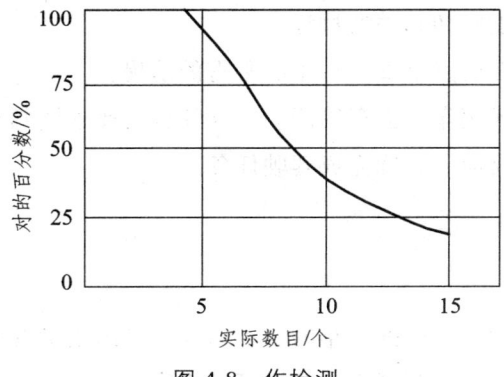

图 4-8 作检测

2. 注意转移能力检测

但用注意力平行表检测的方法。如图 4-9 所示。

21	12	7	1	20		9	5	11	23	20		14	18	7	24	21		5	14	12	23	2		22	25	7	21	11
6	15	17	3	18		14	25	17	19	13		22	1	10	9	6		18	25	7	24	13		6	2	10	3	23
19	4	8	25	13		3	21	7	16	1		16	5	8	20	11		11	3	20	4	16		17	12	15	5	18
24	2	22	10	5		18	12	6	24	4		23	2	25	3	15		6	10	19	22	1		1	16	20	9	24
9	14	11	23	16		8	15	10	2	22		19	13	17	12	4		21	15	9	17	8		19	13	4	14	8

图 4-9 注意力平行表

3. 注意稳定性检测

同样使用注意力平行表检测的方法，如图 4-9 所示。

4. 注意分配检测

注意力分配测试仪。

其原理：

（1）声测试，记录正确反应的次数 L_1。

（2）光测试，记录正确反应的次数 R_1。

（3）声光同时测试，记录正确反应的次数分别 L_2，R_2。

（4）计算 Q 值。

$$Q = \sqrt{\frac{L_2}{L_1}\frac{R_2}{R_1}}$$

4.6 驾驶员速度判断能力信息采集

1. 速度判断能力概述

（1）驾驶汽车是与速度密切相关的过程。

（2）准确判断车速是在道路上安全行车所必需的前提。

（3）驾驶中经常要完成超车、会车等活动，驾驶员需要连续判断和准确估计两车间的相对速度，才能作出适当的反应，正确完成驾驶任务。

2. 速度判断能力检测方法

使用速度判断检测仪：

模拟汽车在道路上的运动。根据汽车的移动速度，作出正确的判断，若认为小车刚好到达红线处，按下红色的按钮。共测试十次，取其平均值。

4.7 驾驶员操作技能信息采集

1. 概　述

（1）驾驶员操纵技能是反映驾驶员安全可靠性的一项综合指标。

（2）驾驶员对车辆进行控制的操作包括起步、熄火、行进、变速、转向、制动、超车等，并且要能把这些操作有机地结合起来，贯穿在整个驾驶过程中。

（3）因此安全行车要求驾驶员操纵技能达到一定的熟练程度。

2. 驾驶员操纵技能指标

（1）稳定性。

① 多次操作之间应相互统一，具有一致性。
② 驾驶操作的各项动作应相互联系、相互协调，并能按正确的顺序以连锁的方式实现出来。
③ 对车辆速度、轨迹的控制曲线应柔和。

（2）准确性。

反映各项驾驶操作中准确次数与错误次数的一个量值。

3. 驾驶员操纵技能检测

驾驶员操纵技能的检测一般通过计算机模拟真实驾驶的情境，在其中通过控制环境条件来测试驾驶员的驾驶操作技能。

4.8 驾驶员心理特征信息采集

4.8.1 驾驶员气质

定义：主要由生物遗传因素决定、并具有相当稳定的心理活动的动力特征。

分类：古希腊著名医生希波克拉特认为，人体体液的不同会表现出不同的气质。由此气质可分为以下 4 种类型：胆汁质，黏液质，多血质，抑郁质。

4 种类型对应 4 种高级神经活动类型。

表 4-2　高级神经活动类型与气质

神经活动的基本特征			高级神经活动类型	气质类型
强度	平衡性	灵活性		
强	不平衡	—	兴奋型	胆汁质
强	平衡	灵活	活泼型	多血质
强	平衡	不灵活	安静型	黏液质
弱	—	—	抑制型	抑郁质

以下是驾驶员气质的行为表现。

（1）胆汁质：工作热情高，精力充沛，工作效率高。但对长途运输或细致的工作缺乏耐心和细心，有时急躁，爱开快车，爱超车；直率，但心境变化快，情绪容易冲动，不善自制，爱开斗气车。

（2）多血质：判断交通情况和对情况的反应比较迅速，动作敏捷，操作反应迅速；精力充沛，工作效率高，好与乘客高谈阔论。但对长途驾驶而又单调的刺激缺乏耐性，注意力容易转移；会车时不减速，交叉路口不瞭望，有时浮躁，不细心观察，对复杂情况可能会轻率处理。

（3）黏液质：性情安静，严守交通规则；起步与刹车平稳，观察周到，紧跟前车不轻易超车，不爱开快车；善于克制情感，不与乘客交谈；遇复杂交通情况深思熟虑，按既定程序操作，但可能判断迟钝，反应缓慢，错过当机立断的机会；应变能力较差，注意力不易转移。

（4）抑郁质：自制力强，遇复杂交通情况比较镇静，不易违章驾驶；感情不外露，但对外界的刺激敏感，而且体验深刻、细致；对行人、乘客态度温和；但处理紧急情况谨慎小心，优柔寡断；害怕发生交通事故，一旦出事故会惊慌失措。

表 4-3　各种气质类型驾驶员的特点与驾驶倾向

气质类型	情绪特点	行为特点	优点	缺点	典型人物	驾驶倾向
多血质	活泼	速度快、灵活	灵活、适应性强、精力充沛、善于社交	注意力易转移、活动轻浮	《水浒传》中的燕青	常违章、易出小事故、安全性较好
胆汁质	兴奋	强度大	胆大、果断、精力旺盛、乐于社交	性情暴躁、活动不踏实	《水浒传》中的李逵	应变能力强，容易发生事故
粘液质	安静	稳定性高	稳重、持久、适应艰巨工作	死板、不灵活、不善于社交	《水浒传》中的林冲	事故率不高，但可能出出
抑郁质	抑制	速度、强度、稳定性均差	细心、情感细腻	胆小、不愿意社交	《红楼梦》中的林黛玉	一般不出事故，安全性较好

4.8.2 驾驶员性格

1. 定　义

一般指个体对现实的稳固的态度以及与之相适应的习惯化的行为方式。它是一个人区别于他人的最重要、最鲜明的个体心理特征。

性格具有鲜明的社会性，是人们在长期的社会生活实践过程中逐渐形成的。已形成的性格通常是比较稳固的，贯穿于并指导着人们的一切行为举止。

2. 性格的特征

性格是一个十分复杂的心理现象，其成分有对现实态度的性格特征、性格的理智特征、性格的情绪特征、性格的意志特征。如图 4-10 所示。

| 对现实态度的特征 | 意志特征 | 情绪特征 | 理智特征 |

对现实态度的特征：对社会、工作、其他人、自己的态度，如正直、诚实、积极、勤劳、谦虚，与其相反的表现为圆滑、虚伪、消极、懒惰、骄傲等。

意志特征：独立性、自治性、坚持性、果断性，逾期相反的是易受暗示性、冲动性、动摇性、优柔寡断等。

情绪特征：热情、乐观、幽默，与其星饭的为冷淡、悲观、忧郁等。

理智特征：深思熟虑、属于分析与综合，与其相反的为轻率、武断、主观自以为是等。

图 4-10 性格的特征

3. 典型性格的驾驶安全分析（见表 4-4）

表 4-4 事故组驾驶员与安全组驾驶员工 12 项人格特征的均数及差异显著性 t 检查

人格特征	事故组 $\bar{X}$	事故组 S	安全组 $\bar{X}$	安全组 S	t
社会外向性	20.067	4.381	21.1	4.422	0.891
活动性	21.833	3.813	23.0	3.376	1.226
同情性	24.467	4.145	26.567	2.679	2.283*
进取性	20.3	4.677	21.5	4.624	0.984
持久性	23.4	4.255	25.667	2.712	2.412*
规律性	22.3	4.360	23.567	3.862	1.173
自我表现性	19.633	4.498	19.2	4.354	0.373
攻击性	21.733	4.123	18.533	3.180	3.299**
非协调性	18.533	2.884	16.567	2.970	2.589*
自卑感	18.633	3.261	17.767	2.629	1.110
神经质	20.0	3.376	18.122	3.106	2.196*
抑郁质	17.857	3.730	17.267	3.605	0.625

注：$df = 58$ * $P < 0.05$ ** $P < 0.01$

从表中可以看出，事故组驾驶员与安全组驾驶员的同情性、攻击性、非协调性和神经质五个人格特征存在显著性差异。事故组驾驶员的攻击性、神经质倾向较强，而持久性、协调性和同情性较差。

4.8.3 驾驶员情绪

1. 定 义

情绪是人对客观事物的态度体验，是指人受到生活环境中的刺激时，生物性需要是否获得满足而产生的暂时性的较剧烈的态度。

2. 表现形式

（1）满意。

（2）喜悦。

（3）悲哀。

（4）悲怒。

（5）恐惧。

（6）厌恶。

3. 情绪对驾驶安全的影响

驾驶过程中，情绪会对驾驶安全产生一定的影响。有人曾对美国410个离过婚的驾驶员做过一次统计，发现他们在离婚前6个月和后6个月中，事故率和违章事故次数要比普通驾驶员大得多。

4. 驾驶员心理特征的检测方法

针对人的心理特征的检测，一般采取心理测验问卷表的形式。

5 交通信息传输技术

自从有了人类的活动，就产生了通信，因为在人类的活动过程中要相互远距离传递信息，也就是将带有信息的信号，通过某种系统由发送者传送给接收者，这种信息的传输过程就是通信。

一直以来，人们都在寻求各种方法来实现信息的传输。我国古代利用烽火台传送边疆警报；希腊人用火炬的位置表示字母符号，一站一站地传送信息，这种光信号的传输构成了最原始的光通信系统。利用击鼓鸣金来报时或传达作战命令，这便是最原始的声信号传输。之后又出现了信鸽、旗语、驿站等传送消息的方法。

时至今日，人类社会已步入信息化时代，在信息时代里，人类的社会生活离不开信息交流——通信，通信过程是人们传递和交流各类信息的过程。信息必须通过各种信息媒体承载并表现出来，才可能进一步对信息进行保存、加工、传递和交换。媒体的种类是多种多样的，声音、文字、静态图形、图像、活动影像等都是信息媒体。各种类型的信息媒体通过传输介质进行传递，并最终由人的听觉、视觉、触觉等器官来感知。

从上面的信息交流过程可抽象出通信系统的一般模型，即它是由信源、信道和信宿三大基本要素组成。信源是信息（或信号）的产生源点；信道是信息的传输和交换的通道和媒介；信宿是信息的接收终点。如图 5-1 所示。

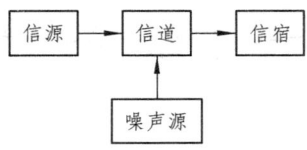

图 5-1 通信系统示意图

5.1 交通运输对通信技术的要求

在 ITS 中信息传输系统相当于人体的神经系统，可见信息传输系统在 ITS 中的地位。ITS 技术的提高和发展很大程度上受交通运输通信技术的提高与发展的影响。

5.1.1 ITS 对信息传输方式的要求

ITS 对信息传输方式的要求十分特殊。为实现 ITS 各分系统的功能，ITS 所需信息传输方式的类别十分广泛，如图 5-2 所示。

从图 5-2 可见：

（1）各类中心子系统与道路等路边子系统及其他中心之间的信息通信可用有线通信实现。

（2）车辆子系统与路边子系统之间的信息通信简称为"车-路通信（Road-Vechile Communication，简写 RVC）"是运行中的车辆与固定的道路上通信设施动体与定体间的通信，不能用有线通信而须用无线通信；但车辆与路边通信设施间的距离较近，因此可用专用的短程无线通信。

（3）车辆与车辆之间的通信，简称"车-车通信（Inter-Vehicle Communication，简写 IVC）"，是运行中车辆动体与动体间的通信，必须用无线通信；车辆与中心子系统之间的通信，则可由路边子系统转送到中心子系统。

（4）出行者子系统与其他子系统之间的通信，是视其所在地点而定，在家里或办公室可用任何通信方式，在出行过程中须用随身携带的个人无线通信工具，也可用路边信息服务设施。

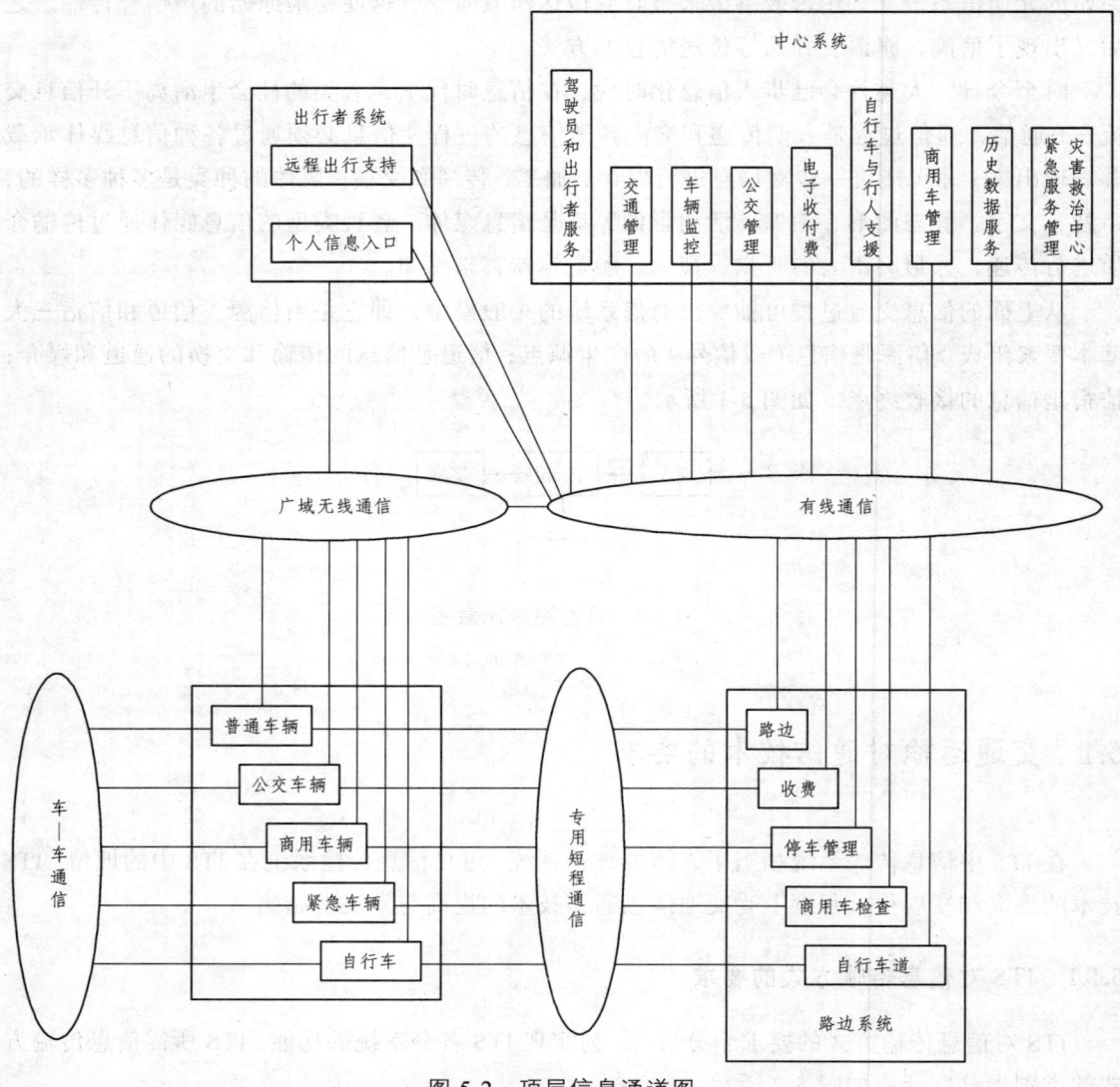

图 5-2 顶层信息通道图

归纳起来，ITS 需用的信息通信系统包括了长距与短距有线通信和长距与专用短距无线通信。

5.1.2 ITS 需传输信息的类别

随着 ITS 的发展，道路交通信息越来越多样化。

（1）车辆传感器从点型检测向连续型检测和空间型检测发展，能检测到的信息不仅有数字信息，还有图像信息。这就要求信息传输系统不仅能传输数字信息，还要能传输图像信息。

（2）传统控制系统或管理系统，信息传输只要求单方向的接收与发布，ITS 发展要求双向对话式信息交流，还需要传输双向语音信息，因此 ITS 要求能传输数字、图像和语音的多媒体双向信息传输系统。

因此，ITS 的信息传输系统必须根据 ITS 各分系统及各分系统的各个不同环节的需要、信息传输对象的动、定状态、信息传输的距离和需传输信息媒体的不同，选用适用的信息传输方式。

5.1.3 中心子系统间与路边子系统的通信

中心子系统之间与路边子系统间的通信可用固定地点间的有线通信，ITS 可选用的固定地点间的有线通信一般有三种：

1. 电话通信

近距离、小容量的语音、数字信息传输，如城市交通信号自动控制系统的信息传输，可租用民用电话线路来传输检测器的检测信息与系统的指令信息。

2. 专用电缆通信

近距离、小容量的语音、数字信息传输，也可为系统埋设专用通信电缆来传输控制或信息系统的指令信息。

3. 光纤通信

光纤就是光导纤维的简称，光纤通信是以光导纤维为传输介质的，以光波为载频的一种通信方式。光纤通信的特点是传输频带宽、通信容量大、损耗低、不受电磁干扰等，因此适用于长距离、大容量的信息传输。一般需要长距离传输大容量信息的系统都选用光纤通信。

4. 现代有线信息传输基础设施

随着信息社会的到来，社会信息服务产业的发展，包括交通信息服务产业的发展，使得对信息传输的需求越来越广泛。因此有必要把信息传输系统，像道路交通、供电、供水等系统一样，看成一项基础设施，集中建设现代信息传输基础设施。

5.1.4 车-路通信

车路通信是动体与定体之间的通信,只能用无线通信。为使沿路行驶的车辆能同中心子系统通信,研究开发了道路交通专用短程无线通信(Dedicated Short_Range Communication,简写 DSRC)。

专用短程通信,是在道路两侧或上方分段设立名为"信标(Beacon)"(图 5-3)的一种能短程双向收发信息的设施;同时,专派装有车载发信设施专供检测用的所谓"检测车"在设有信标的路线上来回行驶。信标把收到路过检测车或装有车载信息设施车辆的信息上传给中心子系统,再把中心子系统的信息下传给路过车辆。信标实际上就相当于一种通信中继站。因为这种信标是沿路分段设置的,所以不会发生区域间的干扰,用同一传输媒体就可覆盖大片范围。

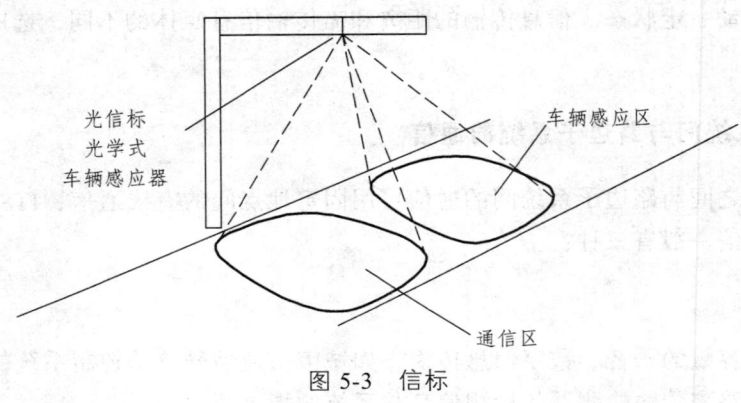

图 5-3 信标

这种短程通信的传输载体多采用红外线,也可用微波、毫米波。

这种短程双向通信取得 ITS 中心所需交通运行信息的简单原理是:用各路线上行驶车辆车载发信设施或专门派在各路线上行驶的检测车发信设施传来的相关信息,计算出各路线上车辆的行程时间,从而了解各条路线上的交通状况,同时配合前后信标取得的车辆的来踪去脉与通过的车辆数信息,可预测未来交通状况的变化趋势;ITS 中心再把这些预测的交通状况信息通过信标传输给路过的车辆。

专用短程通信,除了用于道路上车辆行驶控制与管理系统外,尚可用于收费站、停车场、坐车购物商店、加油站等收费结算自动化系统及物资流通中心与车辆渡轮管理系统。

5.1.5 车-车通信

车-车通信是动体与动体之间的通信,故只能采用无线通信的方式,车-车通信主要用于以下两种情况。

① 车辆编队行驶时的车-车通信

商用车辆运行管理系统中为提高商用车辆在道路上的通行效率,常要把商用车辆通过最短行驶安全间距编队的方式在路上协调行驶,要用车-车间信息传输来控制这最短行驶安全间距。这种信息传输，一般用雷达作为信息载体，把检测到的行驶车距、车速变化的信息，在前后车间相互传输，以控制前后车间的最短行驶安全距离。

家用小车在自动道路系统中的编队协调行驶，在日本进行的自动行驶实验中，采用小功率的红外线作为信息传输载体。

② 非编队个别车辆间的车-车通信

对行驶在同一车道上或不同车道上非编队车辆间的车-车通信，正在研究用光波或毫米波等具有方向性传输特性的信息传输载体来传输车-车间的信息。

5.1.6 远程无线通信

在途出行者、车辆、远距中心系统间的信息传输都会用到远程无线通信。简要介绍两种ITS广泛使用的无线通信。

1. 卫星通信

卫星通信系统是利用人造地球卫星作为中继站转发无线电信号，在两个或多个地球站之间进行通信的，就是把无线电通信的转发站设在卫星上，通信两端的终端设在地球上，称为地球站。地球站是卫星系统与地面公众网、信息提供中心等的接口，地面用户通过地球站出入卫星通信系统（见图5-4）。

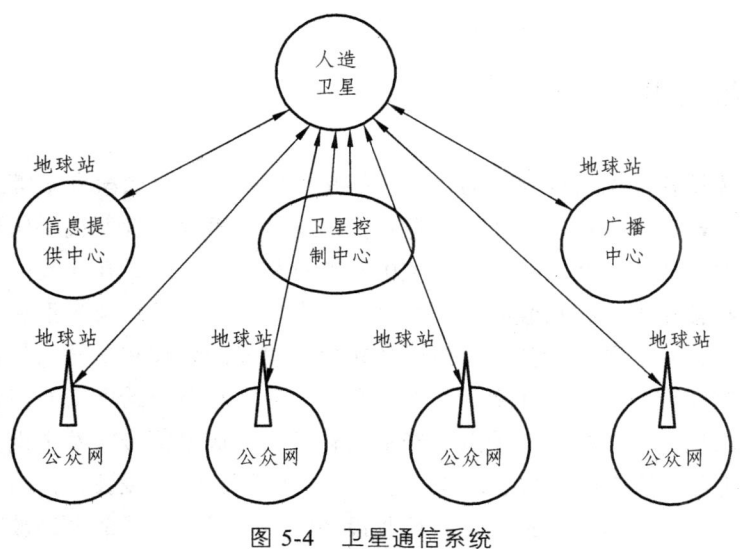

图5-4 卫星通信系统

2. 公众移动通信

公众移动通信广泛采用"全球移动通信系统（Global System for Mobile Communication，简写 GSM）"。GSM 把语音信号变成二进制码的数字形式在无线信道上传输，所以 GSM 是一种无线数字通信系统。

网络结构由基站系统、交换系统和操作支持系统三部分组成，组成示意图如图5-5所示。

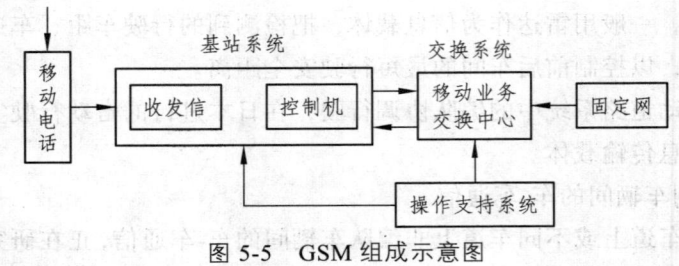

图 5-5 GSM 组成示意图

基站系统由收发信设施和控制设施组成，控制设施完成发射功率控制等功能。

交换系统的移动业务交换中心为移动用户和各种网络如综合业务数字通信网等用户的呼叫提供路由选择。

3．现代无线信息传输基础设施

为了提高信息收集的手段和提供的手段，要求建立可用最佳信息传输方式传输各种需要信息的无线信息传输系统作为无线信息传输的基础设施。

家庭或办公室、在途旅行者或车辆等的交通咨询需求信息，通过移动电话等由移动电话通信网进入信息中心，信息中心通过互联网直接或转发信息服务商、道路等信息提供者所提供的道路交通状况、车辆导行、停车场、加油站、旅馆餐厅、预定中心、游乐节目等各种信息。

5.2 交通通信技术的基础

从完成信息传输任务的角度看，通信系统都是由发射机、接收机和信道三个基本组成部分组成的。在发送端，首先把待发送的消息转换为信号，再通过发射机将信号送入信道。信道指的是信号传输的通道，在有线电话系统中信道就是导线电缆，在无线电通信系统中信道就是大气空间。在接收端，把接收到的信号进行放大处理，最后转换为消息。所以，一个通信系统的工作过程，主要是包括消息与信号的转换、信号的处理和信号的传输等的过程。

各种通信系统完成与语言、文字、图像、数据等消息相对应的电信号传输的过程可概括为如图 5-6 所示的通信系统模型。消息源经输入转换器变成电信号，发送设备将输入电信号变换（调制）成适合于信道传输的电磁波（电信号、光信号），电磁波在传输的过程中会受到各种干扰，这些干扰可等效成信道噪声，接收设备将从受噪声干扰的电磁波中（解调）出与发送端输入相同的电信号，再经输出转换器还原成消息送给受信者。如图 5-6 所示。

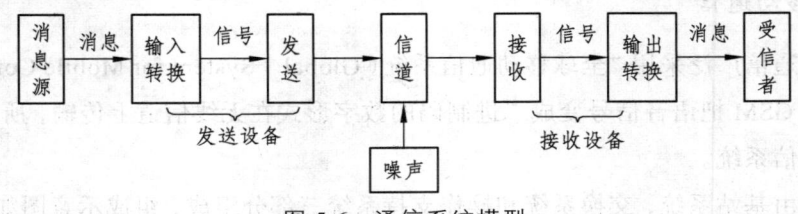

图 5-6 通信系统模型

5.2.1 交换网

在发送方和接收方之间进行 1 对 1 的通信时，在发送方的终端与接收方的终端之间的网络是通过设定线路来传送信息的。这时分为图 5-7（a）所示的 1 对 1 的单向通信方式，5-7（b）图所示的 1 对 1 的双向通信方式以及图 5-7（c）所示的 1 对多点的单向通信方式（广播就属于这种方式）。

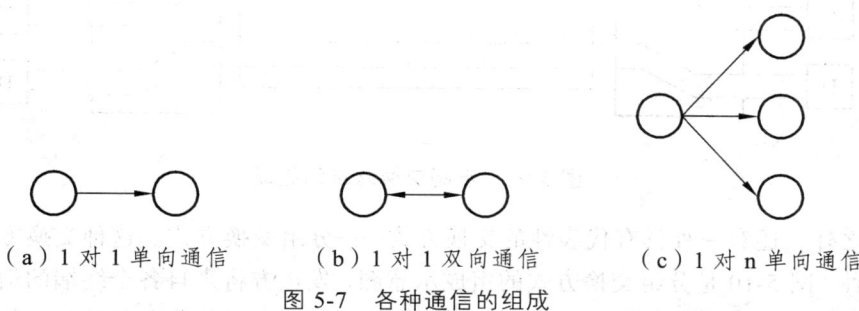

（a）1 对 1 单向通信　　（b）1 对 1 双向通信　　（c）1 对 n 单向通信

图 5-7　各种通信的组成

如图 5-8（a）所示的六个终端，如果为了做到任意一个终端都能分别向其他五个终端传送信息，那只需铺设 15 条直通线路就可以实现。这样的网络称作筛状网。一般来说，在 N 个终端之间铺设直通线路时，所需铺设的线路数可以用公式来计算。

$$M = N(N-1)/2$$

实际上所有的线路同时被使用的情况几乎是不可能出现的。另外在终端之间还存在有使用次数极少的线路，所以在全部终端之间铺设直通线路是很不经济的。于是采取了图 5-8（b）那样的方式，设置交换机，将各个终端与交换机相连接，设计成一个星形网络。例如当终端 A 和 C 之间、E 和 F 之间进行通信时，由交换机将 A 与 C、E 与 F 间的线路连通。这样做可以不在全部终端之间铺设直通线路的情况下构建起一个通信网，并且非常经济。

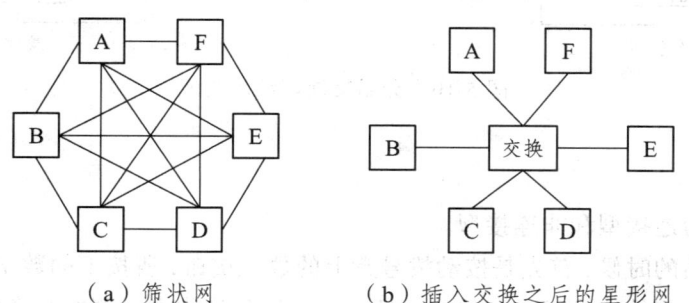

（a）筛状网　　　　　（b）插入交换之后的星形网

图 5-8　通信网的组成

将图 5-8（b）的星形网进行推广，可形成图如 5-9 所示的电路交换网络。

图 5-9 中的网络叫做线路交换网，其交换方式被称作电路交换方式。由于一旦线路接通，在终端之间的该线路就为它们专用，所以可以随时交换所需要的信息。线路交换网适合用作

要求实时的电话通信。

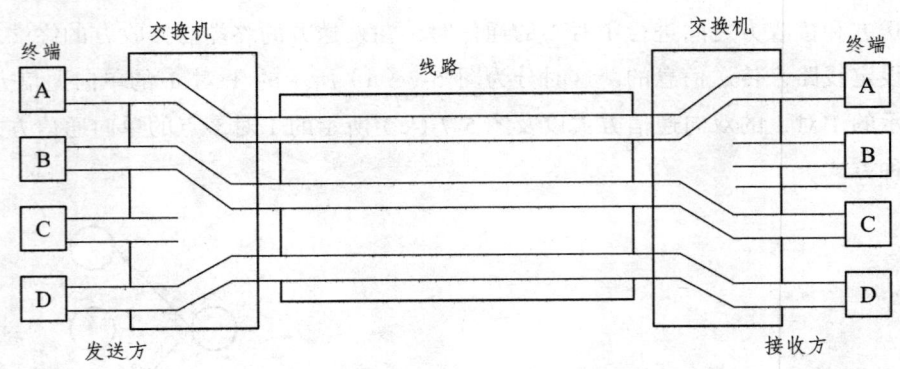

图 5-9　电路交换网络的组成

除此之外，还有一种具有代表性的交换方式——分组交换方式。这种交换方式是存储方式中的一种。图 5-10 是分组交换方式的组成示意图，发送方将来自各个终端的信息分割成一个个的信息块，在各个块中加入表示地址的首部然后传送。在接收方以地址为依据将信息块分别传送给各个终端。这种方式具有多个终端可以共同使用同一条线路进行相互通信的特点。在线路出现拥塞的时候，就让传送的信息稍等一下，到不拥塞时再传送，所以可以提高线路的利用率。适合用于不一定要求实时性的数据通信。

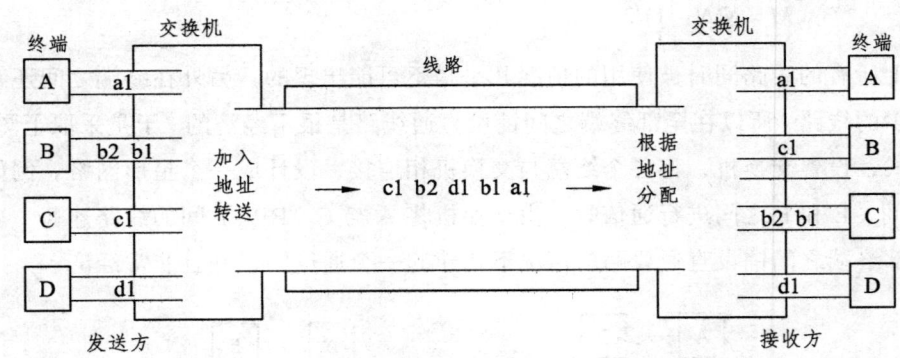

图 5-10　分组交换网络的构成

5.2.2　连接方法

连接方式分为连接型和非连接型。

在我们打电话的时候，首先是按动拨号盘上的数字按钮，所按下的数字即是对方的地址，它被送入发送方一侧的交换机中。并将地址一直传送到接收方一侧的交换机中，从而连通通信通路。然后呼叫对方，确认对方的应答之后向发送方一侧的交换机传达通信成立，就可以开始通话了。将这种发送方终端和接收方终端之间的通信线路建立之后才开始信息通信的方式叫做连接型。这种方式由于固定地占用了一定的网络资源，所以通信线路一旦连通就能确保通信线路畅通。

而在因特网中所传送的信息都带有地址，从发送方到接受方所经过的线路并不固定。所以将这样的通信形态称为非连接型。图 5-11 是因特网的构成。

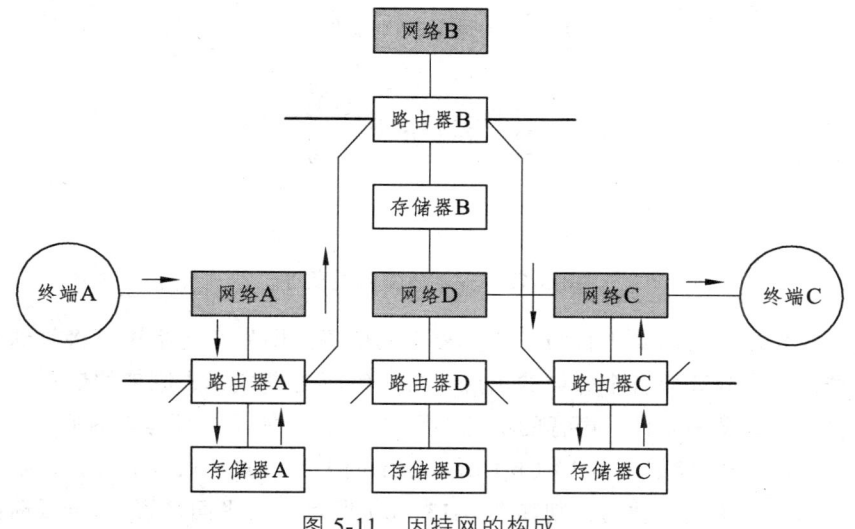

图 5-11　因特网的构成

由图 5-11 可知网络是通过路由器与路由器之间的通信线路实现连接的。终端 A 与网络 A 连接，例如与电话网连接，信息首先转送到路由器 A 并存储在路由器 A 中。接着转送至路由器 B 中并存储，接下来又传送至路由器 C 并存储于路由器 C 中，最后经过网络 C 到达终端 C。也就是说，信息在多个中断点经反复地存储、转送，最后才到达目的地。这种方式只在转送信息的时候才占用网络设施，适合用于计算机通信。可是对非连接型来说，由于传送信息时不设定路径，所以不能随时确保传送信息所需的通道。因此在传送声音和图像等实时信息时会受到传送其他用户信息的影响，声音出现中途停顿、图像出现动作不连贯的现象。

5.2.3　信息处理

由于信息的种类是多种多样的，包括音乐之类音频信息、静止图像信息、视频信息、文字信息和计算机数据等，其中，声音和图像的信息是模拟信息，在时间轴方向和振幅（电平）轴方向均是连续的，而文字信息和计算机数据则是数字信息，因此多媒体终端必须对来自各种各样信源的信息作高效地综合处理。为此，将信息转换成由 0 和 1 组成的码组，这就是编码。反过来将码组恢复成原来信息的过程即是解码。

首先，在发送方的终端将来自数据、视频、音频等信源的信息进行编码。在多媒体系统中，为了用一条线路实现多种信息的通信，采取多媒体复用，在终端间交换的控制信号之后将各种信息组合成一比特的串行信号。

图 5-12 是多媒体复用的例子。图中所形成的信息包由同步标志、首部和信息组三部分组成。同步标志是为了便于识别包的起始位置而设置的。在首部中包含了复用媒体的种类、长度等信息。信息组则是由数据、音频、视频等各种媒体的信息组成的。将这种信息包的信号送往网络接口，变换成适合在线路上传送的信号。

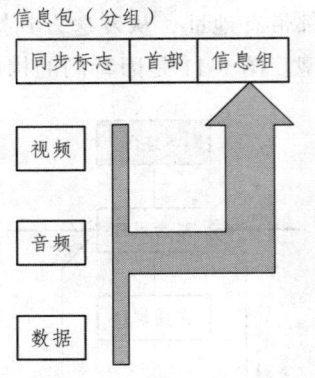

图 5-12 多媒体复用的例子

在接收方的终端，对信号进行与发送方相反的处理。即先经网络接口将收到的信号变换成串行的符号，然后分离成各个媒体的信息，再经解码处理恢复成原来的信息。

信息的表现形式多种多样。声音的信息如图 5-13（a）所示的那样与时间 t 有关，是一个一维函数 $f(t)$。静止图像如图 5-13（b）所示与平面上的位置 (x, y) 有关，是一个二维函数 $f(x, y)$。如果图像是活动的，则如图 5-13（c）所示，与平面位置 x、y 及时间 t 有关，是一个三维函数 $f(x, y, t)$。

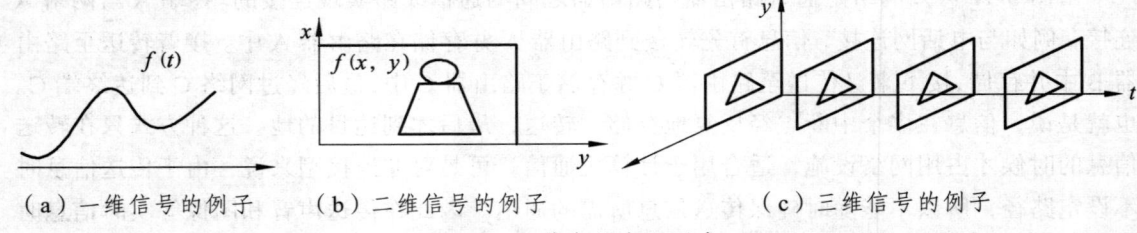

（a）一维信号的例子　　（b）二维信号的例子　　（c）三维信号的例子

图 5-13 信息的表现形式

为了让声音、图像等模拟信息以数字方式在线路上传输必须将模拟信号变换成数字信号。

1. 信号采样

声音和图像等模拟信息通过在时间轴和振幅的离散化进行数字化。对模拟信息作时间轴的离散化是根据取样定理（奈奎斯特（Nyquist）定理）来进行的。取样定理告诉我们：对一个其最低频率分量为 0、最高频率分量为 f_H（即频带限于（$0 \sim f_H$）HZ）内的时间连续信号 $m(t)$，如果以 $Ts \leq 1/(2f_H)s$ 的取样周期对其进行取样，则 $m(t)$ 将被取得的样值完全地、唯一地确定。取样定理表明，对于频带限于（$0 \sim f_H$）HZ 内的低通信号 $m(t)$ 来说，单位时间内的取样次数，即取样速率 fs $\geq 2f_H$ 进行取样，所形成的离散信号才有可能恢复成原来的模拟信号。

2. 均匀量化与编码

模拟信号经取样后在时间上是离散的，但在幅度上仍是连续的，还属于模拟信号。当对取样信号幅度进行离散化处理后，就完成了使模拟信号变成数字信号的过程。所谓量化就是将取样后幅值为连续的信号变成幅值为有限个离散值的过程。

为将幅值的无限多个取值用有限个离散值来表示,就必须将这无限多个取值分成有限个级,属同一级的幅值均近似成一个离散值。均匀量化就是将连续幅度的最大取值空间、即幅值动态范围分成 N 个均等的级(N 个均等的量化间隔),然后采用"四舍五入"的方法,使每一量化间隔内的幅值用一个临近的离散值表示。

量化后所得数字信号具有 N 个离散幅值,若用电信号表示,则要求电信号具有 N 种状态,这种具有 N 种状态的电信号不便于利用成熟的数字技术与计算机技术。因此,人们利用一组二进制码来表示 N 个离散值,这个过程就是编码。N 个离散值需要 $n = \log_2 N$ 个二进制码来表示。

图 5-14 是模拟信息编码的例子。

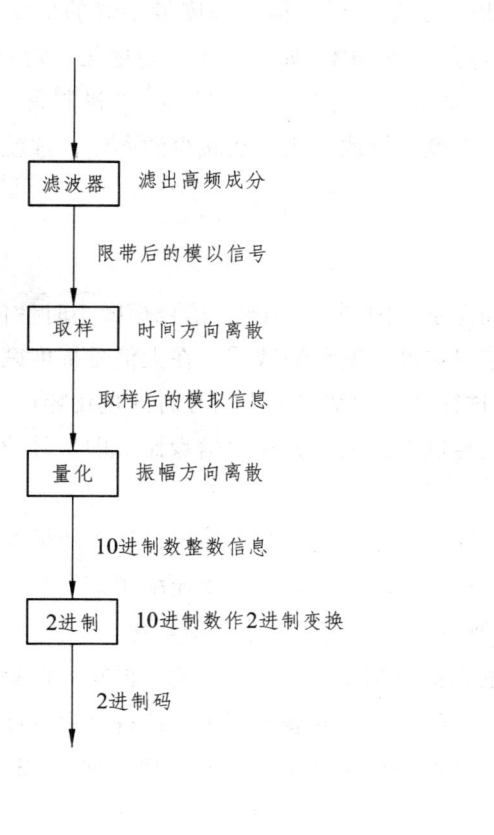
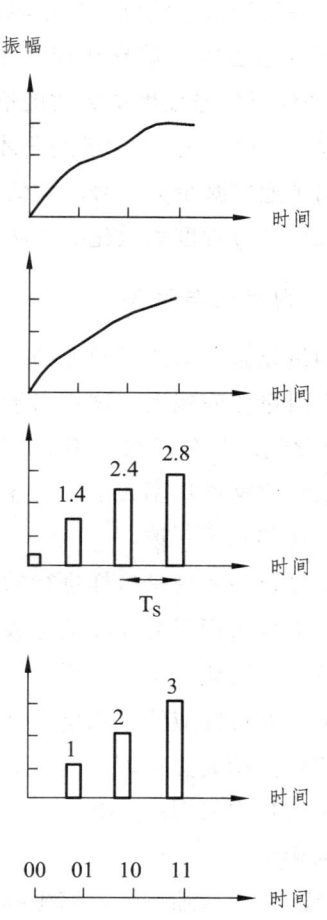

图 5-14 模拟信息的编码

当取样频率被取为 f_s(HZ)时,首先对模拟信息用滤波器进行滤波,滤除 $f_s/2$(HZ)以上的频率成分,这种处理称为带宽限制。然后每隔 T_s 对带宽限制后的模拟信息提取一次该时刻信息的振幅值(设分别为 0.2、1.4、2.4、2.8),从而实现了时间轴的离散化。接下来通过振幅方向的量化,实现振幅轴的离散化。在该例中将幅值动态范围分为 4 级,对取样的振幅值(0.2、

1.4、2.4、2.8）作四舍五入处理，变换成（0、1、2、3）的 10 进制的整数值。由于 $N = 4$；所以需要 $n = \log_2 4 = 2$ 个二进制码来表示。将 0 到 3 的 10 进制整数变换成 2 比特的 2 进制数，码组分别为（00、01、10、11）。

由于量化过程中采用了"四舍五入"的方法，量化后的信号与原取样信号之间必然存在误差，这种误差是量化过程所固有的，故称为量化误差。量化误差可看成是"量化噪声"叠加于原信号幅度之上的结果，所以，通信系统中以量化噪声功率的方式来衡量量化误差的影响。

理论分析表明，当信号动态范围确定时，均匀量化的量化噪声功率与 N^2 成反比，N 越大，则量化噪声功率越小；当 N 一定时，量化噪声功率便是确定的，不会因信号幅度的改变而改变。这就造成在信号功率大时，量化信噪比就高；信号功率小时，量化信噪比就低。实验表明，人的语音信号最大幅度与最小幅度之比的分贝（dB）数（即动态范围）为 40 dB，而要使通话达到满意程度，信噪比应大于 26 dB。这就是说，信号幅度最小时的信噪比应大于 26 dB，此条件下信号幅度最大时的信噪比将大于 66 dB。如果采用均匀量化，则要有 2^{12} 个量化级，编码时要用 12 位二进制码才能达到要求。为减少所需的编码（二进制码）位数，人们又研究出了通过减少大信号时的信噪比富余度来换取量化级数减少的办法，这就是采用非均匀量化来使信号幅度离散化的方法。

3. 非均匀量化与编码

非均匀量化是根据信号幅度的大小来确定量化间隔的大小的。信号幅度小时量化间隔小，信号幅度大时量化间隔大。这相当于在小信号幅度区间分级数多，在大信号幅度区间分级数少。因为量化噪声与分级数 N 有关，所以，这样带来的结果是小信号时的量化噪声功率小了，大信号时的量化噪声功率大了，而在整个信号动态范围内，量化信噪比，即信号功率与量化噪声功率之比却趋于一致。

非均匀量化的实现是这样进行的：先将输入信号经过一个压缩器，这个压缩器具有对小幅度信号放大量大而对大幅度信号放大量小的"压缩"特性（相当于压缩了信号的动态范围），然后再进行均匀量化。这就是说，"压缩处理 + 均匀量化" = 非均匀量化。

理想的压缩特性应使量化信噪比不随输入信号幅度的变化而变化，但在此前提下推导出的理想压缩特性却无法实现，通过对理想压缩特性的不同修正得出了两种常用的压缩特性；一种是北美和日本采用的 μ 律；另一种是欧洲和中国等国家采用的 A 律；现以 13 折线 A 律压缩特性为例例。

13 折线 A 律压缩特性以横坐标表示输入信号幅度空间，以纵坐标表示输出信号幅度空间。为方便起见，一般在坐标上表示的为信号相对幅值，即归一化幅值。图 3-15 给出了 13 折线近似 A 律压扩特性曲线（这里只给出了正半轴的特性曲线，它与负半轴部分呈奇对称）。图中信号的归一化满幅值为 1。对 y 轴，采用均匀分段的方式将[- 1，+1]空间分成 16 段，对 x 轴，以每次取靠近原点的 1/2 长度的规律对[- 1，+1]空间进行非均匀分段，得到 16 大段，然后再将每大段均分成 16 等分，这样，总的分段数为 256。这种对 x 轴的非均匀分段方式使得靠近原点处（信号幅度小时）的量化间隔最少，为（1/128）/16；而靠近 1 处（信号幅度大时）的量化间隔最大，为（1/2）/16。将 x 轴各大段与 y 轴各段的交点以直线相连，便得到 13 折线近似 A 律压扩特性曲线。

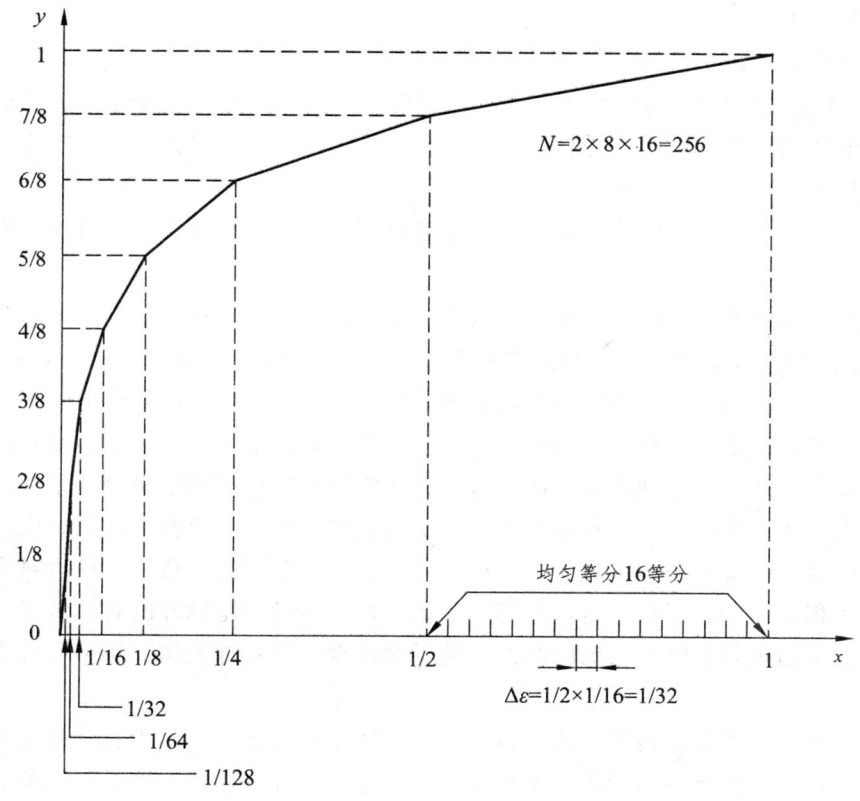

图 5-15　13 折线近似 A 律压扩特性曲线

由于输入信号空间被划分成了 256 个量化级，故需要 8 位二进制码来表示，与线形量化时的情况相比较，少用了 4 位二进制码。若用 1 位二进制码（称为极性码）表示正负（如"1"代表正，"0"代表负）、3 位二进制码（称为段落码）表示 8 大段落、4 位二进制码（称为段内电平码）表示每一大段落的 16 等分，则相应表征 $8 \times 16 \times 2 = 256$ 个非均匀量化级的 8 位二进制码可安排为：

X_1	$X_2X_3X_4$	$X_5X_6X_7X_8$
极性码	段落码	段内电平码

这种将模拟信号取样、量化，再将量化所得离散幅值用一组二进制码表示的过程，就是所谓脉冲编码调制（PCM）过程。在 PCM 通信系统中，一路带宽为 4 kHz 的模拟话音信号先经 8 kHz 速率取样，量化后再经 8 位非线性编码，便成了 64 Kb/s 的数字话音信号。

模拟信号经取样、量化后变成了数字信号，其幅值由连续无限取值变成了离散有限取值。一般地，凡信号的某一参数只能取有限个数值、且这有限个值常常不直接与消息相对应的信号就是数字信号。传输数字信号的通信系统被称为数字通信系统。

5.2.4 信息传输

1. 传送方式

（1）模拟传送和数字传送。

在通信中所处理的信号分"模拟"和"数字"两种。模拟是指从相似物、类似物转过来的"连续的值"。数字是指"离散的值"。以信源为例，模拟信源包括声音、图像等，而数字信源包括数据等。

传送也是一样，按照在线路中流动的信息是模拟信息还是数字信息，可分为模拟传送方式和数字传送方式。

两种传送方式的差异是由变换方法引起的。也就是说，在模拟传送方式中对信息作了调制处理，将信息变换成适合在传送线路中传送的形式。在数字传送方式中信息只需进行编码，或者变换成容易传送的电平，不需要作其他加工即可传送。即使信源是模拟的也可以将信息变换成数字，然后经编码在数字线路中传送。反过来，即使信源是数字信源也可以经调制在模拟传送线路中传送。这两种传送方法已经广泛地应用于现在的通信系统中了。

一般来说，数字传送具有抗噪声干扰和不易失真的优点。在模拟传送时，受噪声和失真影响的传送信号在中继装置中被放大，信号、噪声、失真都同时被放大，所以噪声和失真的影响是叠加（积累）的。而数字传送则不同，由于数字传送的是脉冲的有或者无，只要噪声和失真的幅度不超过判断脉冲有无的阀值，就不会出现再生脉冲差错，噪声和失真的影响不会积累。

在表 5-1 中列出了各种传送方式的特点。模拟传送具有无论传送带宽宽还是窄都能传送的优点。数字传送则在抗噪声干扰、不易失真、信息量、经济性等方面具有优势。所以近年来数字传送已逐渐成为主流。

表 5-1 模拟传送和数字传送的特点

特征	模拟传送	数字传送
传送方式	将振幅连续变化的信号不经任何变换直接传送。常经调制后传送	将信号的强弱变换成数据(1 或 0)再传送
杂音、失真的影响	大（积累）	小（不易积累）
传送装置	体积大、成本高	体积和成本都小
多种类同时服务	不可以	利用复用、可以
存储、加工处理	不可以	可以
传送带宽	即使窄带也可以	必须要宽带

（2）串行传送和并行传送。

数据的传送方式如图 5-16 所示，分为串行传送方式和并行传送方式两种。将多位二进制码的各位码在时间轴上排成一行，在一条传送线路上一位一位地依次传送的方式称为串行传送方式。用数量等于二进制码的位数的多条传送线路同时传送多位码的传送方式称为并行传送方式。

特征		串行传送	并行传送
传送线路			
特征	通信成本	小	大（必须多条传送线路）
	传送速度	低	高
用途		长距离传送（通信线路）	短距离传送（终端输入输出）

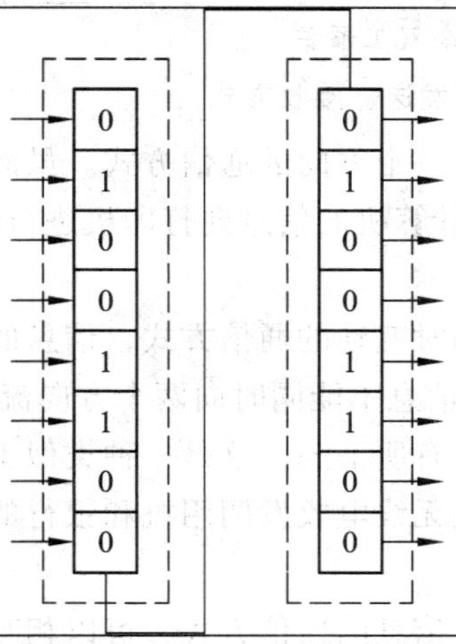

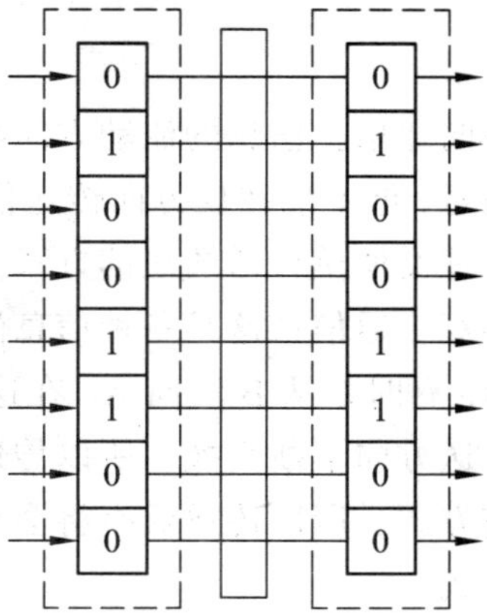

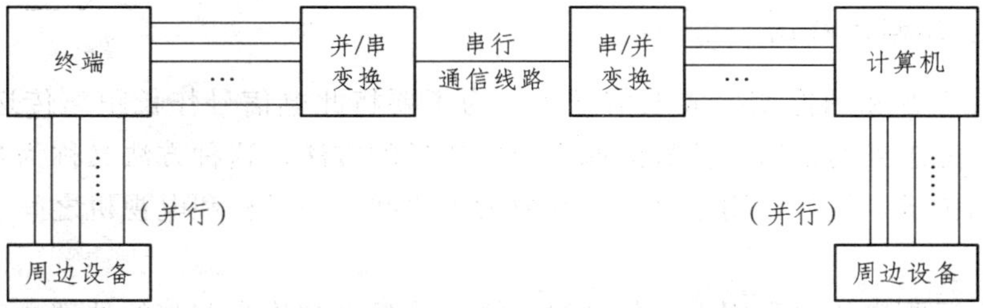

图 5-16 串行传送和并行传送的比较

从图 5-16 的比较可知：在通信线路长即做长距传送时使用串行传送方式，而在短距离的计算机之间、终端或者计算机与周边设备（打印机、显示装置等）之间使用并行传送方式。

（3）发送、接收方式。

按照信号的流向可以将信息的发送、接收方式分为三类。如图 5-17 所示。

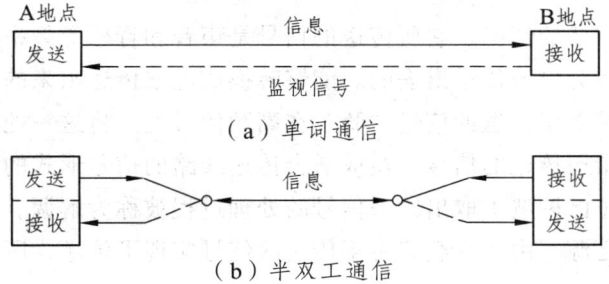

（a）单词通信

（b）半双工通信

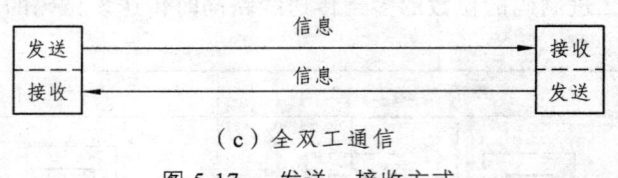

（c）全双工通信

图 5-17　发送、接收方式

单向通信：信息的流动方向始终固定为一个方向的通信方式。虽然能够逆向传送应答等监视信号，但不能在反方向上传送信息。如将计算机的信息向打印机进行输出便属于这种方式。这是一种类似单行道的通信方式。

半双工通信：这是一种信息流动方向随时变动的通信方式，信息的流动方向有时是从 A 流向 B，有时是从 B 流向 A。在这种方式中信息不能同时向两个方向流动，只能交换着进行。由于传送方向不断交换，所以传送效率将会有所下降。这是一种类似于单向交互通行的道路的通信方式，所以传送效率将会有所下降。无线电收发两用机和银行的联机系统就采用了于这种方式。

全双工通信：可以同时向两个方向传送信息的通信方式，可以相互交换大量的信息。这是一种类似可以双向通行的道路的通信方式，但不一定非要在两个方向上分别铺设传送线路。将发送和接收的信号频率分离、引入回波消除器可实现双向通信。电话通信、计算机之间的信息交换以及利用光波的光纤通信就属于这种通信方式。

2. 调制与解调

将声音和图像变换成电信号后，为了要将此电信号作长距离传送有哪些方法可以采用呢？首先想到的是以电信号的原来形式传送的方法，这种方法又称为基带传送，只能用于近距离的传送。例如：用于麦克风和放大器之间、录像机和电视机之间、计算机和周边设备之间等。

在远距离传送和用无线传送时，需将信号作被称为调制的处理之后再传送。将这种传送方法称作宽带传送。

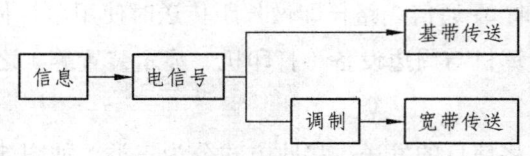

图 5-18　基带传送和宽带传送

先来看看无线电广播的情况。它所传送的信号是声音和音乐等频率很低的信号。这些信号和不加处理是不能作为电波传送出去的。能够转换成电波传送出来的必须是高频信号。因此必须让声音和音乐等希望传送的信号"骑"在高频信号上。将这一处理过程称为"调制"。也就是说，调制是将希望传送的信号变换成适合传送线路的信号形式的处理过程。

从调制后的信号（已调波）取出原来信号的处理过程被称为解调。

高频信号是电波之源，由于它载着希望传送的信号实现了传送，所以被称为载波。

图 5-19 是调制的例子。该例中的调制被称作振幅调制，载波的振幅随希望传送的信号幅度大小变化。振幅调制 AM（调幅）无线电语言广播和电视广播的图像信号传送等。

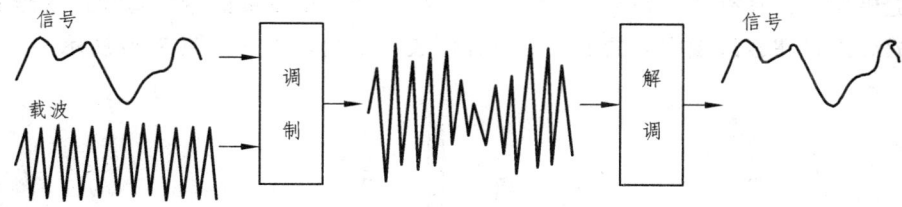

图 5-19 调制举例

（1）调制信号。

调制时必须具备调制信号和载波。调制信号又分为模拟信号和数字信号。可供使用的载波有正弦波和方波。调制方式可以按照调制信号的形式和载波形式的组合来分类。如表 5-2 所示。

表 5-2 调制方式

载波的形式	信号的形式	调制方式
正弦波	模拟信号	模拟调制
方波	模拟信号	脉冲调制
正弦波	数字信号	数字调制

载波具有振幅、频率和相位等要素。调制就是让载波的某一个要素随调制信号变化。

（2）模拟调制。

模拟调制的载波是正弦波，具有振幅、频率以及相位等三大要素。

把让振幅 A 变化的调制方式称为振幅调制。让频率 f 变化的调制方式称为频率调制。让相位 θ 变化的调制方式称为相位调制。频率和相位是表示正弦波角度的要素，所以将频率调制和相位调制统称为角度调制。

模拟调制一般采用振幅调制和频率调制。AM 无线电语言广播和电视广播的图像信号传送采用振幅调制。FM 无线电语言广播和电视广播的声音信号传送采用频率调制。

（3）振幅调制。

进行振幅调制是通过使高频正弦形载波的幅度随调制信号 $m(t)$ 作变化实现的。幅度调制过程可表示为 $m(t)$ 与高频正弦形载波 $s(t) = A\cos(\omega_c t + \Phi_0)$ 相乘，若以 $s_m(t)$ 表示幅度调制信号，则

$$s_m(t) = Km(t)\cos(\omega_c t + \Phi_0)$$

式中，K 为常数；$\omega_c = 2\Pi f_c$。

作为特例，设 $\Phi_0 = 0$，而 $m(t)$ 为一单频信号，即 $m(t) = \cos\omega_1 t$，$\omega_1 = 2\Pi f_1$，f_1 在模拟基带信号频带内，一般 f_1 远小于 f_c，此时

$$s_m(t) = K\cos\omega_1 t \cdot \cos(\omega_c t + \Phi_0) = K \cdot [\cos(\omega_c + \omega_1)t + \cos(\omega_c - \omega_1)t]/2$$

上式说明，一个模拟基带信号频率经调制后变成了两个边带信号频率，一个是(f_c+f_1)，位于f_c的上边，称为上边频；另一个是(f_c-f_1)，位于f_c的下边，称为下边频。一般模拟基带信号是随机信号，具有从0到f_x的连续频谱，故一般模拟基带信号对高频正弦形载波进行幅度调制的结果是在载波频率f_c的上、下边各形成一个边频带，如图5-20所示。

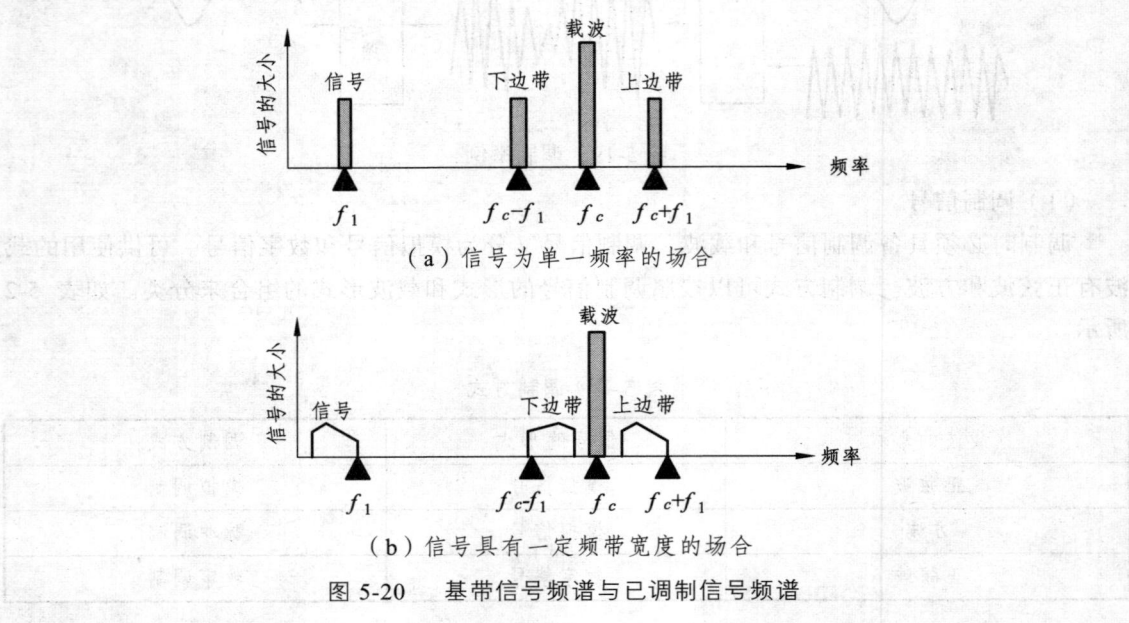

图 5-20 基带信号频谱与已调制信号频谱

我们把位于f_c之上的边频带称为上边带，而把位于f_c之下的边频带称为下边带。由于上边带谱或下边带谱都为模拟基带信号频谱的搬移，因此，当基带信号频谱限于 $0\sim f_1$，且 f_c 足够大、不至于引起频谱重叠时，上边带或下边带谱同样完整地保持了基带信号的频谱特性。若再将上边带或下边带谱之一搬回到原频段，则可不失真地恢复原基带信号。

解调过程所要完成的任务是恢复原基带信号。以恢复单频信号 $m(t)=\cos\omega_1 t$ 为例，这个过程可通过使已调信号 $s_m(t)$ 与恢复载频，即与具有与发端载波同样频率、同样相位的正弦波 $s(t)=\cos\omega_c t$ 相乘来完成。结果为：

$$s'_m(t) = s_m(t) \cdot \cos\omega_c t = K \cdot [\cos(\omega_c+\omega_1)t + \cos(\omega_c-\omega_1)t] \cdot \cos\omega_c t / 2$$
$$= K \cdot [\cos\omega_1 t + \cos(2\omega_c+\omega_1)t]/4$$

上式中除了有要恢复的单频信号外，还有一个高频信号，利用滤波器将 $K\cdot\cos\omega_1 t/4$ 的频率成分取出来即可实现调制。

（4）脉冲调制。

脉冲调制时的载波采用的是方波。脉冲调制是每隔一定的时间提取一次调制信号的幅度，让方波的振幅、周期、脉冲宽度随调制信号的幅度变化。取样就是对调制信号的幅度每隔一定的时间提取一次样值的操作。

图 5-21 列出了脉冲调制的种类。

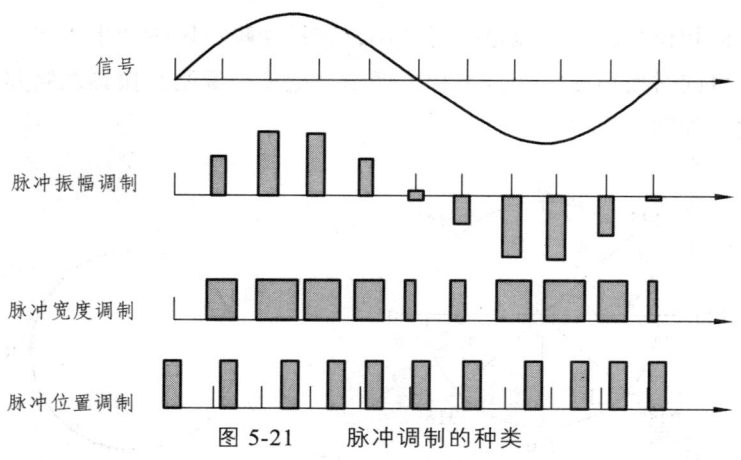

图 5-21 脉冲调制的种类

一般很少直接采用脉冲调制的方式进行信号传送，通常用于调制前的波形处理。

（5）数字调制。

数字调制是指调制信号是数字信号、载波为正弦波的调制。与模拟调制相同，数字调制也同样是让载波的振幅、频率或者相位产生变化，但调制信号是 1 或 0。在数字调制时将调制称作移位键控。在数字调制中一般常采用相位移位键控。在要求高速通信时，同时使用相位移位键控和振幅移位键控。频率移位键控只能在 1 200 bit/s 以下的低速通信中使用数字调制的方式见图 5-22 所示。

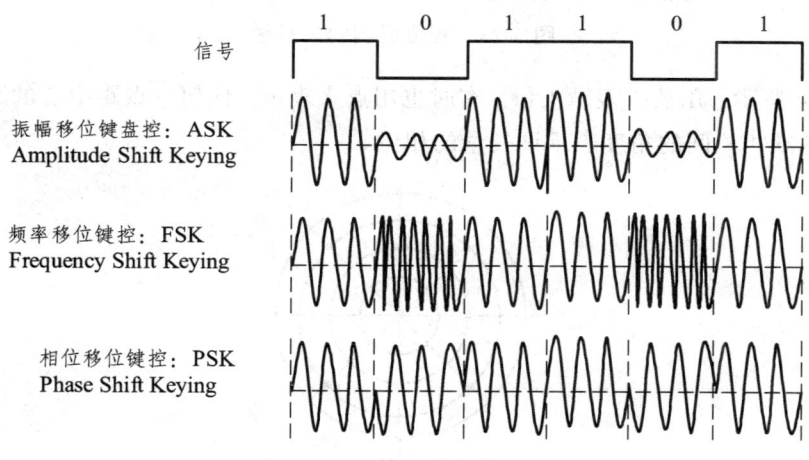

图 5-22 数字调制的方式

数字调制时需传送的信号只有 0 或 1 两个值。因此在相位调制时，让载波的相位随数据的 0 和 1 变成 0°和 180°。由于相位状态只有两种，所以将它称作两相相位调制。把由 0 和 1 组成的数字信号以每两个码为一组的形式组合，共有四种情况，即 00、01、10、11 四种。在相位调制时将这四种组合与 0°、90°、180°、270°的载波相位相对应，即为四相相位调制。同样如果把数字信号的码以每三个组的形式在一起组合成，这就是八相相位调制。由于多相相位调制一次调制可以传送多位码，所以可以提高传送速率。组合成一组的码的数目越多，传送率也就越高，但相位之间的间隔也变得越小，容易受噪声影响产生传送差错。为了获得更高的传送速率，可同时使用振幅调制与相位调制。把相位调制和振幅调制并用的调制方式称为振幅相位调制。如图 5-23 所示。

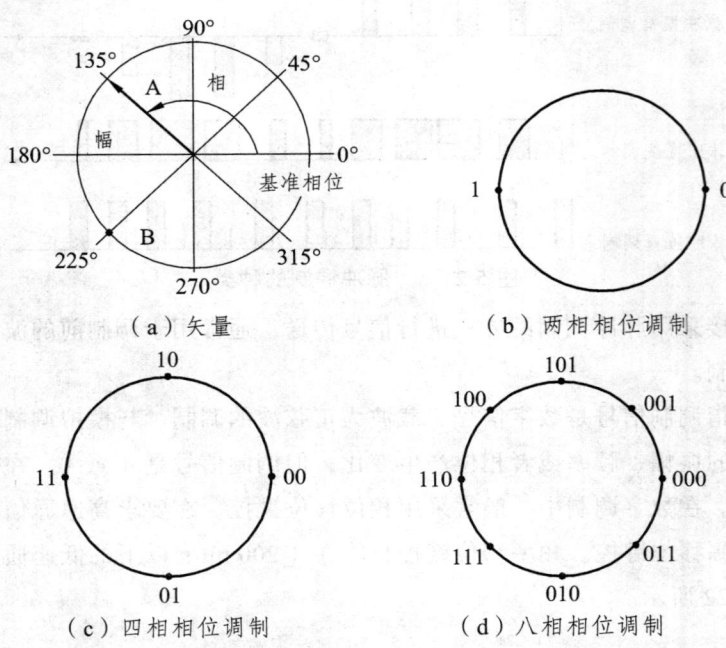

图 5-23　相位调制的矢量图

如图 5-24 所示，用箭头表示矢量。有时也用点来表示。任何一点距中心的距离表示矢量的大小，与基准相位间的角度表示该矢量的相位。

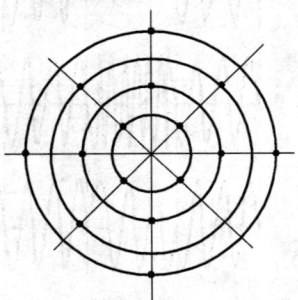

图 5-24　振幅相位调制的矢量图

3. 信道编码

在传送过程中由于失真和噪声等原因会出现误码。检出误码并加以纠正是提高传送的可靠性所必须采取的措施。采用何种信道编码应根据通信线路的性质和所要求的通信质量来决定。信道编码分为差错检出纠正编码和传送线路编码。差错检出纠正编码是为了能将传送过程中产生的差错检查出来并纠正，事先在所传送的信息中附加冗余度达到保护信息、提高可靠性的技术。传送线路编码是将信息变换成适合传送线路的码的技术。

（1）传送差错检出。

图 5-25 是在数据通信中发生差错的例子（"v" 变成了 "s"）。

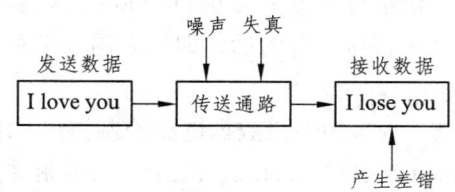

图 5-25　差错的形成

常用的检错方法有：奇偶方式和循环冗余校验方式

奇偶方式：这是一种常用于文字传送的检错方式。分垂直奇偶方式和水平奇偶方式两种。在每一个字母之后附加一位能称为奇偶位的码的方式即是垂直奇偶方式。对应字母串的每一位附加奇偶码的方式即是水平奇偶方式。奇偶位是 "1" 还是 "0" 要根据所对应的码元中所包含的 "1" 的数目是偶数还是奇数来确定。将 "1" 的总数为偶数时的奇偶位取为 "0" 的方式被称为偶数奇偶方式。"1" 的总数为奇数时奇偶位取为 "0" 的方式被称为奇数奇偶方式。奇偶码的附加方法如图 5-26 所示。

传输字母	P	A	R	I	T	Y(SD)	C	H	E	C	K	
垂直奇偶 →	0	0	0	1	1	0	1	1	0	1	1	0
b7	1	1	1	1	1	0	1	1	1	1	1	1
b6	0	0	0	0	0	1	0	0	0	0	0	1
b5	1	0	0	1	1	0	0	0	0	0	0	1
b4	0	0	1	1	1	0	0	1	0	0	1	1
b3	0	0	0	0	0	0	0	0	0	0	0	0
b2	0	0	1	0	0	0	0	0	1	0	1	0
b1	0	1	0	1	0	1	0	1	0	0	1	0

↑ 水平奇偶

图 5-26　奇偶方式（偶数奇偶）

水平奇偶方式这种校验是把数据先以适当的长度划分成组，并把码子按图 5-26 所示的次序一列列地排列起来，然后对水平方向的码元（按相应位）进行奇偶检验，得到一列校验码元附加到这一组代码的后面，依列的次序进行传输。图 5-26 中共有 12 个字符，每个字符有 7 个信息码元，传送时按列的次序先传第一个字符，接着送第二个字符……，最后传第 13 列的检验码。这种码能发现长度 ≤ n（每列长度）的突发错误和其他错误。图 5-26 中的水平校验码能发现长度 ≤ 7 的突发错误。

如前所述，进行数据传输时，只用对字符进行垂直冗余校验是不太有效的，因为垂直奇偶校验只能检查出奇数个错误，而不能检查出偶数个错误。同理，只对字符进行水平冗余校验也是不太有效的，因为水平冗余校验检查不出同一个码元位置的偶数个错误，为了弥补这一点，采取水平垂直冗余校验的方式，将两者结合起来，如图 5-26 所示，在发送完 P～K 这一组码字后，紧接着发一个 8 位字符（图中为 01111000）的检验码。这样便可克服上述两种校验的缺点。如果这些错码处于特殊组合的话，即使采用水平垂直冗余检验也会有漏检，但这种漏检率极低。

循环冗余校验方式：这是一种采用高级数据链路控制协议（High-level Data Link Control, HDLC）的帧检验程序（Frame Check Sequence, FCS）。只需附加少量的冗余位就可以实现不放过任何一处差错的严密检验。根据 CCITT（国际电报电话咨询委员会）的建议，基本型数据链路控制规程（属于面向字符型链路层协议）中的信息组校验序列（BCS）和高级数据链路控制规程 HDLC（属于面向位型链路层协议）中的帧检验序列（FCS），通常采用具有 $G(x) = X^{16} + X^{12} + X^5 + 1$ 生成多项式的循环码。

为了检查报文是否发生错误，可采用抗干扰编译码算法。该算法通过一个编译器（硬件或固件），用二进制的形式按一定规则对欲传输的报文加以运算，从而产生二进制形式的检验码，即循环冗余检验码。随后把这些二进制数一起作为一个传输块一并发送出去。接收方收到后送入译码器（硬件或固件）中，按同样的规则检验这些二进制数之间的关系，从而可判断出传输过程中有无错误发生。也就是说，抗干扰编译码算法通过二进制形式的校验码，使得报文中原来相互无关的二进制位数之间建立了一定的数量关系，从而提供了检查差错的有力依据。下面介绍抗干扰编译码算法中常用的生成多项式及其用法。

任一块长为 $m+1$ 位的传输块都可用一个阶数为 m 的多项式表示，例如：

$$10010101 = 1 \cdot x^7 + 0 \cdot x^6 + 0 \cdot x^5 + 1 \cdot x^4 + 0 \cdot x^3 + 1 \cdot x^2 + 0 \cdot x^1 + 1 \cdot x^0$$
$$= x^7 + x^4 + x^2 + 1$$

下面讨论如何用生成多项式产生二进制形式的检验段。

设：$M(x)$ 为报文的多项式，其阶数为 m，对应的报文长度为 $m+1$ 位。$G(x)$ 为拟用的生成多项式，其阶数为 $r(0 < r < m$，且 $G(0) = 1$。则有：

$$x^r M(x)/G(x) = Q(x) + R(x)/G(x)$$

式中　$Q(x)$——商多项式

$R(x)$——余数多项式，其阶数为 $r-1$。此即所求的校验段。

于是，整个传输块可用多项式 $C(x)$ 来表示：

$$C(x) = x^r M(x) + R(x)$$

下面举一例说明

已知：$m = 8$，$r = 4$，$M(x) = x^8 + x^5 + x^4 + x^3 + x$，拟用的生成多项式为 $G(x) = x^4 + x + 1$；求用于表示校验码的多项式 $R(x)$。

解：由于 $x^r M(x) = x^{12} + x^9 + x^8 + x^7 + x^5$，按模 2 进行除法，则：

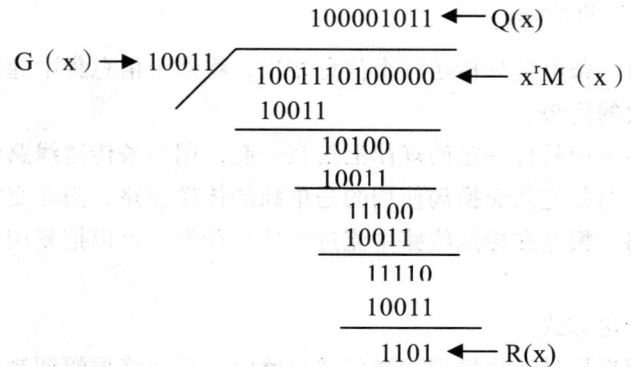

故有

$$Q(x) = x^8 + x^3 + x + 1 ; \quad R(x) = x^3 + x^2 + 1 ;$$

则整个报文（连带校验位）的多项式为：

$$C(x) = x^{12} + x^9 + x^8 + x^7 + x^5 + x^3 + x^2 + 1$$

当然该多项式这时一定能被 G（x）除尽。其整个传送帧的二进制格式为：

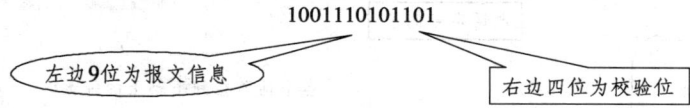

发送端将上述带校验位的整个报文发出，当收方收到这个带校验位的报文，由译码器进行相同的除法，即除以相同的 G(x)。若能除尽，表明无误；如果又产生余数，则传输有差错，则通知发送端重传该报文。

（2）传送差错的纠正方法。

差错检出再送纠正方式（Automatic Repeat Request，ARQ）：这是一种在接收方检出差错之后要求发送方重新再传送一次的纠正方法，主要应用于数据通信。接收方在检出差错时立即通知发送方数据有错，让发送方将出错部分的数据重新传送一次，所以这种纠错方法适合用于对传送时间限制少的数据传送中。

自行纠正方式（Forward Error Correction，FEC）：这是一种在接收方将差错检出，并在接收方进行纠正的方法。即使出现了差错，也可以根据编码理论利用数据中所附加的多余信息自动进行纠正。这种方法主要应用于无线通信和图像通信中。例如用于卫星通信等，信号的传送需要花费一定时间的场合和像活动图像通信那样，一旦发现差错就必须立即纠正的场合。

无论采用哪种方法，发送方都必须事先将用于检出和纠正差错的码组插入到所传送的数据中去。

由于在原始的数据中插入了用于检出和纠正差错用的码组，所以传送的效率将下降。因此，如何将附加的码的数量减少至更少，如何才能更有效地检出和纠正差错是长期以来研究的课题。

4. 传送线路的高效使用方法

在传送多个信息时与一条电缆只传送一个信息相比，将多个信息集中起来用一条电缆传送的方法具有经济、高效的优势。

所谓复用就是指将多个信号按一定的规律汇集在一起，用一条传送线路传送的技术。例如，打电话时从打电话者的住宅到交换局使用的是单独的传送线路，而在交换局之间所使用的是复用的中继传送线路。根据在传送线路中流过的信号种类，可以把复用方式分为模拟复用和数字复用两种方式。

（1）模拟频分复用传送方式。

将电话声音信号等模拟信号送往模拟中继传送线路时，采用将振幅调制后的已调波在频率轴上相互错开互不重叠的复用方法，这种方法叫做频（率）分（割）复用（FDM：Frequency Division Multiplex）方式，如图5-27所示。电话的频带为300~3 400 Hz，所以采用每个话路占用4 kHz带宽的频分复用方式。要想从频分复用的信号中取出某一个话路的信号（分用），只要选用一个与频率范围相对应的带通滤波器对信号进行滤波即可。以宽带信号为例，广播、电视每一个频道的频带宽度为6 MHz，与电话相比带宽要宽1 000倍以上，所使用的频段为91.25~900 MHz，除去一些其他用途，最多能容纳100个频道左右。

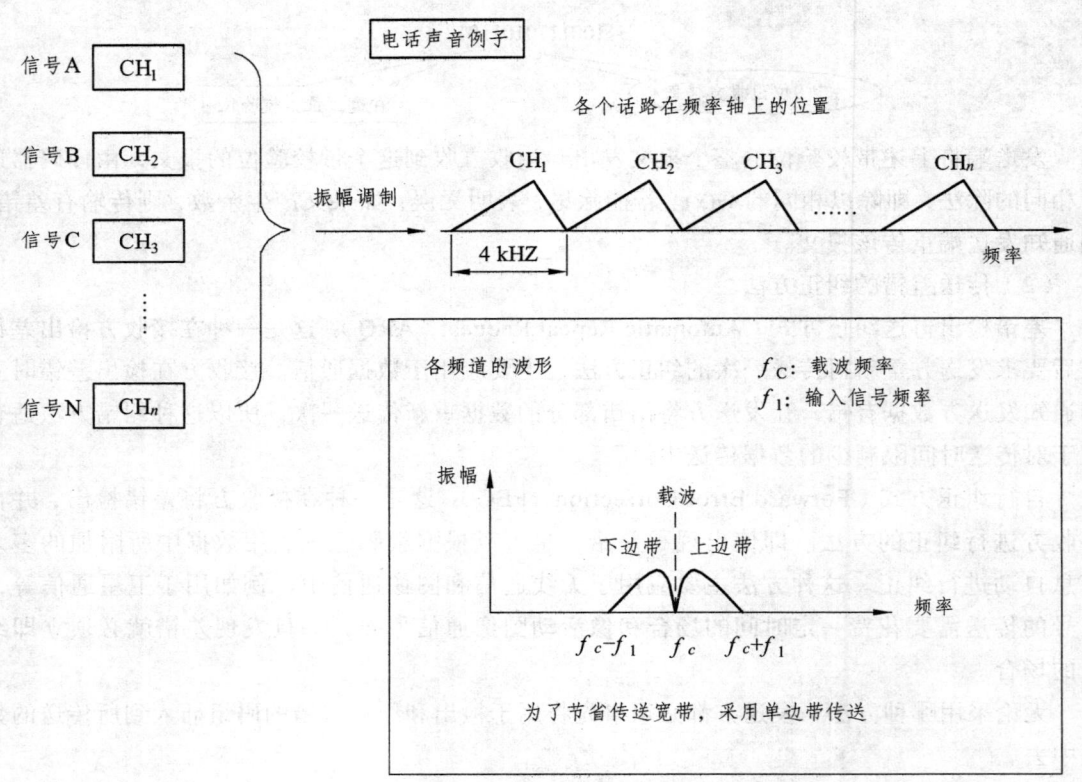

图 5-27 频分复用传送方式

（2）数字时分复用传送方式。

仍然以电话为例，用户电话机输出的模拟信号在复用之前先作PCM（脉冲编码调制）编码，通过 8 kHz 取样、8 比特量化变成 64 bit/s 的数字信号，然后再做时分复用变换。所谓时分复用（TDM：Time Division Multiplex）的方式是指将多个话路的信号在时间轴上做压缩处理之后，以一定的时间差在不同的时间段用同一条传送线路传送的通信方式，可以同时传送多个话路的信号。

由取样定理知，在信号的相邻取样值之间有 T_S 的时间空隙。若在这空隙中插入若干路也是取样后的信号，只要各路取样信号在时间上能区分开（不重叠），那么，同一个（物理）信道就能同时传送多路信号，达到多路复用的目的。这种多路复用就是数字信号的时分多路复用。传输多路话音信号的时分复用系统模型如图 5-28 所示。

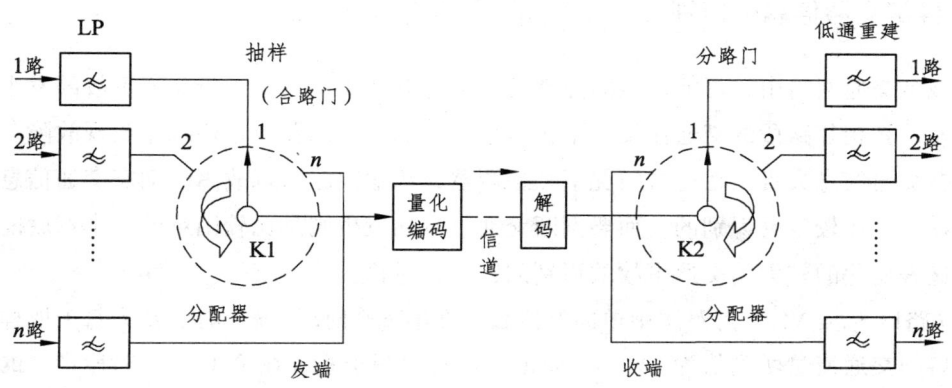

图 5-28 时分复用系统模型

各路信号先经低通滤波器 LP 将频带限制在 3.4 kHz 以内（以防取样后频谱重叠），再依次由电子开关 K_1 完成取样，K_1 按取样周期 T_S 不断作匀速旋转，每旋转一周就实现了对每一路信号在 T_S 时间内取样一次。在开关 K_1 由第一路旋转接通第二路的时间内，完成对第一路信号的量化与编码，依次循环，直至第 n 路。

量化编码后得到的 PCM（脉冲编码调制）信号经信道送到接收端，经解码器解码后还原成 PAM 信号，最后由开关 K_2 依次将各路 PAM 信号分送给对应路数的低通滤波器，经低通平滑后恢复出原来的话音信号。

由上述内容不难看出，时分复用系统中为保证信号的正确分离，应使 K_1 与 K_2 旋转速度一致、且保持正确的时间关系。

6 交通信息处理技术

6.1 简单交通信息的处理

6.1.1 异常交通信息的识别

在城市交通网络中，可能产生的异常交通信息有两类：一是由于交通事故的发生使事故所在路段及其相邻路段的交通流发生不正常变化；二是检测器或传输线路出现故障，导致得到的动态交通信息失真。在通常情况下，检测器或传输线路出现故障时动态交通信息表现为零交通量，是比较容易识别的。而要判断交通事故的发生则是比较困难的。本章就能够引起交通流显著变化的较大的交通事故的识别问题进行讨论。

设 i 路段（$i \in N$，N 为路网中单向路段数）在第 k 个时段（$k \in K$，K 为每天取样周期总数）出口的交通流量实测值为 $Q_i(k)$，而由交通流预测子系统在第 $(k-1)$ 时段产生的流量预测值为 $PQ_i(k)$，则有相对误差 $E_i(k)$

$$E_i(k) = \frac{|Q_i(k) - PQ_i(k)|}{Q_i(k)}$$

在正常状态下，网络交通流的变化是一个平稳的随机过程。这时相对误差序列 E_i 将遵循特定的统计规律或其幅值在某一区间内变化。若在 $(k-1, k)$ 区间内有显著影响交通流的故障发生，由于 $Q_i(k)$ 的反常变化会导致 $E_i(k)$ 的反常变化。所以，当

$$E_i(k) < \varepsilon 1$$

成立时，则认为交通网络系统运行正常，i 路段没有影响交通流的事故发生。否则，为有事故发生。其中，$\varepsilon 1$ 为预先设定的事故检测阈值。在通常情况下，当 $Q_i(k) \to 0$ 时，表明 i 路段上的流量检测器或信息传输线路出现故障而使得流量实测值失真。当 $Q_i(k)$ 显著小于 $PQ_i(k)$ 但远大于 0 时，可以认为是由于交通事故使得 i 路段的流出量减少。

在某些情况下，交通事故的发生仅使事故所在路段及其相邻路段的相对误差增加并落在 $\varepsilon 1$ 的一个邻域内。为了识别出这种交通事故，可采用复合误差 $ME(k)$ 进行判断。定义

$$ME(k) = \frac{\sum_i |Q_i(k) - PQ_i(k)|}{\sum_i Q_i(k)}$$

若 $ME(k) < \varepsilon2$，则认为没有较大的交通故障发生。否则可根据（$Q_i(k) - PQ_i(k)$）的符号及数量变化判断交通事故发生的位置。其中，$\varepsilon2$ 为预定的检测阈值。

6.1.2 动态交通信息的处理

动态交通信息处理的目的是形成新的历史趋势数据并对交通状态预测用输入数据进行修正。这两种处理功能与路网中动态交通信息是否存在故障以及故障的种类有关。

1. 无异常动态交通信息

若经过异常信息的识别，认为路网和流量检测设施及信息传输设施运行正常，则要对各路段的历史趋势数据进行更新。为了最大限度地降低内存占用并充分体现不同时期数据信息的重要性，采用指数平滑法保存各路段在不同时段流量的历史趋势。在 k 时段，路段 i 出口处流量的历史趋势值 $HQ_i(k)$ 为：

$$HQ_i(k) = \alpha \cdot Q_i^h(k) + (1-\alpha) \cdot Q_i(k) \qquad \forall i$$

式中 $Q_i^h(k)$ 为 i 路段在前一天第 k 时段的流量历史趋势值。（$0 \leq \alpha \leq 1$）为加权系数，反映不同时期该路段该时段的流量值在历史趋势中的作用，由最小二乘法优化确定。计算出 $HQ_i(k)$ 后立刻用它更新 $Q_i^h(k)$ 的值，作为下一天数据处理的基础。当动态交通信息中不存在异常数据时，无需对实测流量数据 $Q_i(k)$ 进行特殊处理，可直接作为交通状态预测模型输入值 $INQ_i(k)$。

2. 交通流检测器或信息传输设施发生故障

如果动态交通信息的异常是由路段流量检测器或信息传输设施失灵引起的，则不对历史趋势值 $Q_i^h(k)$ 进行更新，即认为当前的历史趋势值与前一天的相同。但由于此时的流量实测值 $Q_i(k)$ 无法用于状态预测。因此，我们用历史趋势值 $Q_i^h(k)$ 代替 $Q_i(k)$ 形成交通状态预测模型的输入数据 $INQ_i(k)$。

这里的历史趋势值选择没有数据误差的前 n 个周期相同时间相同地点的交通量作为参考，调整数据。即：

$$Q_i^h(k) = \frac{1}{n}\sum_{j=1}^{n}Q_i(j)$$

其中：$Q_i^h(k)$ 为历史趋势值；$Q_i(j)$ 为系统出现误差前 n 个周期相同时间相同地点的检测值（$j = 1, 2, \cdots, n$），如星期二上午 10：30 的在某处采集到的数据历史趋势值，可用前 n 个星期的星期二上午 10：30 在该处的数据的平均数来代替。

3. 路网中发生交通事故

交通事故不仅会影响所在路段的流量值，也会使相邻路段的流量发生变化。由于这种变化是真实的,直接影响下一时段的状态演化过程,因而不需要对实测值 $Q_i(k)$ 作修正,可直接作为交通状态预测模型的输入数据 $INQ_i(k)$。但由于这种变化是临时的,不是交通流内在时空分布规律的必然体现,不影响该路段在该时点上的历史趋势。因此,在这种情况下,不对前一天的历史趋势值 $Q_i^h(k)$ 进行修正,直接作为下一天数据处理的依据。

综上所述,动态交通信息的处理是根据路网是否发生故障以及故障的种类对历史趋势数据和实测数据进行修正的过程,为交通状态预测模型提供可靠的交通流输入数据 $INQ(k)$,在第 k 时刻,其流程见图 6-1。

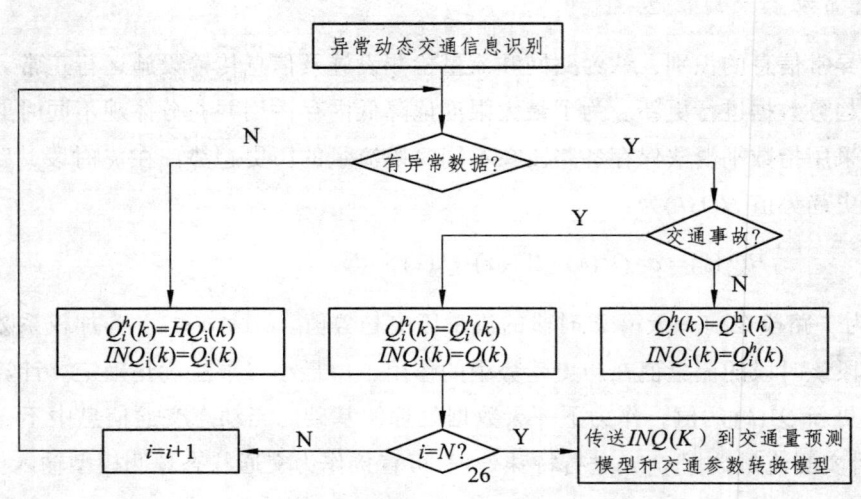

图 6-1　交通事故检测流程图

6.2　交通信息的融合技术

6.2.1　基础交通信息融合系统结构

1. 信息融合的定义及特点

（1）信息融合的定义。

通过中心数据处理器把来自多个传感器的数据进行综合,从而提供更复杂、更精确的信息。多传感器信息融合系统把各种传入数据进行综合处理,使它产生的输出信息比各个部分分别处理产生的信息总和要更有价值。

（2）信息融合的优势特征。

① 可以提高系统可信度。

② 可使数据采集更客观。

③ 可以提高检测效果。

④ 可以扩大时间和空间覆盖能力。
⑤ 可以提高系统的性能价格比。

2. 识别需要融合的基础交通信息（见图 6-2）

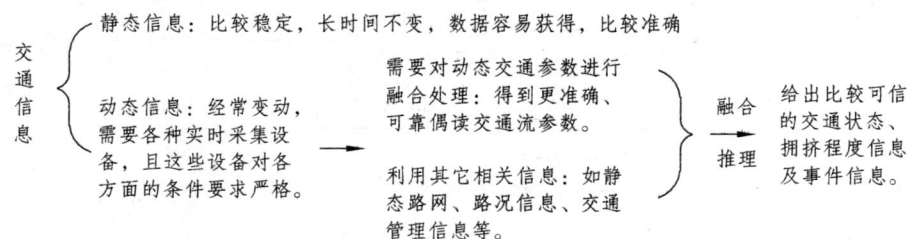

图 6-2　需要融合的交通信息

需要融合的交通信息主要有：
① 交通流参数，包括：流量、速度、密度及排队长度等；
② 交通事件检测信息、交通拥挤状态估计信息等。

3. 基础交通信息处理流程分析

基础交通信息处理流程分析如图 6-3 所示。

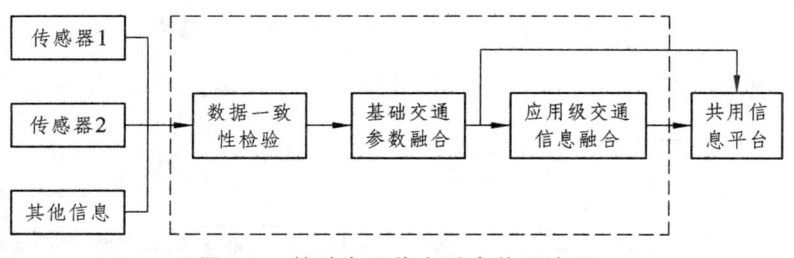

图 6-3　基础交通信息融合处理流程

4. 基础交通信息融合系统结构设计

（1）设计原则与设计目标。
① 从系统的角度综合考虑信息融合系统的设计。
② 突出基础交通信息及其组织、协作和应用的核心地位。
③ 信息融合系统覆盖智能交通系统主要服务主体的信息需求。
④ 强调信息融合系统结构设计的层次化特点。
⑤ 信息融合系统结构设计应以各系统（如 ATMS）的功能需求为设计依据。
⑥ 用系统工程的方法进行融合系统的设计。

（2）面向应用的基础交通信息融合系统结构。
① 基于系统构成要素的信息融合系统结构（见图 6-4）。

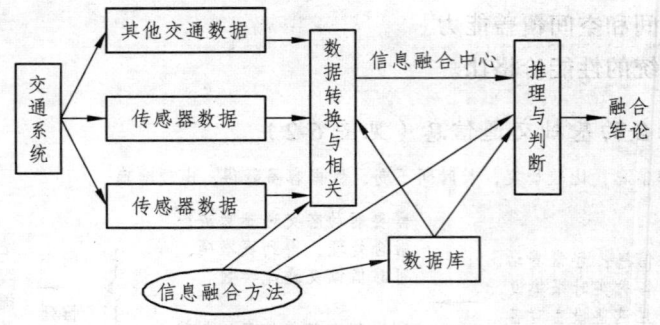

图 6-4　交通信息融合系统一般结构

② 基于系统功能的信息融合系统结构（见图 6-5）。

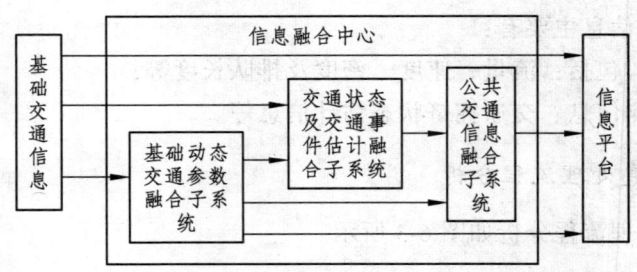

图 6-5　交通信息融合系统基于功能有的结构

（3）基于传感器信息流程的信息融合系统结构（见图 6-6）。

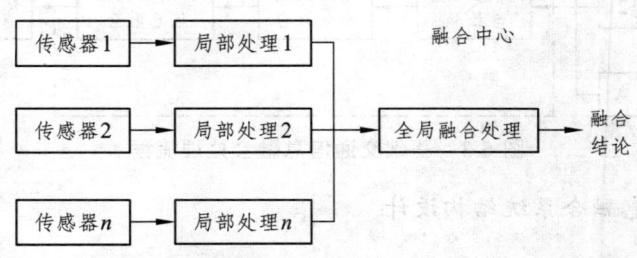

图 6-6　基于信息处理流程的交通信息融合系统结构

6.2.2　基础交通信息融合系统数据预处理

1. 异常交通数据处理

（1）异常数据的定义及其处理措施。

异常值（坏值）：指用测量的客观条件不能解释为合理的、明显偏离测量总体的个别测值。

① 异常值的出现带有偶然性和随机性。

② 在多传感器测量中，出现异常值的主要原因是：

a. 传感器故障。

b. 概率极小但作用较强的偶发性干扰。

处理措施：

对于被怀疑为异常的数据，最好能分析出明确的理论或工程技术上的原因，然后决定取舍，剔除异常数据时，一定要慎重，因为异常数据是异常现象的反映，包括被测对象越出正常工作状态。

在进行上述分析之后，可以用统计学方法对测试数据本身的可靠性作出评价，并引用相关检验法将异常的离群数据删除。

在一组测量数据中，异常值应当是很少的几个，若提出坏值数目较多，则说明测量系统工作不正常，不具备精密测量的条件。

2. 异常数据常见处理方法

① 阈值法。

阈值算法是对检测器所采集的某种单一信息（如流量和占有率等）按照统计数据确定其上下阈值，如果检测值不在上下阈值所规定的区间内，则认为是错误数据。

例如，某一车道流量有一最大限值，最小则为 0；占有率最大为 100%，最小为 0%。

② 交通流机理法。

基于交通流机理的算法是通过交通流参数之间的关系对两个甚至多个参数的一致性同时进行考察。其中包括基于交通流规则的算法和基于交通流区域的算法。

a. 交通流规则算法是根据交通流机理确定几个规则，如果检测数据满足这些规则中的一个或几个，那么这些数据就是错误的。

b. 交通流区域算法根据交通流机理确定出某个参数应该的区域范围，超出此范围的数据为错误。

③ 置信距离检验法。

a. 对于来自同一断面的多传感器检测的同一参数，我们可以应用"置信距离"比较法，也叫"决策距离"比较。

b. 该算法是将多个传感器的决策值，按照一致性融合的思路，先求"决策距离"寻找最大传感器连接组，再求最优融合解，得出最终结果。

④ 有序样本聚类。

聚类算法将类似的值组织成群或"聚类"，直观地看，落在聚类集合之外的值被视为孤立点。聚类分析是一种根据样品（数据）之间的相似性归组成群的分类方法。

经过有序样本聚类后，类与类之间的分界点是可疑点或不正确点所在的位置，因此可以对这些分界点通过进行考察定出异常点。

由于这些点可能是事件发生点，所以需要结合对应的事件检测信息来确定这些可疑点的是否错误。

3. 缺失数据处理

（1）历史均值法直接采用或者按比例历史上相应时刻的值代替丢失数据，但是如果交通状况发生了变化，将大大降低其估计精度。

（2）车道比值法是根据历史统计的车道之间的流量比值，对丢失的车道数据进行估计，结合了历史统计规律和当前流量数据,精度比较高。

(3)时间序列法是把当前采集的交通变量看作时间序列,并结合历史数据对丢失的数据进行预测估计。

6.3 交通信息的地图匹配技术

6.3.1 为何引入地图匹配技术

(1)是满足安全监控系统、交通流诱导系统等系统的功能需要:
在这些系统中,需利用道路网信息确定出车辆所行驶的道路和其在道路上的准确位置。

(2)由于在电子地图上定位车辆位置存在如下的误差:车辆定位技术 GPS 的定位误差;坐标系统转换误差;所用的数字地图数据库精度误差。

① GPS 定位误差。

表 6-1 GPS 定位误差

误差	误差大小
时钟误差	0.6 m
地球自转影响	0.6 m
GPS 接收机噪音	1.2 m
电离层误差	3.6 m
SA 政策误差	100 m
总的误差	106 m

② 坐标系统不一致产生的误差。

要将 GPS 定位的 WGS-84 坐标变换成电子地图用北京 54 坐标系中的坐标,要进行 4 次变换,而后再转换为屏幕坐标系中的坐标,所以其中的数学模型误差和参数标定的误差不可忽略;另外,北京 54 坐标系在东北地区一般要产生 5 m 左右的系统误差。

③ 所用数字化略图的误差。

表 6-2 数字化略图的误差

地图比例	存在误差
1∶5 000	1 m
1∶10 000	2 m
1∶25 000	5 m

(3)利用较高精度的道路信息来修正定位系统的误差,可以使系统性能得到改善。

6.3.2 地图匹配技术的基本思想

地图匹配是一种基于软件技术的定位修正方法，其基本思想是将车辆定位轨迹与数字地图中道路网络信息联系起来，将 GPS 等定位方法所测得的车辆位置信息与电子地图的数据进行比较与匹配，并由此确定车辆相对于地图的位置。即在电子地图上寻找一个距离用户位置坐标最近的路段或交叉口，并计算出车辆在路段上的准确位置。

6.3.3 地图匹配技术的应用前提

地图匹配算法的应用基于以下两个假设条件：
（1）被定位的车辆需在电子地图提供的道路网上行驶。
（2）用于匹配的数字化地图中的道路位置信息的精度不低于定位系统的定位精度。

6.3.4 常规地图匹配算法

1. 确定性地图匹配算法

（1）简单投影算法：查找距离车辆位置最近的路段，然后将表示车辆位置的定位数据点投影到查找到的路段对应的点上，将投影点作为车辆匹配后的位置。如图 6-7 所示。

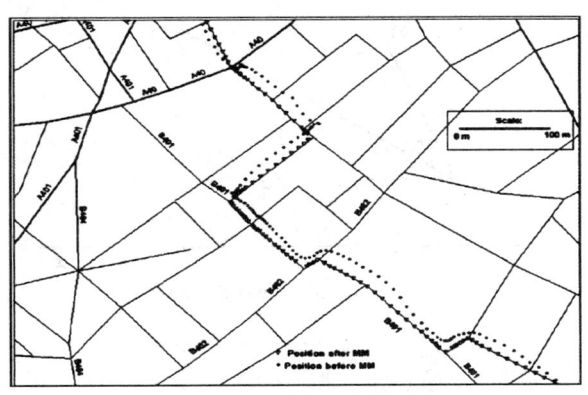

图 6-7 简单投影

寻找一条距离 $P(x,y)$ 点最近的道路链上的直线段（见图 6-8）。
算法步骤：

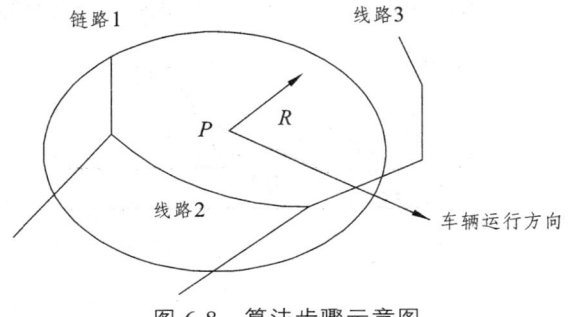

图 6-8 算法步骤示意图

① 在地图数据库中搜索出距离 $P(x,y)$ 点垂直距离小于搜索半径的道路链的所有直线段及节点坐标：$P_1(x_1,y_1)$，$p_2(x_2,y_2)$。

② 计算 P 点到最佳道路链的距离及"映射点" $P_n(x_n,y_n)$ 的坐标。

③ 不同道路链直线段可以求出不同的距离及不同的"映射点"，比较选择距离最短的"映射点"落在道路链直线段上的得到地图匹配的结果："映射点"。如图 6-9 和 6-10 所示。

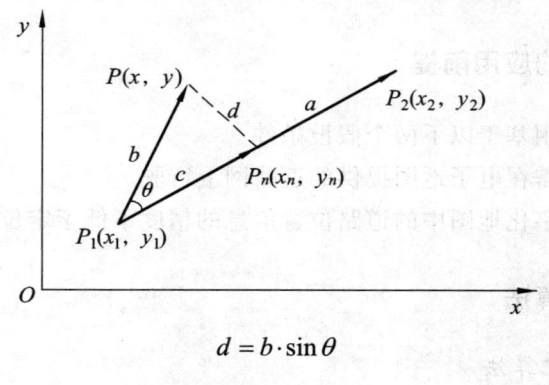

$$d = b \cdot \sin\theta$$

图 6-9　求映射点（1）

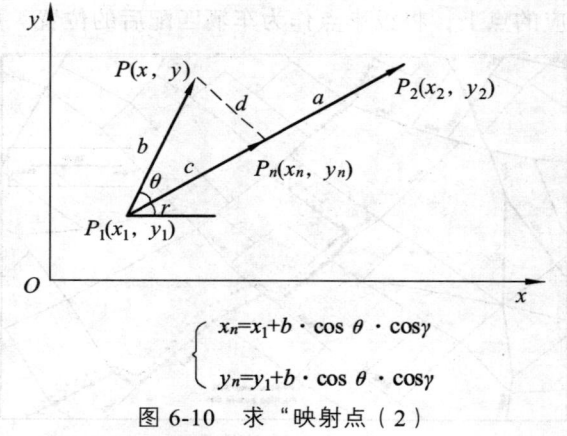

$$\begin{cases} x_n = x_1 + b \cdot \cos\theta \cdot \cos\gamma \\ y_n = y_1 + b \cdot \cos\theta \cdot \cos\gamma \end{cases}$$

图 6-10　求"映射点（2）

（2）要素加权法：将轨迹方向和点到路段的距离分别进行加权计算：路段方向与轨迹方向一致性越高，权重就越大；距离越小，权重也越大；空间相关性越大，权重越大。将方向、距离和相关性的权重结合计算出该路段的总权重，然后根据权重选择路段见图 6-11。

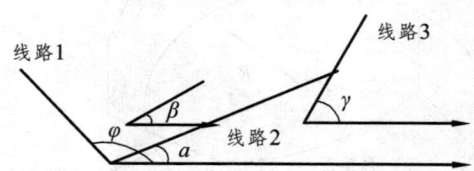

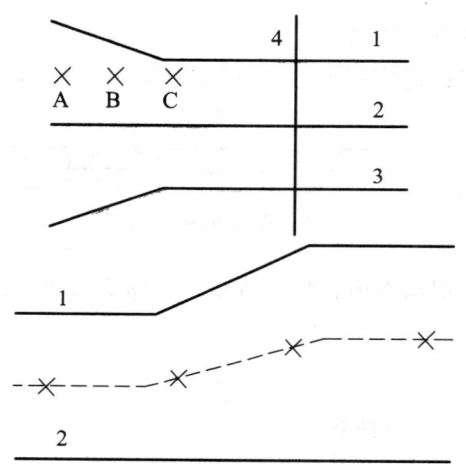

图 6-11　利用道路网的结构和道路的几何形状信息

（3）确定性地图匹配算法总结。

算法相对简单，易于实现，可以在一定程度上提高车辆定位的精度，但效率较低，稳定性较差，通常只适用于精度要求不是很高的条件下使用。

2. 不确定性地图匹配算法

（1）概率统计算法：通过统计分析推算定位传感器的定位误差，再利用误差模型定义的椭圆形或矩形置信区域，来描绘出真实车辆位置所处的区域界限轮廓

连通性：检查路段是否与以前包含车辆位置的路段（上一周期）相连通。算法检查路段表中的每条路段是否与以前匹配的路段相连。

邻近性：检查表中的每一路段看看它是否同车辆实际行驶的以前匹配的路段非常接近。

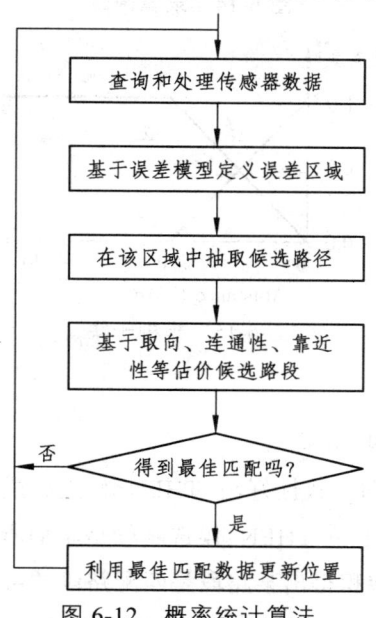

图 6-12　概率统计算法

（2）基于模糊逻辑的地图匹配。

提供了从模糊、不精确信息中获得确定性结论的一种简单方法如图 6-13 所示。

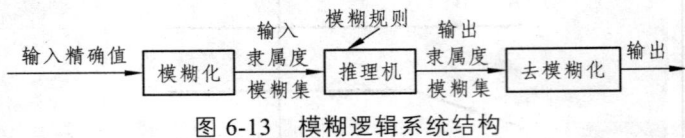

图 6-13　模糊逻辑系统结构

模糊化：通过输入标定把输入值转化成程度（模糊值），由输入标定的隶属函数建立确定值与模糊集的关系如图 6-14 所示。

模糊子集见图 6-15。

① 路段与车辆行驶取向一致性好。

② 路段与车辆行驶取向一致性差。

模糊子集：

① 路段与定位点接近度好。

② 路段与定位点接近度差。

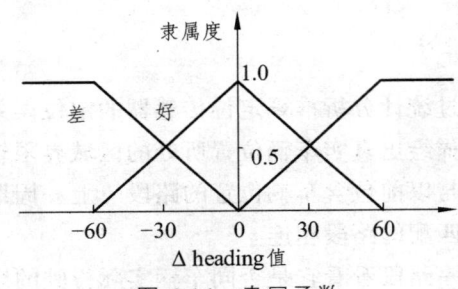

图 6-14　隶属函数

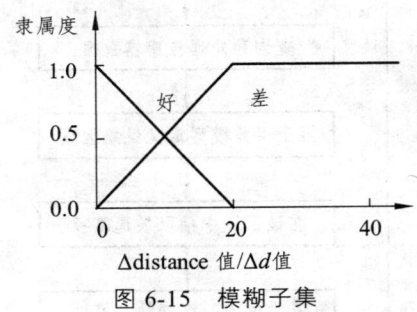

图 6-15　模糊子集

规则计算：

一般形式：IF<条件>THEN<结果>。

① IF<路段与车辆行驶取向一致性好>；THEN<候选路段是车辆所在路段可能性大>。

② IF<路段与定位点接近度好>THEN<候选路段是车辆所在路段可能性大>。

根据论域 X，Y 的笛卡尔乘积得出某路段是匹配路段的可能性大小

去模糊化：将推论所得到的模糊值转换为明确的控制信号，作为系统的输入值。

通过对论域 X，Y 的单因素评价隶属值及其各因素在总评价中的权重，得出明确结论。

模糊逻辑算法总结：

模糊逻辑算法的优点：匹配效率高、计算简单、实时性好，并且对不同的路段状况都适用。

模糊逻辑算法的缺点：权重分配缺乏理论依据，基本上以经验作为主要选择标准。

6.3.5 基于代价函数的地图匹配算法（见图6-16）

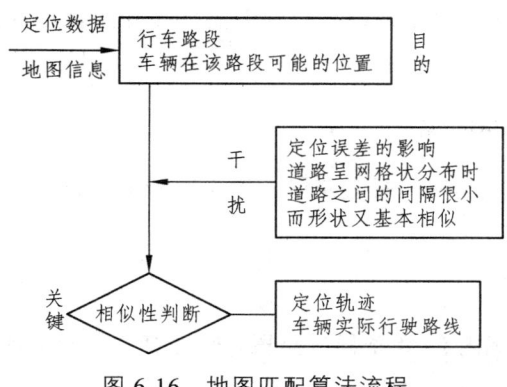

图 6-16 地图匹配算法流程

1. 基于代价函数的地图匹配算法的基本思想

为每个可能的匹配位置定义一个误差代价函数，以衡量匹配位置与传感器定位数据间的相似程度，然后算法对每一条候选路段对应的一系列匹配位置的代价函数值作累加计算，并据此判断候选路段与定位轨迹间的相似程度。

实例：

假定 K 时刻系统输出的位置估计为 P_k（图中以实心点表示），其东向和北向坐标为（x_k，y_k），相应的候选匹配位置有4个，分别为 1~4 标记（图6-17 中空心点）。

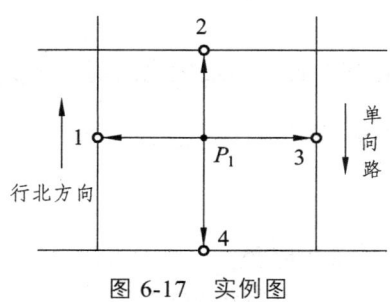

图 6-17 实例图

则对于第 j 个匹配位置，定义如下的误差代价函数：

$$c_k^j = w_x^2(\varepsilon_{x,k}^j)^2 + w_y^2(\varepsilon_{y,k}^j)^2 + w_\theta^2(\varepsilon_{\theta,k}^j)^2 + w_d^2(\varepsilon_{d,k}^j)^2$$

$$\varepsilon_{x,k}^j = x_k - x_{c,k}^j$$
$$\varepsilon_{y,k}^j = y_k - y_{c,k}^j$$
$$\varepsilon_{\theta,k}^j = \theta_k - \theta_{c,k}^j$$

$\varepsilon_{d,k}^j$ 是交通规则约束项，当现时刻的行车方向估计与单行路禁行方向一致时，其值取为 1，否则取为 0。

2. 候选路段的代价函数求解步骤

（1）对于标号为 j 的匹配路段，设在时刻 k 上有 N 个可能的匹配位置，则该匹配路段时刻 k 的代价函数定义为：

$$c_{j,k}^* = \min\{c_k^1, c_k^2, \cdots, c_k^N\}$$

（2）为准确判断并锁定车辆的行驶路段，定义时刻 k 候选路段 j 的代价函数累加和为：

$$s_k^j = \sum_{i=1}^k c_{ji}^*$$

（3）设 k 时刻误差区域内有 M 条候选路段，则计算各路段的代价函数累加值，并取路段 j 为 k 时刻的匹配路段，使

$$S_j^k = \min_{i=1,\cdots,M}\{S_k^j\}$$

而最佳匹配位置就是 j 中具有 k 时刻最小代价函数值的匹配位置。

6.4 路径优化技术

6.4.1 传统的路径优化

（1）基本思想：把路径优化问题转化为最优化问题。

（2）求解步骤：

① 路网抽象。

② 道路权重的标定。

③ 用最短路算法求解图中的最短路径。

④ 把图中的最短路径还原成现实路网中的路段集。

（3）传统路径优化方法的不足：

① 没有考虑实际出行特征，参见图 6-18。

② 无法满足交通流诱导系统的实时性，参见图 6-18。

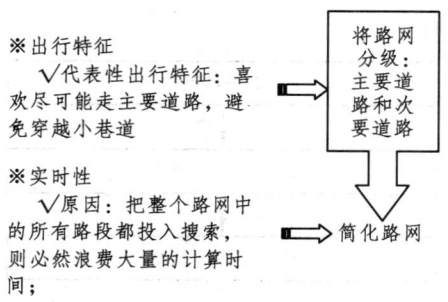

图 6-18 路径优化

6.4.2 基于出行特性的 TC—B Method

1. TC—B Method 的基本思想

按照出行特点，根据对路网的了解，对路网进行划分，改进搜索最优路径的路网结构，从而达到快速而实用地搜索到最优路径的目的。

2. TC—B Method 的理论依据

远距离出行者倾向于走主要道路，根据这个特点，将路网分为两级：主要道路和次要道路。如图 6-19 所示。

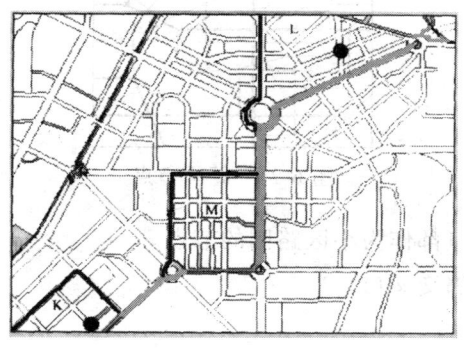

图 6-19 TC-B Method

3. TC—B Method 的实现

（1）路网划分。

关键是确定主要道路（见图 6-20）。

（2）专家评估。

（3）实际调查。

同时注意：

① 兼顾道路的等级。

② 道路网的疏密程度。

③ 避免出现过于狭长的小区。

（2）路网的组织和调用形式。

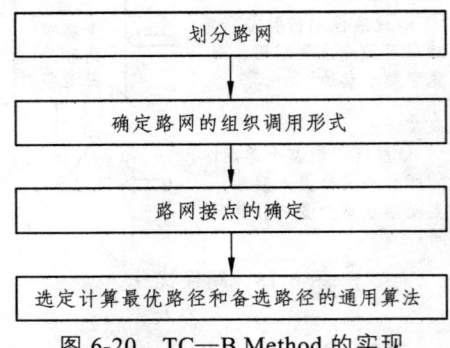

图 6-20　TC—B Method 的实现

路网一旦确定便很少发生改变，但其组织和调用形式却有多种方案。

① 将主要道路网及各小区的任两点间的最短路距离及相对应的最短路径都预先计算出来，编成数据库。

② 将主要道路网及各小区的路网信息（交叉口）编成数据库。

（3）路网节点的确定（见图 6-21）。

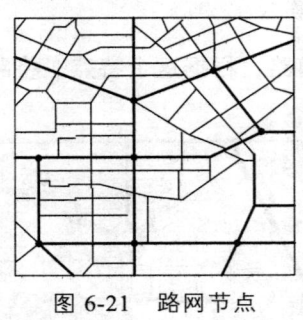

图 6-21　路网节点

① 小区中所有的交叉口都作为小区路网的节点。

② 全体主要道路的相邻交叉口。

（4）选择通用算法。

① 最优路径的通用算法：Dijkstra 算法。

② 备选路径的常用计算方法：

a. 路段消除方法。

b. k 条最优路算法。

③ 在主要道路上通过 TC—B Method 将备选路径与最优路径区分开来。

（5）TC—B Method 的算法流程。

① 系统识别用户输入的出发点 ID1 和目的地 ID2，分别确定所属小区 k、l。

② 生成节点集合。

③ 生成节点间路阻矩阵 W。

④ 调用 Dijkstra 算法搜索最优路径 R。

⑤ 生成备选路径节点集合。
⑥ 调用 Dijkstra 算法搜索备选路径 RS。
⑦ 在电子地图中显示最优路径及备用路径。

（6）TC—B Method 实现脚本程序如下。

系统识别用户输入的出发点 ID1 和目的地 ID2，分别确定所属小区 k、l
生成路阻矩阵 W：

  if $k = 1 \neq$ 主要道路网索引 then $P = PS(k)$
  else
    调入主要道路网
     $P = PW$
    生成最优路径及备选路径搜索路网
    if k $\neq$ 主要道路网索引，并入 k 小区路网节点
     $P = P \cup PS(k)$
    End if
    if l $\neq$ 主要道路网索引，并入 l 小区路网节点
     $P = P \cup PS(l)$
    End if
  End if
$W = W*C$ C——路权系数矩阵
  调用 Dijkstra 算法搜索最优路径 R
  对 $a \in R$，$P = P - \{a\}$，$W = d(P)$
  调用 Dijkstra 算法搜索备用路径 $RS(i)$
  求出最小值 RS，其对应的路径作为备选路径。
  在电子地图中显示最优路径及备用路径。

6.5 交通信息共用信息平台

6.5.1 ITS 虚拟共用信息平台体系结构

（1）平台由控制中心、数据源接入代理、用户接入代理几部分组成。如图 6-22 所示。
（2）控制中心通过中央数据登记簿存储与访问与控制相关的数据，用于实现对数据提供者、数据使用者及数据访问过程等的管理与控制。
（3）平台有两类用户：
① 数据提供者通过数据源接入代理将自己的业务数据接入平台，是平台的数据源。
② 数据使用者通过用户接入代理接入平台访问需要的 ITS 数据，是平台的信息消费者。

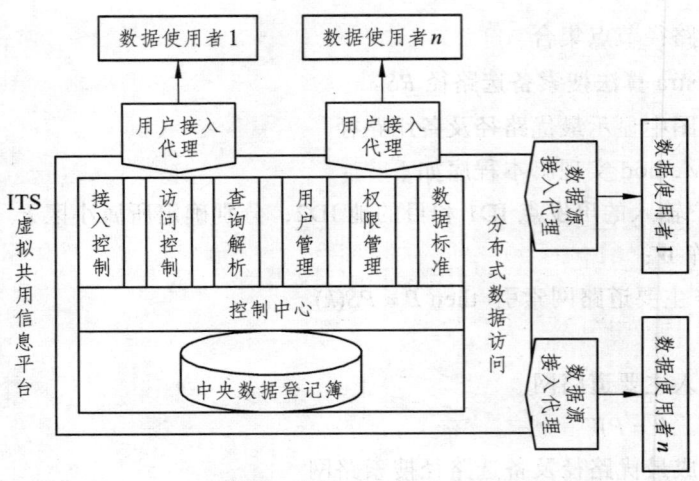

图 6-22 ITS 虚拟共用信息平台体系结构框架

1. 分布式访问数据引擎

分布式数据访问引擎是平台数据源的信息交换枢纽，它实现了 ITS 虚拟共用信息平台中的分布式数据访问，在体系结构中作为中间层与数据提供者和数据使用者接口。

引擎由平台控制中心（PCC，Platform Control Center）、用户接入代理（UCA，User Connect Agent）及数据源接入代理（DCA，Data-source Connect Agent）3 部分组成，如图 6-23 所示。

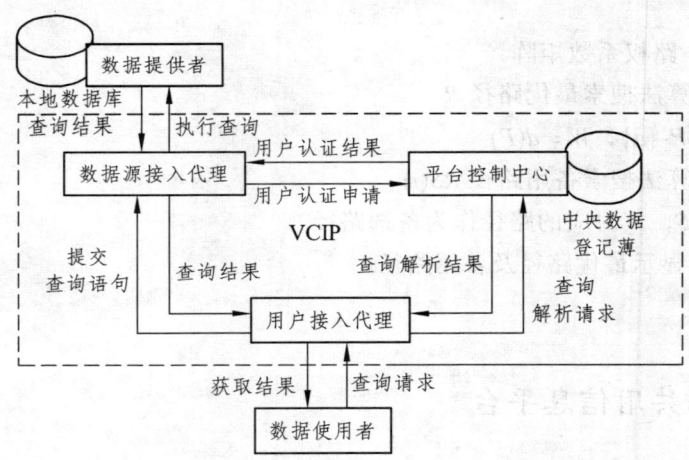

图 6-23 分布式数据访问引擎结构

用户接入代理：是数据使用者访问平台数据的接口，数据使用者通过它接入平台，提交查询请求并接收查询结果。

数据源接入代理：是数据提供者接入平台并提供数据服务的代理，作为数据库访问的中间件，它可以直接访问数据提供者的本地数据库，按要求执行查询并将结果返回给请求查询的用户接入代理。

控制中心：

（1）负责解析用户接入代理提交的使用者查询请求并将解析后的结果返回相应的用户接

入代理，以使用户接入代理能访问满足查询请求的数据源接入代理并获取数据。

（2）管理用户认证，权限验证等，以保证查询的安全性和合法性。

2．平台控制中心设计

平台控制中心主要由中央数据登记簿、接入控制、访问控制、查询解析、用户管理、权限管理、数据标准管理等功能部件组成。如图6-24所示。

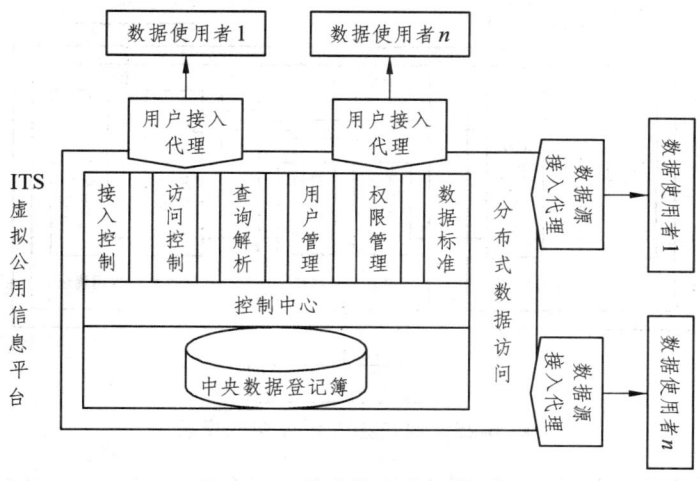

图6-24　平台控制中心组成

（1）中央数据登记簿。

中央数据登记簿记录了平台的数据源信息和访问授权信息，是控制中心的核心部件。

① 数据源信息用于描述数据源的访问信息，包括数据提供者接入代理地址、信息字段及类型等，并不涉及具体的数据内容。

② 访问授权信息用于描述数据访问者与数据源之间的授权关系。

控制中心根据中央数据登记簿中登记的信息对平台的数据访问过程进行管理和控制。

（2）查询解析部件。

负责接收用户接入代理的查询请求，根据数据源信息解析数据源接入代理的目标地址和查询请求中涉及的具体字段信息，然后将这些信息作为数据访问信息反馈给请求的用户接入代理。

（3）权限管理部件。

基于"两阶段认证"模式对数据访问者进行认证与授权，以确保整个数据访问过程的安全性与合法性。

① 第一阶段认证：当数据访问者首次向控制中心请求执行某个查询事务时，控制中心对查询请求进行解析，认证请求者身份并缓存认证信息。

② 第二阶段认证：当数据访问者向数据提供者请求查询具体数据时，数据提供者要求其同时提交第一阶段认证中得到的认证信息并请求控制中心根据第一阶段中缓存的认证信息核对访问者的合法性。

3. 用户接入代理设计

用户接入代理是数据使用者应用系统访问平台数据的接口，它的主要功能是接收数据使用者的查询请求并完成数据访问。

主要由用户接口模块、控制中心访问模块、数据源访问模块和数据访问信息缓存模块 4 个模块组成。如图 6-25 所示。

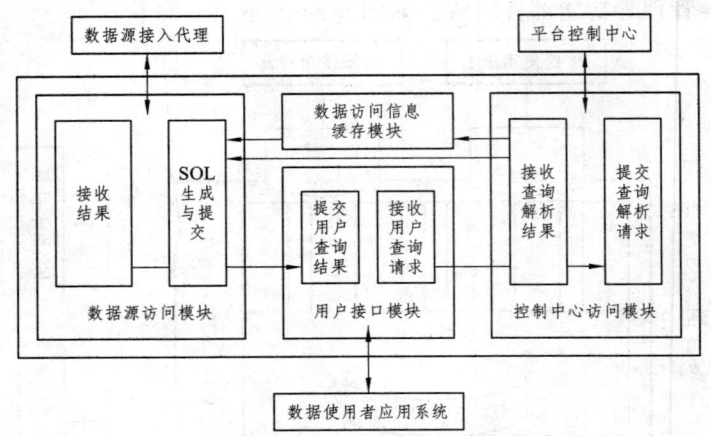

图 6-25　用户接入代理组成模块

（1）用户接口模块：接收用户查询请求，预处理后转发给控制中心访问模块。

（2）控制中心访问模块：负责将查询请求提交到平台控制中心并将中心返回的解析结果传送给数据源访问模块。

（3）数据源访问模块：根据解析结果中的数据访问信息将解析后的查询请求翻译为标准的 SQL 语句，并和中心返回的认证信息一起提交给相应的数据源接入代理请求查询，在接收到数据源接入代理返回的查询结果后，将结果转由用户接口模块提交给用户。

（4）数据访问信息缓存模块：将控制中心访问模块接收的已经解析过的数据访问信息和认证信息记录下来，以便下次访问同样信息时，不必再通过控制中心进行查询解析，数据源访问模块就可以直接从缓冲池中提取信息提交到相应的数据源接入代理，从而减轻了平台控制中心的查询解析负担。

注意以下两点：

本地缓存中的访问信息有一定的生命周期，超过一定的时间后就会被清除。

当用户接入代理直接根据缓存中的访问信息访问数据源接入代理失败时，将删除缓存中的相应访问信息并自动发起一次查询解析过程，从而使得本地缓存中的访问信息与中央数据登记簿中相应的访问信息保持一致。

4. 数据源接入代理设计

数据源接入代理是数据提供者接入平台的中间件，主要用于接收用户接入代理提交的 SQL 语句，核对请求者权限合法后执行查询并将结果返回用户接入代理。

主要由数据库访问模块、用户接入代理接口模块与控制中心访问模块 3 个模块组成。如图 6-26 所示。

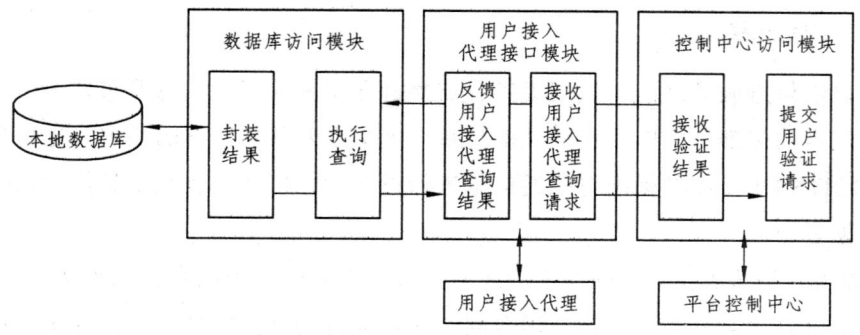

图 6-26　数据源接入代理组成模块

（1）用户接入代理接口模块：接收用户接入代理提交的查询语句和认证信息，预处理后提交到控制中心访问模块。

（2）控制中心访问模块：负责向平台控制中心请求验证请求者认证信息的合法性并接收验证结果；如果请求者有权访问，控制中心访问模块将查询语句传送给数据库访问模块。

（3）数据库访问模块：在本地数据库系统中执行查询并将结果封装后传送到用户接入代理接口模块，由用户接入代理接口模块将查询结果反馈给用户接入代理。用户接入代理接口模块为用户接入代理提供一个统一的数据库访问接口，从而屏蔽了 ITS 各子系统的数据库系统之间的差异。

5. 数据访问流程（见图 6-27）

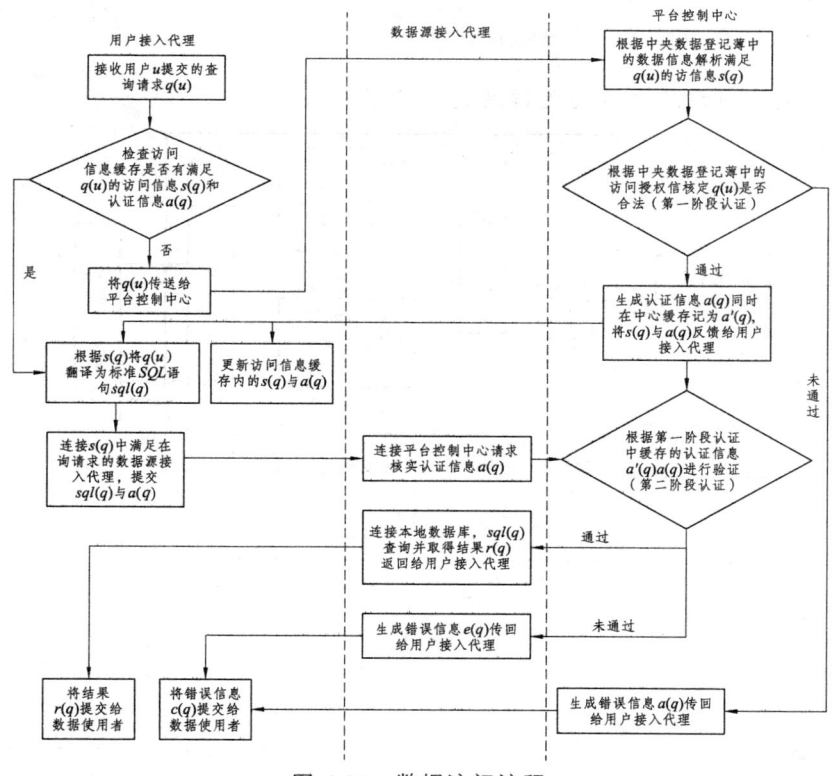

图 6-27　数据访问流程

6. 数据提供流程

（1）在提供信息服务之前，数据提供者需要将数据源的相关信息发布到平台上。数据提供者按平台规定的标准格式向平台管理信息系统提交需要共享数据的相关描述信息。平台管理方参照 ISOITS/DIS14817 标准对描述信息进行审核，合格后将这些信息作为数据源信息存储到中央数据登记簿。

（2）数据源信息发布后，数据使用者通过平台提供的网站查询自己感兴趣的数据源信息，然后与数据提供者谈判并签订数据使用合同，并将签订的合同信息按平台规定的标准格式提交到平台管理信息系统.平台管理方对合同信息进行审核，合格后形成用户的访问权限信息存储到中央数据登记簿中。

（3）之后，数据使用者就有权在平台上使用分布式数据访问引擎访问合同中规定的数据。

6.5.2 城市交通共用信息平台系统

1. 城市交通共用信息平台的基本功能

（1）数据的采集融合处理：数据融合是指多传感器的数据在一定准则下加以自动分析、综合以完成决策和评估而进行的信息处理过程。

（2）共享数据的组织管理和数据挖掘。

（3）对 ITS 提供信息服务，实现数据共享。

2. 城市交通共用信息平台的逻辑结构（见图 6-28）

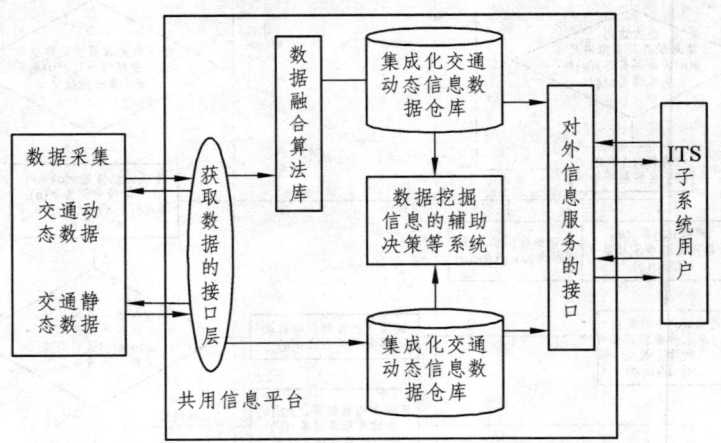

图 6-28 城市交通共用信息平台的逻辑结构

3. 城市交通共用信息平台的功能结构层次图（见图 6-29）

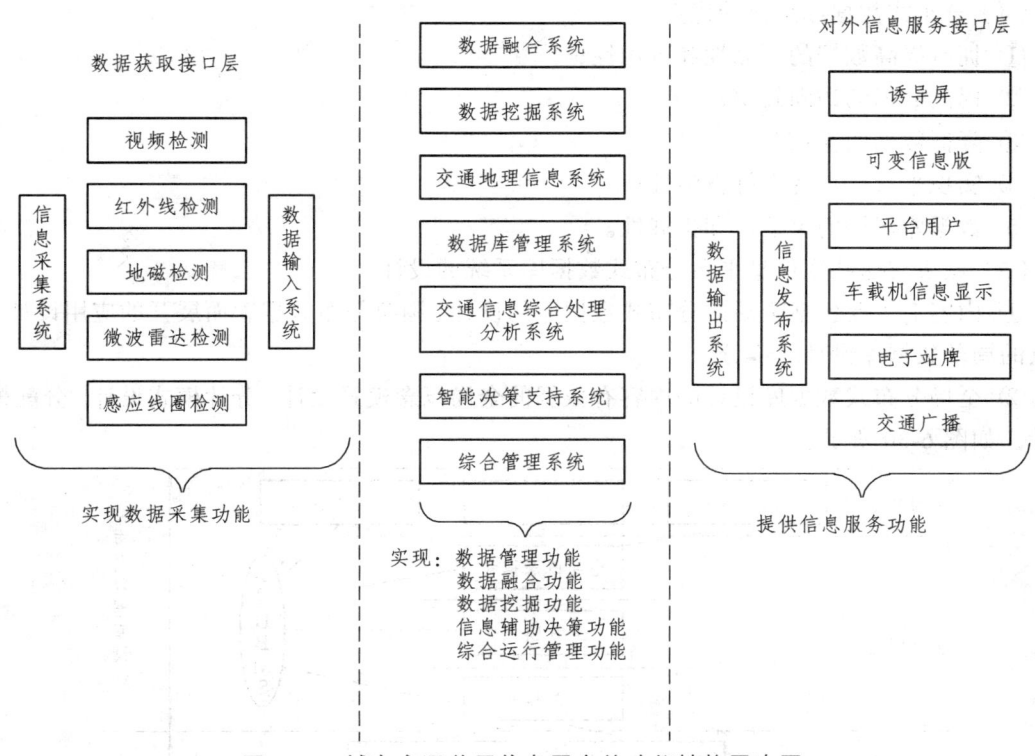

图 6-29　城市交通共用信息平台的功能结构层次图

4. 城市交通共用信息平台的数据库组织

（1）城市交通共用信息平台的特点。
① 信息采集和 ITS 用户地域上分散，而管理上又相对集中。
② ITS 功能模块的局部控制和分散管理。
③ ITS 整个组织的全局控制和高层次的协同管理。
因此，平台的数据库组织形式采用分布式数据库系统。
（2）分布式数据库系统的特点和优点。
分布式数据库系统是物理上分散而逻辑上集中的数据库系统，是用计算机网络将地理位置分散而管理和控制上需要不同程度集中的各个逻辑单位（通常是集中式数据库系统）连接起来，共同做成一个统一的数据库系统。
（3）分布式数据库系统的特点。
① 物理分布性；
② 逻辑整体性；
③ 站点自制性；
④ 数据独立性；

⑤ 控制机制集中与自治相结合；

⑥ 事务管理分布性。

（4）分布式数据库系统的优点。

① 拥有提高数据的可靠性和可用性；

② 提高数据的访问效率；

③ 降低数据的通信费用；

④ 实现平台站点的良好自治性；

⑤ 数据库建设的灵活性和扩展性。

（5）城市交通共用信息平台分布式数据库系统的设计。

① 内容上主要包括全局的分布式数据库的设计、围绕分布数据库而展开的应用设计、各站点的局部数据库设计三部分。

② 全局分布式数据库设计的内容有数据的全局概念模式设计、分片模式设计、分配模式设计。如图 6-30 所示。

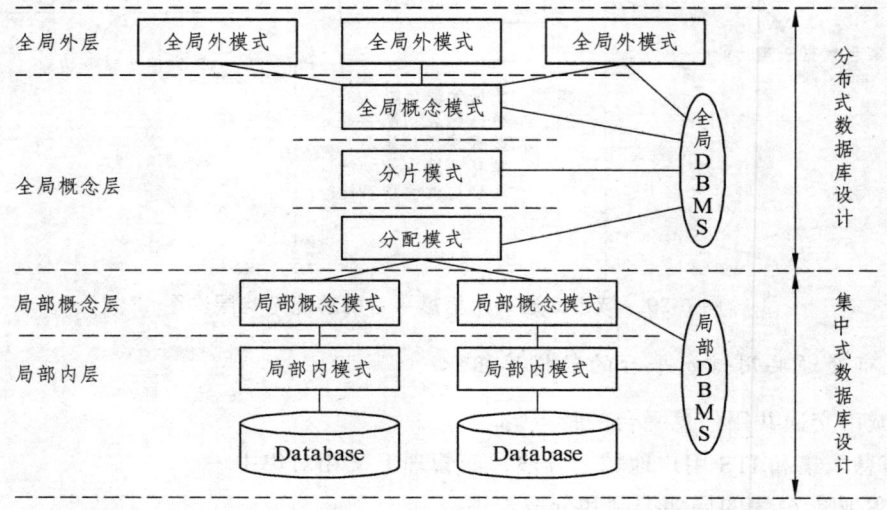

图 6-30　城市交通共用信息平台分布式数据库系统的设计

（6）城市交通共用信息平台分布式数据库系统的建设。

采用组合和重构相结合的方法。

重构：可以按照统一的思想来考虑各个分布数据库的各种问题，有效地解决分布式数据库的数据一致性、完整性和可靠性问题，但是花费的人力财力会比较多，研制周期也比较长，系统建设的投资会比较大。

组合：由于是利用的现存的网络和数据库，仅仅需要建立一个分布式协调管理系统，这样各个子系统的数据结构一样，因此相对来说，其工作量可能会比较小，实现周期会短些，花费的人力财力比较少，因而有利于保护投资，可是如果各个子系统的数据结构不同，那么采用组合法无论在理论上还是在实际中，都存在很大的难度。

7 地理信息系统（GIS）技术

在交通仿真模型中，微观交通仿真模型非常细致地描述系统实体和它们之间的相互作用。例如，微观仿真中车道变换不仅涉及当前车道中本车对前车的跟车定律，而且涉及目标车道的假定前车和后跟车的跟车定律，还有精细的驾驶员决策行为模拟，甚至整个车道变换的操纵过程也能被模拟出来。宏观仿真则利用速度、流量、密度等三个基本参数从宏观角度来描述整个路网的交通特性，从而对其进行模拟和评价。地理信息系统是以地理空间数据库为基础，在计算机软件的支持下，对空间相对数据进行采集、管理、操作、分析、模拟和显示，适时地提供动态信息。因此，无论是宏观仿真还是微观仿真，都需要借助于地理信息系统来完成其仿真活动。

7.1 概 述

7.1.1 地理信息系统的概念

地理信息系统（Geographical Information System，简称 GIS），是 20 世纪 60 年代开始迅速发展起来的地理学研究技术，是多种学科交叉的产物，是一种特定而十分重要的空间信息系统。GIS 在计算机硬件、软件系统的支持下，是以地理空间数据库为基础，采集、存储、管理、分析和描述整个或部分地球表面（包括大气层在内）与空间和地理分布有关的数据，为地理研究和地理决策服务的空间信息系统。地理信息系统处理、管理的对象是多种地理空间实体数据及其关系，包括空间地位数据、图形数据、遥感图像数据、属性数据等，用于分析和处理在一定地理区域内分布的各种现象和过程，解决复杂的仿真、决策和管理问题。

地理信息系统有以下三方面的特征：

（1）采集、管理、分析和输出多种空间地物信息，具有空间性和动态性。

（2）以地理研究和地理决策为目的，以地理模型为手段，具有区域空间分析、多要素综合分析和动态预测能力。

（3）由计算机系统支持进行空间地理数据管理，并由计算机程序模拟常规的或专门的地理分析方法，作用于空间数据，产生高层次系统信息，解决普通计算方法难以完成的课题。

从外部来看，地理信息系统表现为计算机软硬件系统，而其内涵是由计算机程序和地理数据组织而成的地理空间信息模型,是一个逻辑缩小的、高度信息化的地理模拟系统。

地理信息系统按用途与目的可分为基础信息系统和专业地理信息系统,按研究结构内容的不同可分为综合性的与专题性的,按其研究范围大小可分为全球性的、区域性的和局部性的这三种。通常 GIS 主要研究地球表面的若干要素的空间分布,属于二维 GIS。建立起的布满整个三维空间建立的 GIS 被称为真三维 GIS。一般也常常将数字位置模型(二维)和高程模型(一维)的结构称为三维 GIS。具有时间坐标的三维 GIS 被称为四维 GIS。

7.1.2 地理信息系统的发展历程

1. 国外发展概况

GIS 是 20 世纪 60 年代开始发展起来的新技术。它最初用于解决地理问题,至今已成为一门涉及测绘学科、环境学科、计算机仿真技术等多学科交叉的学科。1963 年加拿大测量学家 R. FTomlinson 首先提出地理信息这一术语,并花了 3 年时间建立了世界上第一个 GIS,即 1:5 000 的加拿大地理信息系统(CGIS),用于加拿大土地与资源的管理和规划。不久,美国哈佛大学研究开发出了比较完整的系统软件 SyMap。但是由于当时计算机水平低、存储量小、磁盘存取速度慢,使得 GIS 带有更多的机助绘图色彩,地学分析功能极其简单。当时的系统能实现手扶跟踪地图数字化,进行地图数据的拓扑编辑、分幅数据的拼接,并发展了基于栅格的各种操作方法,这可算是 GIS 的起步。

进入 20 世纪 70 年代后,由于计算机硬件和软件技术的迅速发展,尤其是大容量存储设备——磁盘的应用,为空间数据的录入、存储、检索和输出提供了强有力的手段。用户屏幕和图形、图像显示卡的发展增强了人机对话和高质量图形显示的功能,促使 GIS 朝着实用方向迅速发展,一些发达国家先后建立了许多专用性的土地信息系统和地理信息系统,在自然管理和规划方面发挥了重要作用。

20 世纪 80 年代是 GIS 普及和推广应用的阶段。由于计算机的发展,推出了图形工作站和 PC 微机等性价比大为提高的新一代计算机,计算机和地理空间信息系统在许多部门得到广泛应用。计算机网络技术的应用,使地理信息数据的长距离传输实效得到极大提高。GIS 系统软件和应用软件的开发,使得 GIS 的应用从解决基础设施的规划(道路、输电线)转向更复杂的区域开发和规划,例如土地的农业使用、城市化发展、人口规划与布局等,地理因素成为投资决策中不可缺少的依据。许多发达国家把 GIS 作为有关部门的必备工具投入日常使用。这一时期,GIS 软件的研制和开发也取得了很大的成绩,涌现出了一大批商用软件,如 Arc/Info、MicroStation、MGE Intergraph、AutoCAD/ArcCAD 等,他们可在工作站和微机上运行。

进入 20 世纪 90 年代以来,由于信息高速公路的开通,地理信息产业已经建立,数字化信息产品在全世界迅速普及,GIS 也被应用到新的领域——交通仿真,从而可以有效地帮助交通研究人员分析交通流状态变量随时间与空间的变换、分布规律及其与交通控制变量之间的关系，并能以三维形式动态模拟车辆在道路上的运行状态。

2. 国内发展状况

我国 GIS 的发展虽然起步较晚，但发展势头迅猛，大体上经历了 4 个阶段，即起步（1970—1980 年）、准备（1980—1985 年）、发展（1985—1995 年）、产业化（1996 年以后）阶段。GIS 已经在许多部门和领域得到应用，并引起了政府部门的高度重视。从应用方面看，地理信息系统已在资源开发、环境保护、城市规划建设、土地管理、交通仿真、能源、通信、自然灾害的监测与评估、公交车调度等方面得到具体应用。一批地理信息系统软件已研制开发成功，一批高等院校已建立了与 GIS 有关的专业或学科，一批专门从事 GIS 产业活动的高新技术企业相继成立。此外，还成立了"中国 GIS 协会"和"中国 GPS 技术应用协会"等组织。

我国地理信息系统方面的工作自 20 世纪 80 年代初开始。自 20 世纪 90 年代后，地理信息系统步入快速发展阶段。制定并实施地理信息系统和遥感联合科技攻关计划，强调地理信息系统的实用化、集成化和工程化，力图使地理信息系统从初步发展时期的试验研究、局部使用走向实用化和生产化，为国民经济重大问题提供分析和决策依据。努力实现基础环境数据库的建设，推进国产软件系统的实用化、遥感和地理信息系统技术一体化。

"九五"期间（1996—2000 年）是我国 GIS 产业化发展阶段，涌现出一大批拥有自主版权的国产 GIS 软件，如北京超图公司的 SuperMap、北大方正公司的方正智绘等，这些公司的 GIS 软件都在各行各业得到不同程度地应用。经营地理信息系统业务及应用开发的公司也愈来愈多，正逐步形成行业，具备了走向产业化的条件。伴随仿真技术的发展，地理信息系统也被逐渐应用到宏观仿真和微观仿真系统中。

7.1.3 地理信息系统的组成

地理信息系统以其混合数据结构和独特的地理空间分析功能独树一帜，主要包括硬件系统和软件系统两部分。

1. GIS 的硬件系统

地理信息系统一般由计算机与一些外围设备组成（见图 7-1）。计算机是地理信息系统的核心，用作数据和信息的处理、加工和分析。外围设备包括数据的采集设备，如数字化仪、解析测图仪、扫描仪、测绘仪器及光笔和手写笔等。数字化仪用来将地图转换成数字的形式，扫描仪用来扫描输入栅格数据，在经过计算机矢量化处理后变为数字形式。数据可以通过上述这些方式以计算机联机方式的输入。GIS 的输出和存储设备也使用了标准的计算机外围设备。输出设备有绘图仪及高分辨率显示器等，而磁带机或大容量硬盘、光盘则可用来存储大量的空间地理数据。

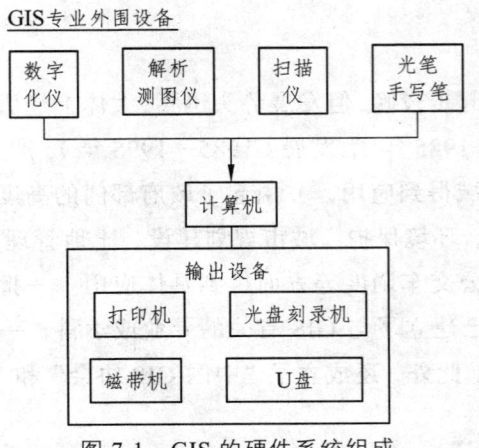

图 7-1 GIS 的硬件系统组成

2. GIS 的软件系统

GIS 的软件系统是 GIS 的组成核心，它直接关系到 GIS 的功能。按照 GIS 对数据的采集、加工、管理、分析和表达，可将 GIS 软件系统中与用户有关的软件分为五大子系统，即数据输入和转换、图形及文本编辑、空间数据存储与管理、空间查询与分析及数据输出与表达，如图 7-2 所示。

① 数据输入与转换子系统。

GIS 的数据输入子系统是把现有的外部数据转换成计算机兼容的便于 GIS 系统处理的内部格式的过程。通常，一个比较成熟的 GIS 系统的数据输入与转换功能可由一个单独的基础软件提供，也可直接包含在主操作系统中。比如美国 Caliper 公司研制的 TransCAD 软件就提供了直接连接数字化仪进行地图数字化的功能、转换其他文件格式的地图数据库功能及转入多种数据库文件的功能。此外，在 GIS 的数据输入过程中，可能还要使用包括数据库管理软件、计算机图形处理包、CAD 类软件及图像处理软件等等。

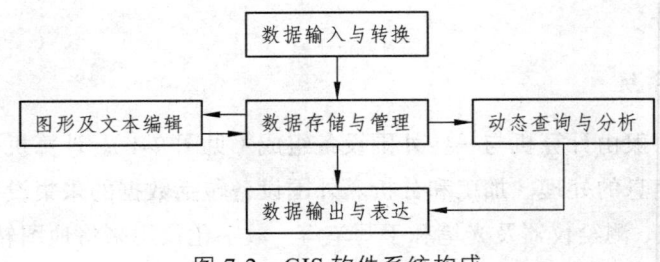

图 7-2 GIS 软件系统构成

数据输入的方式与 GIS 软件本身的功能及所使用的硬件输入设备有关。常用的方式有以下两种。

a. 直接用数字化仪手扶跟踪数字化。通过人工选点或跟踪线段进行数字化，主要用来输入有关地图的点、线、面的位置坐标，以便在仿真系统中准确确定仿真实体的空间位置。

b. 软件自动矢量化。用自动矢量化软件调出扫描后经过误差校正的图片，由计算机自动完成矢量化的过程。有一些由专门的公司开发了扫描自动矢量化软件，这些软件一般提供标准 DXF 矢量文件输出格式供 GIS 系统或其他图形处理软件转入使用。

虽然自动矢量化速度快，省时省力，用它来矢量化图面比较简单的地图还比较适用，如果用它来处理较为复杂的地图就不能胜任了。

② 图形及文本编辑子系统。

GIS 的图形编辑功能是最常用到的功能之一，无论在地图数据的输入过程中还是在以后的编辑过程中都要经常用到。现在的 GIS 软件一般都具有较强的图形编辑功能，而且有些还提供了特色功能。

这里的文本编辑指的是属性数据的输入与编辑，虽然也可在前述的数据输入与转换子系统中完成，但在图形编辑系统中可直接参照图形输入数据，实现图形数据与属性数据的直接连接。GIS 的图形及文本编辑子系统在仿真系统中不仅可以确定仿真系统的空间范围，还可以确定仿真实体的空间位置。

③ 空间数据存储与管理子系统。

数据存储和管理涉及地理元素的位置、空间关系以及属性数据是如何构成和组织的，使其便于计算机管理和系统用户理解。用于组织数据库的计算机系统被称为数据库管理系统（DBMS）。空间数据库的操作包括数据格式的选择与转换、数据查询及数据库连接操作等。在智能交通系统中，GIS 的空间数据存储与管理子系统主要用来存储和调用仿真实体的空间坐标，并支持图形的地物空间显示。

④ 空间查询与分析子系统。

空间查询就是通过在地图上点取相应的地物，就可获得该地物的数据信息。地理信息系统的功能就是建立地物和相应数据信息之间的联系，从而实现既可以根据地物获得其数据信息，也可以根据数据信息在地图上再现相应的地物。GIS 以地图为背景，提供对矢量地图数据的放大、缩小、全图浏览等功能，并配有逐级查询、区域查询、条件查询、模糊查询、路径查询、索引查询等多种快速简便的检索方法。提供这些功能，使得使用者能立刻用它找到所需要的信息。

GIS 的空间查询与分析语言类似于数据库管理系统中常用的 SQL 查询语言，它是对 SQL 语言的补充和扩展，使之支持空间数据库。空间查询与分析包括实体对象的属性分析和实体的空间关系的查询分析。最后以图形的形式反映出其分析结果。

⑤ 数据输出与表达子系统。

GIS 的数据输出与表达是指将 GIS 原始数据或经用户转换、查询、分析及重新组织后的数据以地图、属性表格、统计图及文字等多种形式展示给用户。其输出范围包括在计算屏幕上显示、用绘图仪输出、经网络传输给其他用户或将结果存储于磁盘或光盘中。正是 GIS 的数据输出与表达子系统，才能以二维或三维形式的显示仿真结果。

7.2 交通仿真数据的采集、管理

在交通仿真过程中各种交通信息的收集和管理是交通仿真的核心基础。地理信息系统（GIS）是实现交通信息收集和管理的关键所在。

智能交通仿真系统中的数据采集包括图形数据采集和属性数据采集。图形数据采集实际上就是图形的数字化过程，通常可以采用数字化仪数字化采集或扫描仪扫描输入这两种方式。由于属性数据采集是交通仿真系统的一个显著特点，所以在本文中主要详细论述属性数据采集。

7.2.1 属性数据采集

属性是对物质、特性、变量或某一地理目标的数量和质量的描述指标。在智能交通仿真系统中，属性被视为系统中某一点、点集或特征实体的描述。

仿真系统的属性数据即仿真实体的空间特征数据，一般包括仿真实体的名称、等级、数量代码等多种形式。属性数据的内容有时直接记录在栅格或矢量数据文件中，有时则单独输入数据库存储为属性文件，通过关键码与图形数据相联系。

属性库的属性数据，通过键盘即可直接输入；而要直接记录到栅格或矢量数据文件中的属性数据，则必须先进行编码，将各种属性数据变为计算机可以接受的数字或字符形式，便于仿真系统中的 GIS 存储管理。

下面主要从仿真系统属性数据的编码原则、编码内容、编码方法系几方面加以说明。

1. 编码原则

属性数据编码一般要基于以下几个原则：

（1）编码的系统性和科学性。编码系统在逻辑上必须满足所涉及仿真实体的科学分类方法以体现该类属性本身的自然系统性。另外，还要能反映出同一类型中不同的级别特点。一个编码系统能否有效运作，其核心问题就在于此。

（2）编码的一致性。一致性是指同一类仿真实体的定义必须严格保证一致，对代码所定义的同一专业名词、术语必须是唯一的。

（3）编码的标准化和通用性。为满足仿真系统中各个层面之间能进行有效的信息传输和交流，所制定的编码系统必须在尽可能的条件下实现标准化。

（4）编码的简洁性。在满足国家标准的前提下，每一种编码应该是以最小的数据量载负最大的信息量，这样，既便于计算机存储和处理，又具有相当的可读性。编码的简洁性在仿真系统中体现得最为明显，针对不同层的属性数据，其编码一般都在四位数以内，并尽量简洁，易于存储。

（5）编码的可扩展性。虽然代码的码位一般要求紧凑经济，减少冗余代码，但应考虑到实际使用时往往会出现新的类型需要加入到编码系统中，因此编码的设置应留有扩展的余地，避免新对象的出现而使原编码系统失效，造成编码错乱现象。

2. 编码内容

属性编码，一般包括三个方面的内容：

（1）登记部分：用来标识属性数据的序号，可以是简单的连续编号，也可以根据仿真实体的不同属性来划分层次进行顺序编码。

（2）分类部分：用来标识仿真实体属性的地理特征，可采用多位代码反映多种特征。

（3）控制部分：通过一定的查错算法，用来检查编码、录入和传输中的错误，在属性数据量较大的情况下具有重要意义。

3. 编码方法

编码的一般方法是：

（1）列出全部仿真实体清单。

（2）制定实体分类、分级原则和指标将仿真实体进行分类、分级。

（3）拟定分类代码系统，即根据仿真实体不同的属性，制定不同的编码系统。

（4）设定仿真实体代码及其格式。

（5）建立仿真实体的代码和编码实体对照表，这是编码最终成果档案，是数据输入计算机进行编码的依据。

属性的科学分类体系无疑是仿真系统中属性编码的基础。目前常用的编码方法有层次分类编码法与多源分类编码法两种基本类型。

层次分类编码法是以仿真分类实体的从属和层次关系为排列顺序的一种编码方法。它的优点是能明确表示仿真分类实体的类别，代码结构有严格的隶属关系。图 7-3 以土地利用类型的编码为例，说明层次分类编码法所构成的编码体系。

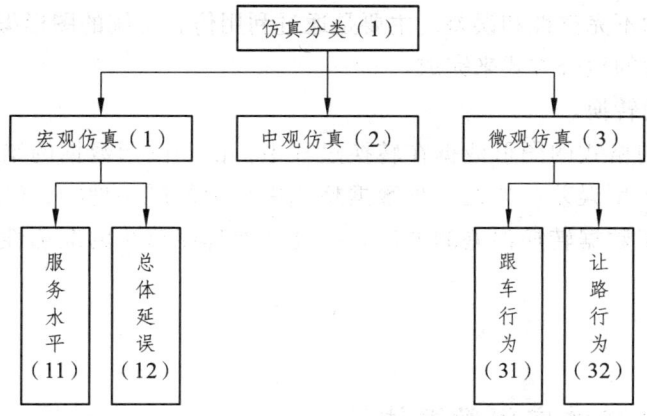

图 7-3 土地利用类型编码（层次分类法编码）

多源分类编码又称为独立编码法，是指对于一个特定的仿真分类目标，根据诸多不同的分类依据分别进行编码，各位数字代码之间并没有隶属关系。该种编码方法具有较大的信息载量，有利于对于仿真系统空间信息的综合分析。

4. 空间数据的编辑与处理

（1）误差或错误检查与编辑。

在仿真系统中，图形矢量数字化或扫描数字化获取原始空间数据以及录入属性数据的过程中，都可能出现误差和错误。

① 仿真实体空间数据不完整或重复：主要包括仿真过程中点、线、面数据的重复或丢失，区域中点的遗漏，栅格数据矢量化时出现断线等。

② 仿真实体空间位置不准确：主要表现在空间点位不准确、线段过长或过短、线段断裂、相邻多边形结点不重合等。

③ 仿真实体数据的比例尺不准确。

④ 仿真实体空间数据的变形。

⑤ 仿真实体属性数据的不完整及录入中的人为错误。

要有效地消除仿真系统中出现的误差和错误，通常采用以下几种方法：

① 对照法。对照就是指把数字化的地图以与纸质地图相同的比例尺打印出来，通过叠加的方式进行对照检查，将数字化过程中遗漏、位置偏移的地方标注出来，以便进行纠正和完善。

② 目视检查法。操作人员直接在电脑屏幕上反复对数字化的地图数据进行检查，对数字化过程中线段过长或过短、线段断裂、相邻多边形结点不重合的地方进行修改纠正。此法是目前仿真系统常用的检查方法。

③ 拓扑分析法。现在很多仿真软件都提供了空间拓扑分析功能，方便用户对仿真系统中的空间数据进行拓扑错误检查和处理，包括：去除冗余顶点、悬线、重复线；碎多边形的检查、显示和清除；节点类型识别（普通节点、假节点和悬节点）；弧段交叉和自交叉；长悬线延伸；假节点合并；多边形建立；网络关系建立。

对于空间数据的不完整性和误差，主要是通过利用仿真系统的图形编辑工具，如编辑、修改等功能通过人为的检查方式来完成。

（2）数据格式的转换。

仿真系统中不同格式的图形数据在转换过程中，由于图形数据的结构表示方法及转换算法不尽相同，会产生误差。如在一种数据格式中显示的同一地物，经转换后其地理位置可能发生偏移。纠正数据转换误差的方法是提高转换程序算法的准确性和对数据结构表示的兼容性。

7.3 交通仿真系统的空间数据结构

作为宏观交通仿真重要平台的地理信息系统，为交通需求模型提供了具有形成数字化地图能力、地理数据库管理、自动生成图表及应用高级交通研究和统计模型的一系列功能。仿真交通需求是一项艰巨的任务，所以需要合理地规划和评价交通系统。在地理信息系统（CIS）

中，数据信息一般都与点层、线层和面层的地物相关联。这些数据结构通常代表出行产生点、路网和小区边界。在实际交通仿真应用中需要对该类地物进行修正，以便正确处理交通网络、路线和流量矩阵，为 GIS 平台提供更广阔的空间来维护和应用交通仿真数据信息。

从结构上看，宏观交通仿真软件中的地理信息系统主要由两部分组成：一是桌面地图系统，以不同的比例来显示所设计的地域地图及其上的各种标志，以实现基于实际地理位置的，能在地图系统内显示并且是人机交互的定位；二是系统内建立的或是外联的数据库，其上存有各种特征点、线、面及各种标志的相关数据。只要在计算机上通过点击地图上的点、线、面即可获得相对应的数据信息，而且通过数据查询也可以再显示相应的地点、区域及其客观存在的相关内容。仿真系统中仿真实体的属性数据存储在 GIS 的空间数据结构中。

地理信息系统（GIS）技术在路网分析和准备数据连接工作中具有重要作用。因为地理信息系统（GIS）数据库描述了路网中路段和交叉口的位置，所以这些数据可以直接输出而并不需要复杂的编码。在宏观交通仿真软件中，路网的每个节点通过各自的地理坐标来表示其具体位置，而不是随意地采用直角坐标系。

7.3.1 系统坐标系的建立

建立地理空间坐标系，主要是确定仿真实体的空间位置，也就是求出仿真实体与大地水准面的关系，它包括仿真实体在大地水准面的平面位置及其相对高度。

确定仿真实体在仿真系统中的空间位置，最直接的方法就是用地理坐标（经度、纬度）来表示。根据地理坐标系，仿真系统中任何一点的位置均可由该点的经度和纬度来确定。但是地理坐标是一种球面坐标，难以进行距离、方向、面积等参数的计算。为此，最好把仿真系统中的点表示在平面上，采用平面坐标系（笛卡尔平面坐标系）。所以，要用平面坐标表示仿真系统中的任何一点的位置，首先要把曲面展开为平面。但是由于地球表面是不可展开的曲面，也就是说地球表面上的各点不能直接表示在平面上，因此必须运用地图投影的方法，建立地球表面和平面上点的函数关系，即在地球表面上任何一个由地理坐标（Φ，λ）确定的点，在平面上必须有一个和它相对应的点。地理坐标和直角坐标的变换关系式如下：

$$\begin{cases} X = a\cos\Phi\cos\lambda \\ Y = a\sin\Phi\sin\lambda \end{cases}$$

式中　　X——平面直角坐标系横坐标。

　　　　Y——平面直角坐标系纵坐标。

　　　　Φ——经度。

　　　　λ——纬度。

地图投影变换引起了仿真实体空间要素在平面形态上的变化，包括长度变化、方向变化和面积变化。但是平面直角坐标系却建立了对仿真系统空间良好的视觉感，易于进行距离、方向、面积等空间参数的量算，以及进一步的空间数据处理和分析。长期以来，人们主要考虑了二维空间的理论问题，至于三维地理信息系统中所涉及的空间，则是在上述笛卡尔平面直角坐标系上加上第三维 Z，并假设笛卡尔平面是处处切过地球旋转椭球体的，这样 Z 就代表了地面相对于该旋转椭球体表面的高程。但我们研究的区域较小时，地球曲率可以忽略不计，并且这些假设可以提供良好的近似值。

7.3.2 系统的地理空间描述

地图是现实世界的模型，它按照一定的比例、一定的投影原则，有选择地将复杂的三维现实世界的某些内容投影到二维平面媒介上，并用符号将这些内容要素表现出来。仿真系统就是通过地图来描述其系统仿真实体的。仿真系统中各种内容要素之间的关系，是按照地图投影建立的数学规则，使现实的交通系统中各点和地图平面上的相应各点保持一定的函数关系，从而在地图上准确地表达仿真系统中各要素的关系和分布规律，反映它们之间的方向、距离和面积。

在交通仿真系统中，将仿真实体分为点、线、面三种要素，分别用点状、线状、面状符号来表示。具体分述如下。

1. 点状要素

仿真系统中地图上真正的点状地物很少，一般都占有一定的面积，只是大小不同。这里所谓的点状要素，是指那些占面积较小，不能按比例尺表示，又要定位的地物。因此，面状地物和点状地物的界限并不严格。如道路网中的平面交叉口及交通环岛，在大、中比例尺地图上被表示为面状地物，而在小比例尺上则表示为点状地物。

点状地物的数量和特征，用点状符号表示。通常用点状符号的形状和颜色表示质量特征，以符号的尺寸表示数量特征，将点状符号定位于仿真实体所在的相应位置上。图 7-4 为常用的几种点状符号。

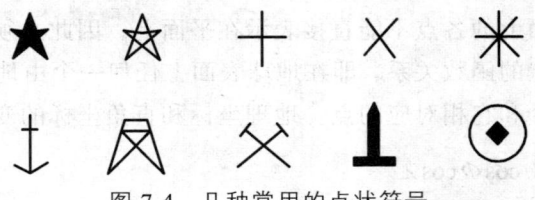

图 7-4　几种常用的点状符号

2. 线状要素

仿真系统中呈线状或带状的地物如交通线、河流、境界线、构造线等，在地图上均用线状符号来表示。当然，对于线状和面状实体的区分，也和地图的比例尺有很大的关系。如红线较宽的道路在小比例尺的地图上，被表示成线状地物，而在大比例尺的地图上则被表示成面状地物。通常用线状符号的形状和颜色表示质量的差别，用线状符号的尺寸变化（线宽的变化）表示数量特征。图 7-5 是仿真系统中几种常用的线状符号。

3. 面状要素

面状分布的地理地物很多，其分布状况并不一样，有连续分布的，也有不连续分布的。

它们所具有的特征也不尽相同，有的是性质上的差别，也有的是数量上的差异。因此，表示它们的方法也不尽相同。

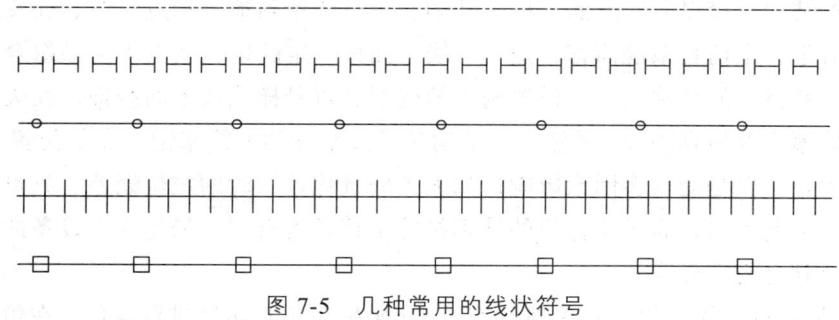

图 7-5　几种常用的线状符号

不连续分布或连续分布的面状地物的分布范围和质量特征，一般可以用面状符号表示。符号的轮廓线表示其分布位置和范围，轮廓线内的颜色、网纹或说明符号表示其质量特征。具体方法有范围法和质底法。例如在描述交通小区各种类型用地面积图中，描述的是一种不连续分布的面状地物，在地图上通常用地类界与底色、说明符号以及注记等配合表示交通小区各种类型的土地利用情况。

但连续分布的面状地物的数量特征及变化趋势，常常可以用一组线状符号——等值线表示，如等温线、等高线等，其中等高线是宏观仿真系统中 GIS 建库中经常用到的一种数据表示方式。等值线的符号一般是细实线加数字注记。等值线的数值间隔一般是常数，这样就可以根据等值线的疏密，判断制图对象的变化趋势或分布特征。等值线法适合于表示地面或空间呈连续分布且逐渐变化的仿真实体。

通过地图符号形状、大小、颜色的变化及地图注记对这些符号的说明、解释，不仅能表示仿真实体的空间位置、形状、质量和数量特征，而且还可以表示各仿真实体之间的相互联系，如相邻、包含、连接等。

地图是仿真实体的载体，具有存储、分析与实现地理信息的功能，因其直观、综合的特点，使仿真效果更加形象、生动、逼真。但是现在的宏观仿真主要还是建立在二维仿真系统之上的。随着人们对仿真质量、效果和精确度的提高，再加上计算机技术的飞速发展，使得建立三维宏观仿真系统成为可能。

7.3.3　仿真系统的空间数据结构

数据结构指数据组织的形式，是适合于计算机存储、管理和处理的数据逻辑结构。仿真系统的 GIS 与其他的一些处理日常事务的信息系统如银行管理系统、图书检索系统等不同，数据结构相当复杂，必须包括坐标位置、可能的拓扑关系、仿真对象的特征等。

仿真系统中的 GIS 数据结构主要有两种类型：基于矢量（图形）的数据结构和基于栅格（图像）的数据结构。现代的一些仿真系统中结合了两种数据结构，或采用了混合数据结构和栅格一体化的数据结构。

1. 矢量数据结构

（1）矢量数据及相关概念。

矢量数据结构直接以取样点的坐标为基础，尽可能精确地表示点、线、面（多边形）等仿真实体。对于一个仿真系统而言，把点、线、面按一定的位置及上下关系组合在一起，再适当地增加一些目标的名称注记，设置输出的线型、符号样式及图面修饰，在矢量输出设备上可得到比较逼真的仿真画面。虽然矢量结构是通过坐标的方式来记录点的位置、线的长度、面的面积和周长，但是受很多因素影响，如人工矢量化地图时的定位误差、矢量化区显示构成曲线的点不可能太多、表示坐标值的计算机的字符长度有限、矢量输出设备的精度等等，不可能完全对其进行精确表达。

① 点实体：点实体是用一对单独的 (x, y) 坐标对仿真实体进行定位。在仿真系统中的矢量数据结构中，除点实体的坐标外，还应存储其他一些与点实体有关的数据来描述点实体的类型、制图符号和显示要求等。点是空间上不可再分的地理实体，它可以是具体的也可以是抽象的，如路网节点、仿真实体出发点及到达点和文本位置点等。如果点是一个与其他信息无关的符号，则记录应包括符号的类型、方向、大小等有关信息；如果点是文本实体，记录的数据应包括字符的大小、字体类型、排列方式、方向以及与其他非图形属性的联系方式等信息。

② 线实体：仿真系统中的线实体代表仿真载体的各个单元，是由线段元素组成的各种线性要素。直线元素由两对以上的 (x, y) 坐标定义：

线：$(x_1, y_{11}), (x_2, y_{22}), (x_3, y_{33}), \ldots, (x_n, y_{nn})$

最简单的线实体只存储它的起点和终点的坐标、属性、显示符等有关数据。例如，线实体输出对可能用实线或虚线描绘，这类信息属符号信息，它说明线实体的显示方式。虽然线实体并不是以虚线存储，但只要在数据结构中描述了线型，在显示和输出时就可为虚线。

复杂的线实体，如弧、链等，是 6 个坐标对的集合。这些坐标对的集合可以描述仿真系统中任何连续而又复杂的曲线。组成曲线的线段元素越短，用于描述的 (x, y) 坐标对就越多，就越接近于一条复杂曲线。为了节省存储空间，同时也为了能较精确地描绘曲线，唯一的方法是增加数据处理工作量，即在线实体记录中加入一指示字，当起动显示程序时，这个指示字告诉程序需要数学内插函数（如样条函数）来加密数据点且与原来的点匹配，于是能在输出设备上得到较为精确的曲线。弧和链的存储记录中也要加入线的符号类型（线型）等信息。

③ 面实体。面实体（也称多边形或区域）用坐标对表示的方法为：

面：$(x_1, y_1), (x_2, y_2), (x_3, y_3), \ldots, (x_n, y_n)$

对仿真系统中的面实体而言，其最末一点的坐标与第一点的坐标相等。面实体的矢量编码，不但要表示位置，更重要的是能表达仿真区域的拓扑关系，如形状、邻域和层次结构等。由于要表达的信息十分丰富，基于面的运行多而复杂，因此面实体的矢量编码要比点和线的实体编码复杂得多，也更为重要。

（2）矢量数据的编码及有关问题。

矢量数据的编码相对比较简单，它主要是通过记录坐标点的数值来实现，但是有以下要注意的问题：

① 参照系：在表达一个坐标时，如果不指明参照系，其数值是毫无意义的。例如在解析几何中，有两种常见的坐标系：平面直角坐标系和极坐标系，在这两种坐标系中，其坐标数值的意义是完全不同的。在仿真系统的 GIS 中，这样的问题同样存在。因为地球是一个不规则的椭球体，而在 GIS 中，地理实体要表现在二维的平面直角坐标系中需要投影变换，目前有上百种投影方式，并且描述地球椭球体的参数也不一致。所以为了使仿真系统中各种矢量数据的坐标具有可比性，需要针对不同的参照系进行坐标变换。目前，在仿真系统中常采用的坐标记录方式是经纬度坐标，而在较大（大于等于 1：100 万）比例尺寸，采用高斯-克吕格投影的地形图中采用的公里网坐标。

② 非空间数据：上面提到仿真实体的空间属性和非空间属性，非空间属性数据一般是结构化的，可以利用关系型数据库进行管理，而空间属性数据通常采用文件进行管理，其间的连接通过编码来实现。例如，在点矢量文件中，可以为一个点实体，如华山路——长江路交叉口，编码为 15。在存储非空间数据的数据表中，必然存在一个字段，如"编码"，描述了编码属性。如果该数据表中某一条记录的"编码"字段数值为 15，则该记录就是华山路——长江路交叉口的左转、右转和直行的交通量等属性数值。

现在，随着数据库理论的发展，特别是面向对象数据库技术的研究和应用，越来越多的 GIS 平台软件倾向于将空间数据和非空间数据在数据库中进行一体化的管理；以支持数据的分布，并增强系统的适应能力。

③ 面实体的记录编码：如上所述，在仿真系统中，面实体是通过记录边界来进行编码存储的，而边界是封闭的环形，所以直接记录环上点的坐标即可。另外在仿真系统的特殊情况下，面实体常常会有"洞"情形存在，这就要求编码时记录多个环，并且加以区分。

基于弧段的多边形编码描述了面状地物的相邻关系，所以也称为拓扑结构，而基于环的则被称为非拓扑结构。在实现拓扑多边形编码时最大的问题是建立和维护拓扑关系。目前拓扑生成算法已经成熟，不同的系统之间根据不同的需要，拓扑结构的具体实现略有差异。

2. 栅格数据结构

（1）栅格数据结构的相关概念。

栅格结构是最简单、最直观的空间数据。仿真系统中 GIS 的数据很大部分来自数字摄影和扫描地图，这些都是基于栅格形式的。栅格数据模型用规则的正方形或者矩形栅格组成，每个栅格或者像素的位置由栅格所在的行列号来定义,栅格的数值为栅格所表达的属性值（图 7-6）。栅格数据可称为"属性明显，位置隐含"的空间数据表达方式。

每个栅格代表了仿真系统中的一个区域。一个栅格代表的仿真区域越小，数据越精确，数据量就越大。栅格单元的大小被称为数据的分辨率。在仿真系统中的栅格数据模型中，栅格点的数值含义由用户定义。一般来讲，其包含两种含义：一种是实际测量的数值，如道路长度、小区面积等；另一种是代表某种类别的编码，如各种类型的土地利用等。

1	1	1	1	3	3
1	1	1	1	3	3
1	1	1	1	3	3
1	1	1	1	3	3
2	1	2	3	3	3
2	2	2	3	3	3
2	2	2	2	3	3
2	2	2	2	2	3

图 7-6　栅格数据结构

（2）栅格数据的编码记录方式。

由于栅格数据在记录时，相对占用的空间较大，所以在进行存储记录时，往往需要进行数据压缩。从另一个角度讲，我们日常接触的仿真图像也是栅格数据，不同的图像格式如 GIF、JPEG 等，分别对应着不同的数据压缩方式。栅格数据的压缩可分为有损压缩和无损压缩两种，在仿真系统的 GIS 中，通常采用无损压缩的编码方式。

在各种栅格数据编码方式中，直接栅格编码是最简单、最直观的方法。利用该编码时，不对栅格数据进行任何压缩，而直接将栅格数据看作一个矩阵，逐行逐个记录代码。为了对栅格数据进行压缩，又存在着多种编码方式，如链式编码、游程长度编码、块式编码、四叉树编码等等，它们对于某些特定的栅格数据，可以达到比较高的压缩比率。上述编码方式中，四叉树编码由于便于建立空间索引，从而实现栅格矢量数据的综合分析，所以是仿真系统中常用的编码方式。

3. 矢量和栅格数据结构的数据转换

GIS 要求同时支持矢量结构和栅格结构，但是要建立同时基于这两种数据结构的空间分析模型是困难的，这就要求进行数据转换。目前矢栅转换的算法已经成熟，包括矢量转栅格算法和栅格转矢量算法。

对于仿真系统中的点实体，每个实体用一个坐标对表示，其矢栅转换主要是坐标精度问题。线实体在由矢量结构转换为栅格结构时，除了计算曲线上节点外，还要通过直线方程计算相邻两点间的栅格点坐标；线实体的由栅格向矢量的转换类同于多边形的由栅格向矢量的转换。因此，下面着重讨论多边形的矢栅转换。

（1）矢量数据向栅格数据转换。

多边形的矢量向栅格的转换又称为多边形填充，就是在矢量表示的多边形内部的所有格点上赋予正确的多边形编号，形成栅格数据阵列。常用的多边形填充算法有内部扩散算法、复数积分算法、射线算法、扫描算法等等，这些算法一般速度较慢，效率不高。目前在仿真系统中的 GIS 都采用边界代数算法。

使用边界代数算法进行多边形填充时，需要建立完整的拓扑结构，并且每一条弧段都记录了其相邻多边形的编码数值（左右码）。其算法流程如图 7-7 所示。该算法速度较快，占用计算机资源少，是一个比较优秀的多边形填充算法。

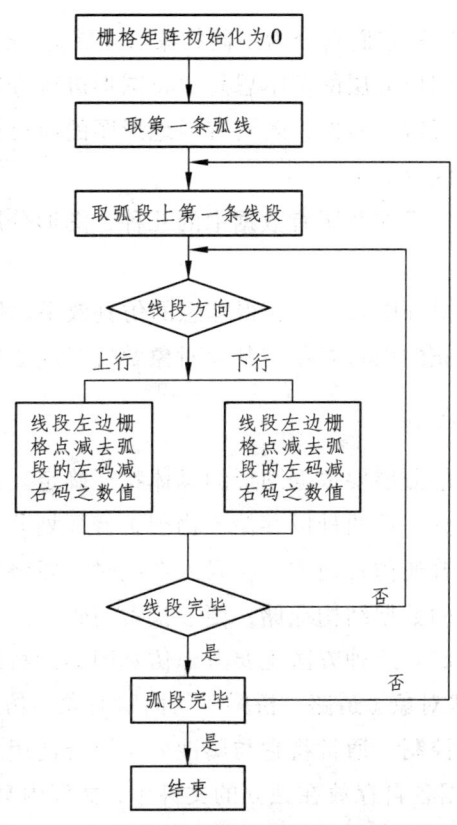

图 7-7　矢量数据向栅格数据转换算法流程

（2）栅格数据向矢量数据转换。

多边形栅格格式向矢量格式的转换，就是提取以相同编码的栅格集合表示的多边形区域的边界，并且建立拓扑关系。通常栅格格式向矢量格式的转换包括以下四个基本步骤：

① 多边形边界提取：将栅格图像二值化或者以特殊数值表示边界点和节点。

② 边界线追踪：对每个边界弧段从一个节点向下一个节点搜索，直到连接成为边界弧段。

③ 拓扑关系生成：对于矢量边界弧段，判断某与原图上多边形的空间关系，形成完整的拓扑结构。

④ 去除冗点，删除栅格数据引起的锯齿效果，平滑曲线。

7.3.4　仿真系统中空间数据的组织方法

仿真系统中与一般的应用系统不同，大量的基础数据在建立信息系统时就需要录入，系统运行过程中将有新的数据在这些数据的基础上生成。包含大量的图形数据是仿真系统的另一个显著特点。由于图形数据本身的特点，系统的数据组织与纯属性数据的组织有很大不同。尽管各种仿真软件的底层数据结构千差万别，但应用开发中图形数据的组织却有相同之处。

1. 图形数据分层的思想与作用

按图形对象的属性、类型将它们划分为不同的集合（层），显示时叠置在同一界面上，仍给人以一张图的印象，这是图形分层的基本思想。将图形进行分层有以下优点：

（1）使数据的含义明确可辨。显然，若将普通地形图的所有信息存储在一个文件（层）中，数据会变得混杂而难以区分。

（2）若被分析处理的数据只涉及所有数据中的几种，图形分层可以减少内外存数据交换量，提高系统仿真效率。

（3）在某些情况下，数据分层后容易获得理想的仿真效果。例如在仿真系统中的 GIS 不提供透视功能的时候，将填充的面状对象与其他对象叠置时就必须考虑面覆盖的问题。

2. 图形数据分层的方法

仿真系统中图形数据如何分层要根据图形的具体特征确定。在下面介绍的 4 种方法中，前两种以图形的逻辑特征划分，后两种以存储（物理）特征划分。

（1）以属性分层。例如普通仿真地图，在录入系统时一般将各类要素分层，其属性数据可以用基于关系数据库模型的数据结构存储，便于检索与管理。

（2）以图形对象类型分层。这种方法主要考虑仿真图形的特点，如将点状对象（仿真实体出发点、路网节点）、线状对象（道路、桥梁）与面状对象（仿真区域、各类用地）分层存放，从而使图形的显示容易控制。通常将它与属性分层综合使用。

（3）独立存储。各层数据各自存放在独立的文件中，文件内只包含具有相同属性的数据，易于管理。例如：TransCAD 系统中一个图（Map）可由多个层（Layer）组成，但每一个层均由一个单独的存储文件与之对应。独立存储是仿真软件在数据存储过程中常用的方法。

（4）混合存储。一个文件存放多层数据，系统在内部提供分层管理机制，有时即使系统平台没有这种内部分层机制，为了操作的方便也需编制程序根据属性特征将图形分层。混合存储可以减少图形文件的数量。

7.4 交通仿真系统中空间信息基本分析方法

地理信息系统（GIS）是综合处理和分析空间数据的技术系统。它集成了多学科的最新技术，如关系数据库管理、高效图形算法、插值、区划和网络分析，为空间分析提供了强大的工具，使得过去复杂困难的高级空间分析任务变得简单易行。目前空间分析已成为地理信息系统的核心功能之一，它特有的对地理信息（特别是隐含信息）的提取、表现和传输功能，是 GIS 区别于一般信息系统的主要特征。在交通仿真系统中，根据作用的数据性质不同，空间分析可以分为叠置分析、网络分析和统计分析。

7.4.1 叠置分析

叠置分析是将两层或多层地图要素进行叠加产生一个新要素层的操作，其结果是将原来要素分割生成新的要素，新要素综合了原来两层或多层要素所具有的属性。也就是说，叠置分析不仅生成了新的空间关系，还将输入数据层的属性联系起来产生了新的属性关系。叠置分析是对新要素的属性按一定的数学模型进行计算分析，进而产生用户需要的结果或回答用户提出的问题。

1. 多边形叠置

多边形叠置过程是将仿真系统两层中的多边形要素叠加，产生输出层中的新多边形要素，同时它们的属性也将联系起来，以满足建立仿真分析模型的需要。一般仿真软件的 GIS 都提供了三种多边形叠置：

（1）多边形之和（Union）：输出保留了两个输入的所有多边形。
（2）多边形之积（Intersect）：输出保留了两个输入的共同覆盖区域。
（3）多边形叠合（Identity）：以一个输入的边界为准，而将另一个多边形与之相匹配，输出内容是第一个多边形区域内两个输入层的所有多边形。

多边形叠置是个非常有用的分析功能。例如，机动车仿真区域和仿真范围叠加，结果表示了单位面积及其对应的机动车数，由此就可以查到作为仿真范围新属性的重叠机动车仿真区域的机动车数。

2. 点与多边形叠加

点与多边形叠加，实质是计算包含关系，叠加的结果是为每点产生一个新的属性。例如，路网节点与仿真区域叠加，可找到包含路网节点的出行区域。

3. 线与多边形叠加

将多边形要素层叠加到一个线段层上，以确定每条线段（全部或部分）都是落在哪个多边形内。

7.4.2 网络分析（Network Analysis）

对地理网络（如交通网络）、城市基础设施网络（如各种网线）进行仿真分析和模型化，是仿真系统 GIS 中网络分析功能的主要目的。网络分析是运筹学模型中的一个基本模型。它的根本目的是研究、筹划一项网络工程如何安排，并使其运行效果最好，如一定资源的最佳分配，从一地到另一地的运输费用最低等。其基本思想则在于人类活动总是趋向于按一定目标选择达到最佳效果的空间位置。在仿真系统中，网络分析主要用来确定仿真实体的运行路线及分析在此路线上产生的仿真效果。网络中的基本组成部分和属性如下：

链（links）：网络中仿真实体的运行路线，如道路、桥梁等。其状态属性包括阻力（Impedence）和需求（Demand）。

障碍（Barrier）：网络中链上禁止仿真实体运行的点。

拐角点（Turns）：出现在网络链中所有的分割节点上。状态属性有阻力，如拐弯的时间限制（运行延误）和转向限制（如不允许左转）。

中心（Center）：是仿真实体出发或到达的位置，如各交通小区形心等。其状态属性包括资源容量（如路段通行能力）、阻力限额（如中心与链之间的最大距离或时间限制）。

站点（Stops）：在路径选择中资源增减的站点，如库房、汽车站等。其状态属性有要被运输的资源需求，如产品数。

网络中的状态属性有阻力和需求两项，实际的状态属性可通过空间属性和状态属性的转换，根据实际情况赋到网络属性表中。

1. 路径分析及其算法实现

在宏观交通仿真模型中，对每一辆在仿真系统运行的车辆，都要产生一个运行时间及相应的特征参数。宏观仿真通常都是用于道路网的交通状态研究的，车辆特征参数通常包括每辆车的出行目的和行使路线。车辆的出行目的可以从随时间变化的 OD 矩阵中获得，而行驶路线则通过路径分析法计算得到的。

路径分析是 GIS 空间分析最基本的功能，其核心是对最短路径、最佳路径的求解。从网络模型的角度看，路径网络分析是运筹学模型中的一个基本模型，它的根本目的是研究、筹划网络工程的安排，并使其运行效果达到最好。为了进行网络路径分析，需要将网络路径转换成有向图。通常的路径分析分为以下几种：

（1）静态求最佳路径分析。

此种路径分析方法由用户确定权值关系，即给定每条路段的属性，当需求最佳路径时，读出路径的相关属性，求出最佳路径。

（2）动态分段技术。

给定一条公路由多段路段组成，要求标注出这条路径上的公里点或定位某一公路上的某一点，标注出该条公路上从某一公里数到另一公里数的路段。

（3）N 条最佳路径分析。

确定起点、终点，求代价较小的 N 条路径。因为在实践中往往仅求出最佳路径并不能满足要求，可能因为某种因素（道路拥挤）不走最佳路径，而走近似最佳路径。

（4）最短路径。

确定起点、终点和所要经过的中间点、中间连线，求最短路径。

（5）动态最佳路径分析。

实际网络分析中权值是随着权值关系式变化的，而且可能会临时出现一些障碍点，所以往往需要动态地计算最佳路径。

无论是计算最短路径还是最佳路径，其算法都是一致的，不同之处在于有向图中每条弧的权值设置。如果需要计算最短路径，则权值设置为两个节点的实际距离；而要计算最佳路径，则可以将权值设置为从起点到终点的时间或费用。下面以最短路径为例进行路径分析算法设计。

① 设 $G = (P, E, Q)$ 为一具有 7 个节点的赋值有向图（图 7-8）。其网络图可用带权的邻接矩阵 Q 来表示，$Q[i, j]$ 表示弧（p_i, p_j）的权值，如果 p_i 到 p_j 不连通，则 $Q[i, j] = \infty$。又设辅助向量 D，每个分量 $D[i]$ 表示从起始点到每个终点 P_i 的最短路径长度。假定起始点在有向图中的序号为 i_1，并设定该向量的初始值为：$D[i] = Q[i_1, i]$。令 S 为已经找到的从起点出发的最短路径的终点的集合。

② 选择 P_j，使得 $D[j] = \text{Min}\{D[i]|P_i \in P - S\} P_i \in P$。$P_j$ 就是当前求得的一条从 P_{i1} 出发的最短路径的终点，令 $S = S \cup \{P_j\}$。

③ 修改从 P_{i1} 出发到集合 $P-S$ 中任意一顶点 P_k 的最短路径长度。如果 $D[j] + Q[j, k] < D[k]$，则修改 $D[k]$ 为：$D[k] = D[j] + Q[j, k]$。

④ 重复第 B、C 步操作共 6 次，由此求得从 P_{i1} 出发的到图上各个顶点的最短路径是依路径长度递增的序列。

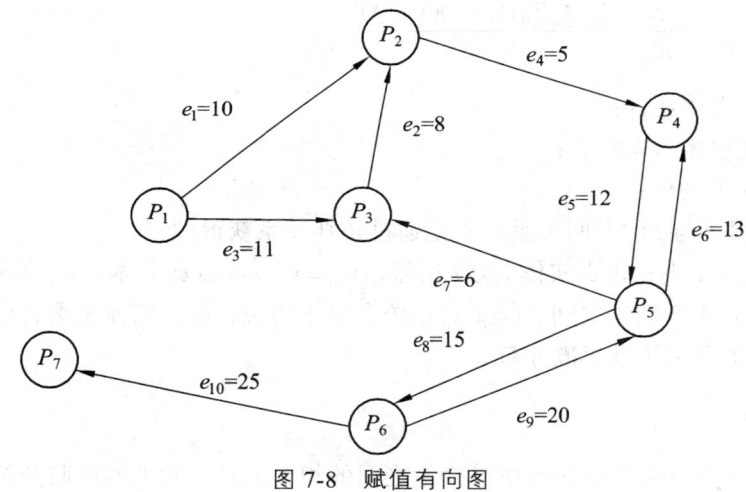

图 7-8 赋值有向图

2. 地址匹配和资源分配

地址匹配实质是对仿真系统中仿真实体位置的查询，它涉及地址的编码（Code）。地址匹配与其他网络分析功能结合起来，使可以满足仿真系统中非常复杂的仿真分析要求。所需输入的数据，包括地址表和仿真范围内的街道网络及待查询地址的属性值。

仿真系统中的资源分配网络模型由中心点（分配中心）及其状态属性和网络组成。分配有两种方式：一种是由分配中心向四周输出；另一种是由四周向中心集中。这两种分配方式可以解决资源的有效流动和合理分配，其在仿真系统网络中的应用与区位论中的中心地理论类似。在资源分配模型中，研究区可以是机能区（根据网络交通流的阻力等来研究中心的吸引区，为网络中的每一连接寻找最近的中心，以实现最佳的服务），还可以是指定的可能的区域。资源分配模型可用来计算仿真中心地的等时区、等交通距离区、等费用距离区等。

7.4.3 空间统计分析（Spatial Analysis）

统计分析是仿真分析中比较重要的分析方法。因为仿真系统中的许多数据需要用统计分析的方式来划分属性，从而把分类属性数据与相应图层连接，最终指导仿真实体的运行活动。在仿真系统中，常用的统计分析方法有下列四种：

1. 常规统计分析

常规统计分析主要完成对仿真实体属性数据集合的均值、总和、方差、频数、峰度系数等参数的统计分析。

2. 仿真实体自相关分析

仿真实体自相关分析是认识仿真实体空间分布特征、选择适宜的空间尺度来完成空间分析的最常用的方法。目前，普遍使用仿真实体空间自相关系数——Moranl 指数，其计算公式如下：

$$I = \frac{N}{W_{ij}} \times \frac{\sum\sum W_{ij}(x_i - x)(x_j - x)}{x_i - x}$$

式中　N——仿真实体数目；
　　　x_i——仿真实体的属性值；
　　　$\bar{x}$——x_i 的平均值；
　　　W_{ij}——实体 i 与 j 的空间关系，它是通过拓扑关系获得的；
　　　W_{ij}——$W_{ij} = 1$ 表示仿真实体 i 与 j 相邻，$W_{ij} = 0$ 表示仿真实体 i 与 j 不相邻；
　　　i——其值介于 0 和 1 之间，$i = 1$ 表示仿真自正相关，仿真实体呈聚合分布；$i = 0$ 表示仿真自负相关，仿真实体呈离散分布。

3. 回归分析

回归分析用于分析两组或多组仿真变量之间的相关关系。常见的回归分析方程有线性回归、指数回归、对数回归、多元回归等。

4. 趋势分析

趋势分析指通过数学模型模拟仿真系统中的仿真实体分布与时间过程，把仿真实体分布的实测数据点之间的不足部分内插或预测出来。

总之，GIS 技术在交通仿真中是一门相当重要和实用的技术。它基于地理空间数据管理，以道路交通网的地理位置为坐标，将道路交通特性数据与地理空间数据相结合，形成一个完整的、多层次的空间数据库，并建立相关模型的知识库。它还可以作为一种交通信息的查询工具。运用 GIS 数据库和工具实现的动态地图可以完成多种功能，包括数据采集与编辑、地理数据库管理、空间查询和分析以及地形分析等。

随着地理信息系统（GIS）技术的日臻成熟以及计算机操作系统的不断更新和完善，GIS 技术在交通仿真系统中将会得到越来越广泛的应用。

8 交通运输安全技术的应用

8.1 基于 GPS 技术的营运车辆监控调度系统

8.1.1 营运车辆监控调度系统功能要求

1. GPS 车辆监控调度系统的功能要求

（1）车辆定位监控功能。

监控中心能实时接收车辆当前定位信息，能在相应的电子地图上实时显示车辆的位置和运行状态信息，如：车速、经度、纬度、时间等，并在电子地图上以车型图标的形式表现出行车方向；必要时可对车辆进行实时跟踪监控。

车载终端的定位信息回传时间间隔要求：常规监控时应能达到不大于 1 min（GSM、GPRS、CDMA 状态），特定监控时应能达到不大于 5 s（GPRS、CDMA 状态）和不大于 20 秒（GSM、CDMA 状态）。

（2）车辆调度功能。

监控中心可通过语音通话或信息指令对所有或特定车辆进行实时调度。

（3）通话定位功能。

监控中心与车载终端应能进行语音、数据并传和互传，在通话的同时可随时获取该车的当前位置，以便在通话过程中指挥调度车辆行驶。

（4）报警功能。

监控中心可实时接收车载终端上传的各种报警信息，并能自动显示报警的车辆和报警车辆的类型等相关信息。

（5）自动漫游功能。

车载终端的通信模块应能自动实现全国漫游。

（6）断点续传功能。

车辆通过信号盲区时，车载终端应能记录和存储车辆的运行轨迹数据，当通信信号恢复后，终端可自动完成数据续传。

（7）轨迹存储、回放、打印功能。

所有车辆的运行轨迹数据应进行存储，能对任一车辆的运行轨迹进行回放、打印。

（8）故障判断功能。

车载终端设备出现故障或操作出现错误应能自动判断并上传一条告警信息。车载终端超过预定的时间无信息回传，监控中心应能进行自动记录并显示提示信息。

（9）兼容功能。

系统应支持 GSM、GPRS、CDMA 等不同的通信方式，能兼容不同厂牌或不同型号的

GPS 车载终端。

（10）接口开放功能。

监控中心应提供开放的通信接口，以方便行业管理部门、客户对车辆进行监控或与其他系统进行数据交换，实现监控信息共享。

2. 营运车辆管理系统功能要求

（1）营运线路设定功能。

能对任一营运线路进行特定条件的设定，设定的信息应包括：车辆的行驶路线、不同等级路段的限速值、中途停靠（休息或配客）站点、允许行驶的时间等。

（2）营运线路编辑功能。

所有营运线路的相关设定应预先进行编辑，并建立营运线路数据库，当车辆的营运线路需变更时，应能在监控中心通过系统软件或无线通信的方式进行更改。

（3）自主监控和预警功能。

应能对所有在网的营运客车按营运线路的特定要求进行自主跟踪监控和预警。包括：车辆行驶路线监控；车辆运行速度监控；中途停靠站点监控；车辆夜间行驶监控；车辆回站监控；车辆行驶路线监控。

当车辆不按预先设定的路线行驶时，系统或车载终端能够自动识别并在监控中心显示预警信息，同时以语音或其他方式警告驾驶员。

① 车辆运行速度监控。

当车辆在不同等级路段上超速行驶时，系统或车载终端能够自动识别并在监控中心显示预警信息，同时以语音或其他方式警告驾驶员。

② 中途停靠站点监控。

当车辆不按规定进入中途停靠（休息或配客）的站点时，系统或车载终端能够自动识别并在监控中心显示预警信息，同时以语音或其他方式警告驾驶员。

③ 车辆夜间行驶监控。

营运客车在晚 22 时至早 6 时在三级道路上行驶时，系统或车载终端能够自动识别并在监控中心显示预警信息，同时以语音或其他方式警告驾驶员。

④ 车辆回站监控。

车辆不按规定的回站时间回到始发车站或企业所在地车站时，系统或车终端能够自动识别并在监控中心显示预警信息，同时以语音或其他方式警告驾驶员。

（4）车辆查询功能。

监控中心可按划定的任一行政区域或指定的任一营运线路查询在其范围内所有车辆的动态信息。

（5）完善的统计分析功能。

能对车辆在一个运行周期（始发—终点—始发）内行驶的里程、速度、时间等有关数据进行统计分析；能够统计分析车辆的总行驶里程、发车时间、到达时间、停车时间、行车时间、平均速度、最高速度、超速行驶持续时间、超速行驶里程、超速行驶次数等数据并打印统计报表；能够自动记录并打印车辆不按规定线路行驶、超速行驶、不按规定时段行驶、不进规定站点、不按时回站等违章信息；能够打印车辆任一运行周期的轨迹并标注其超速运行的轨迹。

3. 对危险货物运输车辆监控管理的特定功能要求

（1）车辆行驶范围或路线监控功能。

系统应能对车辆行驶的区域范围和以特定线路为中心的任意区域范围进行设定，当车辆一旦进入或超出限定的区域范围时，系统能够自动识别并在监控中心显示预警信息，同时以语音或其他方式警告驾驶员。

（2）车辆行驶时间监控功能。

系统应能对车辆行驶的时间段进行设定，当车辆在设定的时间段外行驶时，系统能够自动识别并在监控中心显示预警信息，同时以语音或其他方式警告驾驶员。

8.1.2 GPS 车辆监控调度系统的系统组成

1. 组成概述

（1）车载（定位）子系统：GPS 定位，确定移动目标的位置。

（2）监控中心子系统：为用户提供完善的服务。

（3）通信子系统：GPRS 或 GSM 或 CDMA 等通信网络，用户与监控中心沟通的媒介。

① 多台计算机构成的监控中心硬件平台。

② 实施对 GPS 车载终端信息通讯、调度管理的系统软件平台。

③ 包含各种地理信息资源的 GIS 电子地图系统。

各组成部分见图 8-1。

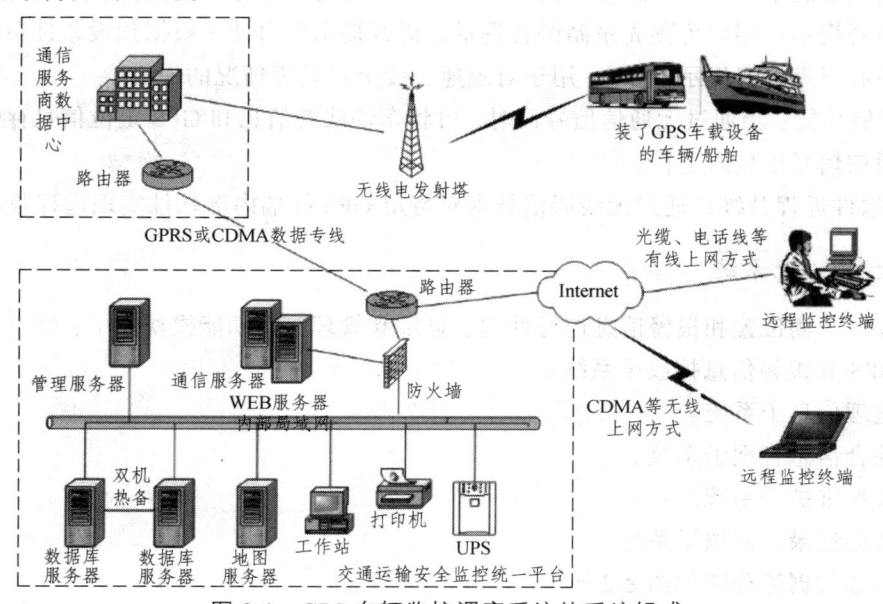

图 8-1 GPS 车辆监控调度系统的系统组成

2. 车载（定位）子系统

与监控中心通信，将车辆的位置、运行状态等信息发送到监控中心，同时监控中心也可以向车载设备和配送人员发送实时的监控指令。车载子系统的主要功能有：

（1）定位信息的发送功能：GPS 接收机实时定位并将定位信息通过电台发向监控中心。

（2）数据显示功能：将自身车辆的实时位置在显示单元上显示出来，如经度、纬度、速度、航向。

（3）调度命令的接收功能：接收监控中心发来的调度指挥命令，在显示单元上显示或发出语音。

（4）报警功能：一旦出现紧急情况，司机启动报警装置，监控中心立即显示出车辆情况、出事地点、车辆人员等信息。

车载（定位）子系统关键技术：

（1）对于客车，能够按多种方式触发拍摄车内图像，如关车门后加上行驶速度达到一定值后触发、司机人工按钮报警触发、终端监控软件远程控制触发、紧急刹车触发、车身猛烈碰撞触发等。

（2）可扩展多种接口功能：能将 GPS 终端设备与行车记录仪、上下车人数记录仪接口，能加入高灵敏度酒精度探头，能加入人像面部分析系统，解决司机疲劳驾驶报警问题。

（3）灵活的通信功能：能适应 GPRS、CDMA 等不同环境和不同用户的通信要求。

（4）传输数据的连接类型上兼容 TCP/UDP 两种形式。

（5）可对回传的定位信息和采集的车辆各种状态信息（主要是图像信息）进行有效的压缩。

（6）集成身份识别技术：如 IC 卡、指纹识别器等，用于有效识别驾驶员身份。

（7）具备超速报警、区域报警、偏移线路报警、超时报警等功能。

（8）语音提示：用户可预先录制语音提示，语音提示分自动（根据预设条件自动触发）和主动（中心下发语音提示指令），用于对超速、疲劳驾驶等情况的提示。

（9）存储功能：当通过无通信信号区时，可将车辆状态信息和 GPS 定位信息存储在 GPS 终端，待通信信号出现时上传。

（10）软件远程升级：通过无线通信技术对特定 GPS 终端内部软件实现远程版本升级。

3. 监控中心子系统

对接收的车辆位置和报警信息进行处理、显示和管理。其功能模块如下：

（1）GPS 和报警信息接收子系统。

（2）地理信息子系统。

（3）综合信息管理子系统。

（4）数据维护子系统。

（5）轨迹记录、回放子系统。

监控中心数据流程图如图 8-2 所示。

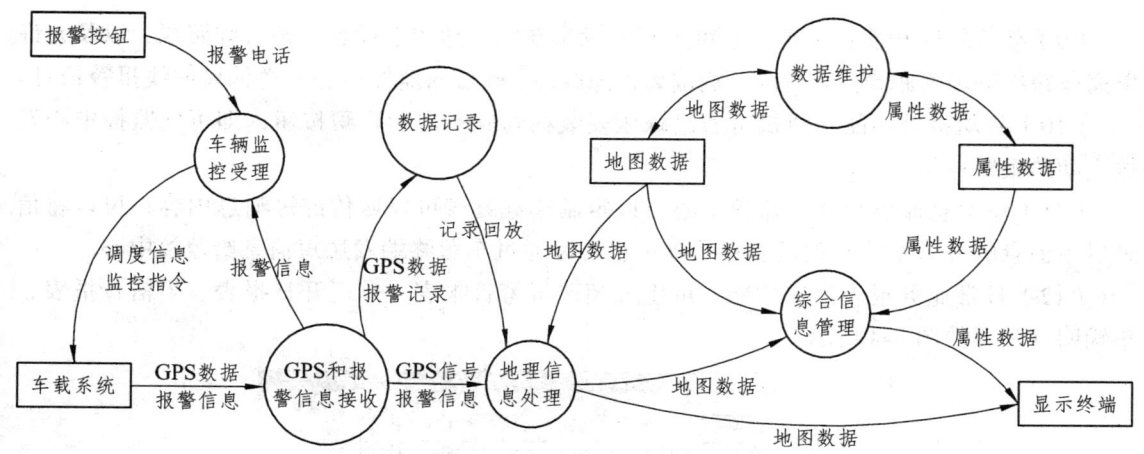

图 8-2 监控中心数据流程图

监控中心子系统主要功能如下（系统界面见图 8-3）：

（1）实时监控功能：实时监控连续跟踪车辆的行驶，可设定车辆回传数据时间间隔，可同时在多个窗口内显示监控多辆车。

（2）点名监控功能：可以随时在电子地图上显示每一辆车的位置，并显示、统计、打印在指定时间内未能报到的车辆。

（3）监听功能：监控中心可远程控制车载终端，回拨指定的电话号码，以隐藏监听驾驶室内的声音情况。

（4）历史轨迹回放和分析功能：可回放指定时间段内已存在数据库中的车辆行驶轨迹，并估计行驶里程。

（5）语音通话功能：监控中心和车载终端之间可实现语音实时通话。

（6）超速报警功能：监控中心设置不同等级路段的限速值，特定路段的限速值，在车辆行驶中，如车速超过该速度，车载终端即向监控中心发送超速报警信息。

图 8-3 监控系统界面

（7）车门状态监控功能：随时监控车门状态，在车门打开时，自动通知监控中心。

（8）区域报警功能：监控中心可为每一辆车在电子地图上设置一个活动区域，每当该车辆进出该区域时，即可向监控中心发送区域报警信息。

（9）航线报警功能：监控中心可为每一辆车在电子地图上设置一条行驶路线，以及允许偏离该路线的最大距离，每当该车辆偏离该路线时，既可向监控中心发送偏离航线报警信息。

（10）防劫报警功能：司机可通过踩压安装在驾驶室内的隐藏按钮，即可向监控中心发送主动的报警信息。

（11）短消息通讯功能：监控中心可以定制车载终端可以回传的短消息内容；可以将信息以短消息的方式发给驾驶员看；驾驶员也可以通过车载终端发送短消息给监控中心。

（12）日常业务报表生成功能：可生成超速报警日报表、车门开日报表、短信日报表、车辆明细表等如图 8-4 所示。

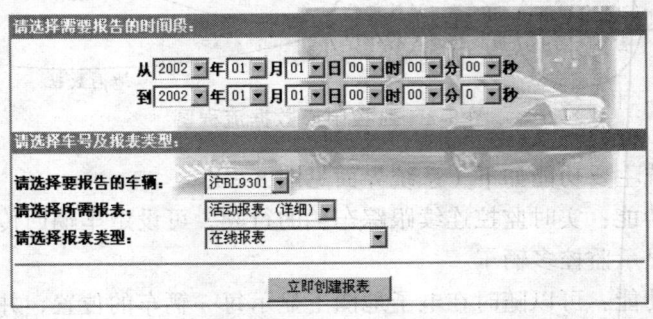

图 8-4　报表生成界面

4. 通信子系统

（1）GSM 方式。

Global System for Mobile，全球移动通信系统，属于第 2 代数字移动通信系统，是目前的主流移动通信系统，优点表现在：网络覆盖范围最广、网络设施最健全、应用最成熟的网络。可提供语音、数据、短信、漫游等多项业务。

（2）GPRS 方式。

General Packet Radio Service，通用分组无线业务，属于 2.5 代数字移动通信系统由中国移动公司推出，在现有的 GSM 网络上经过改造建成，优点表现在：实时在线、快速上网、按流量计费、语音与数据可以同时进行、数据传输速率高、费用低。缺点在于网络覆盖没有 GSM 广。

（3）CDMA 方式。

需建设专用无线通信基站，但基站的覆盖范围有限，且前期投资大。但运营费用较低，数据传输效果较好，适合在局部地区使用。

8.2　城市交通事件应急管理系统

有两处涉及交通事件的应急管理。

意外事件管理：帮助有关部门快速识别交通意外事件，并采取有效措施，最大限度地降低其对交通的影响。使用先进的检测、数据处理和通信技术，以提高交通管理部门、救护部门及其他处理意外事件有关的机构和人员对事件的相应能力。

急救车辆管理：减少急救车辆对事故的响应时间。提供急救车辆路线导航及信号灯优先控制。

8.2.1 城市交通事件应急管理系统框架（见图8-5）

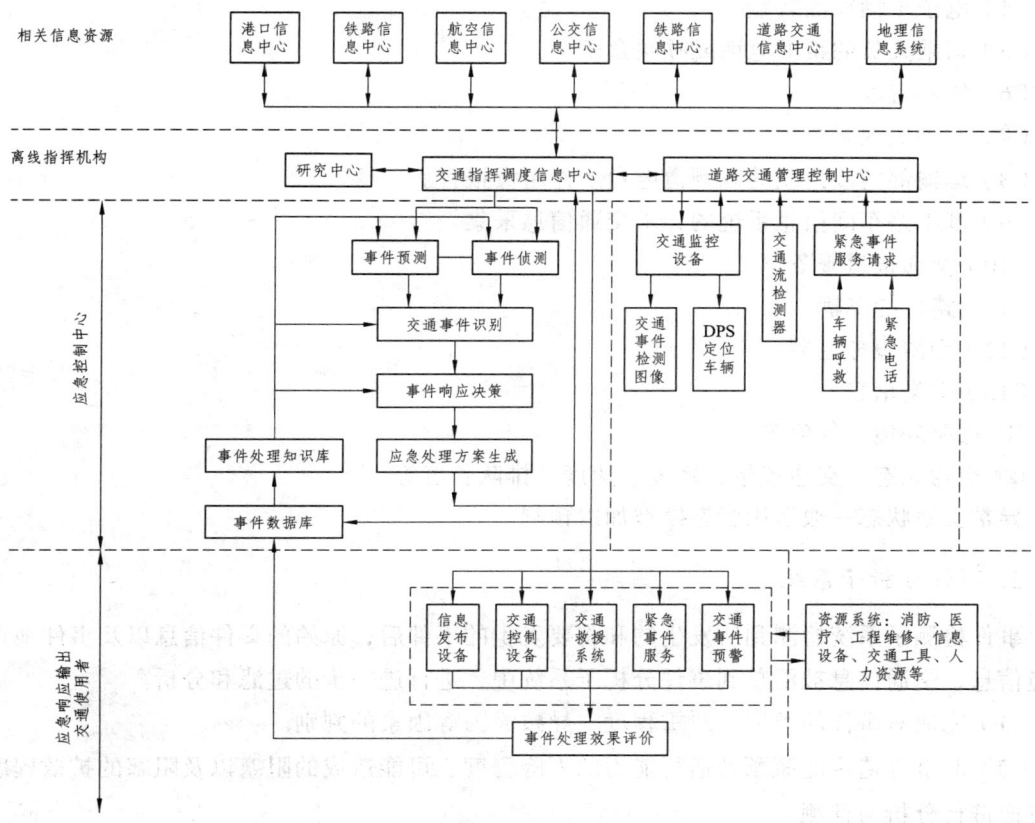

图8-5 应急管理系统框架

8.2.2 城市交通事件应急管理系统功能流程图（见图8-6）

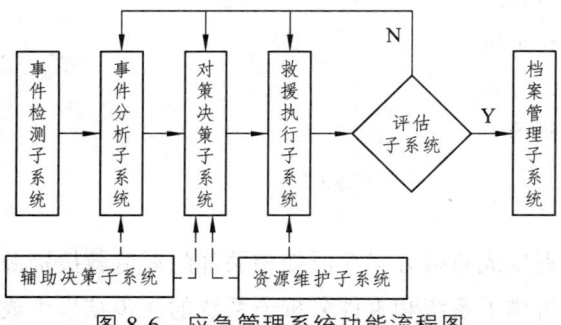

图8-6 应急管理系统功能流程图

8.2.3 城市交通事件应急管理系统的功能

1. 事件检测子系统

（1）司乘人员的行动电话呼叫。
（2）通过操作员观测的闭路电视监视系统。
（3）基于检测软件的自动车辆识别系统。
（4）电子车辆检测装置。
（5）司乘人员的帮助电话或呼叫盒子。
（6）警察巡逻。
（7）空中监视系统。
（8）运输部门或公众的双频道电台工作组员报告。
（9）基于路车间信息系统的异常交通信息采集。
（10）交通报道服务。
（11）路过的车辆。
（12）漫游服务巡逻。
（13）采集信息：
① 道路环境：气象等。
② 交通状态：交通流量、密度、速度、排队长度等。
异常交通状态一般运用状态模型加以预测。

2. 事件分析子系统

事件检测子系统检测到所发生的和将要发生的事件后，原始的事件信息以及事件地点的环境信息、交通信息被汇总到事件分析子系统中，进行进一步的过滤和分析。
（1）完成对事件的类型、严重程度、导致原因等因素的判别。
（2）对事件造成的瓶颈处通行能力的下降程度、可能造成的阻塞以及阻塞的扩散程度等几方面进行分析与预测。

事件分析子系统研究重点：
（1）交通事件的分类研究。
（2）交通事件的模型建立。
（3）事件程度的判断标准。
（4）事件造成的延误分析。
（5）事件持续时间预测。

3. 事件决策子系统

事件决策子系统负责生成救援方案并通知相关部门派遣救援资源。
（1）模块利用事件检测子系统和事件分析子系统的初步结果生成救援策略，包括车道控制策略、匝道控制策略。

（2）此子系统在决策时还依赖于两个外部子系统：辅助决策子系统和资源维护子系统。

事件决策子系统的应急方案内容包括：

（1）事发路段的交通管理。

（2）出救资源种类的选择。

（3）出救资源点的选择。

（4）应急资源的配置。

（5）最优救援路径的选择。

（6）上游流入交通的迂回诱导与控制管理方案。

（7）信息发布方案等。

事件决策子系统研究重点：

（1）出救对策生成的算法。

（2）最优解的探讨（包括时间最优、最优出救点、最优资源携带、最优出救路线等）。

4. 决策执行子系统

本系统主要有以下功能：现场管理功能；信息发布功能。

（1）决策执行子系统——现场管理功能。

现场管理是一个使各个部门有效合作及现场资源有效调配的过程。主要任务有以下几个。

① 准确评价事件严重程度。

② 确定合适的优先权。

③ 协调相关资源的利用。

④ 保证通信的畅通与清晰。

⑤ 通过有效的方法安全、快速、高效地清理事件现场。

⑥ 现场的交通管理：

a. 现场交通控制点的设立。

b. 车道关闭与开放。

c. 红绿灯控制。

d. 使用可替代道路。

e. 管理车道空间。

f. 设计、研究引导交互的路径。

（2）决策执行子系统——信息发布功能。

信息发布是通过各种信息发布渠道和方式将事件信息传播给道路使用者以及公众的过程。

信息发布内容一般为：

① 异常交通现象的发生地点。

② 事故类别信息。

③ 流入和流出诱导信息。
④ 车道或速度限制信息。
⑤ 替代路径推荐信息。

发布信息的常用仪器设备：
① 道路交通咨询电台。
② 可变信息情报板。
③ 商业电台广播。
④ 车内路线导航装置。
⑤ 有线电视交通报道。
⑥ Internet。
⑦ 电话情报系统。
⑧ 车载或个人信息辅助系统。
⑨ 路径引导系统。
⑩ 由数据服务者提供的多种散布机。

5. 效果评估子系统

效果评估子系统对交通事件解决的效果进行评价。若效果没达到规定的要求：将不符合要求的信息反馈给相应的子系统（包括事件分析、对策决策、救援执行子系统），进行重新的分析、决策和救援。

若效果达到规定的要求：对交通事件进行结案处理，将整个事件的相关信息（包括事件发生时间、地点、类型、严重程度、应急方案、延续时间、消耗的应急资源、应急效果等）录入到城市交通事件的档案管理子系统中，形成历史档案数据库。

效果评估子系统——事件管理效果的评估指标
（1）检测率 DR；⎫
（2）误检率 FDR；⎭ 检测算法的准确性
（3）平均检测时间 MDT；—检测算法的灵敏性
（4）预防管制措施下与未实施管制下车速平均值的相对误差；
（5）车速方差相对误差；⎫
（6）占有率平均值相对误差；⎬ 响应措施的作用衡量
（7）占有率方差相对误差。⎭

6. 档案管理子系统

档案管理子系统是城市交通事件管理系统的智力仓库，它包括交通事件管理的模型库、知识库、历史数据库，这些数据库对交通事件的管理具有切实有效的参考价值。

任务：
（1）负责异常事件的基本信息和整个救援过程信息的整理、归档。

（2）对异常事件成因进行分析。

（3）对救援效果进行评价。

（4）生成救援报告。

7. 交通事件管理系统的外部子系统

（1）基于 GIS 的辅助决策子系统。

主要内容：

① 利用 GIS 技术，将交通事件的管理可视化，提供易于操作的图形用户界面；

② GIS 技术与 GPS 技术、通信技术相结合可以实现对紧急车辆的实时跟踪与紧急调度；

③ GIS 技术与事件自动检测技术结合，实现对事件位置的自动定位和显示。

④ GIS 技术与 CCTV 系统相结合，可以实现事发情况下对事件现场的自动监视和事件鉴别。

⑤ GIS 技术可以促进事件状态下替换道路计划的快速、有效实施。

（2）资源维护子系统：

资源维护指救援资源的配置、使用和补给。保证各个出救点资源的供需平衡，并将各个出救点的应急资源信息实时地传递给对策决策子系统，以保证所出的救援方案都能够有足够响应的资源，避免出现理论上最佳实际中无法执行的现象。

资源维护子系统——需要解决的问题。

① 各种出救点在路网中的配置。

② 各种出救点规模的设置。

③ 应急资源数量在出救点中的配置。

④ 出救资源的配置。

⑤ 消耗性资源的补充和更新。

8.2.4 城市交通事件应急管理系统的信息流

在交通事件管理系统中各个功能模块要能协调、高效地发挥功能，必须要以即时的信息共享作为基础。

图 8-7 对交通事件管理系统的信息流进行了说明。

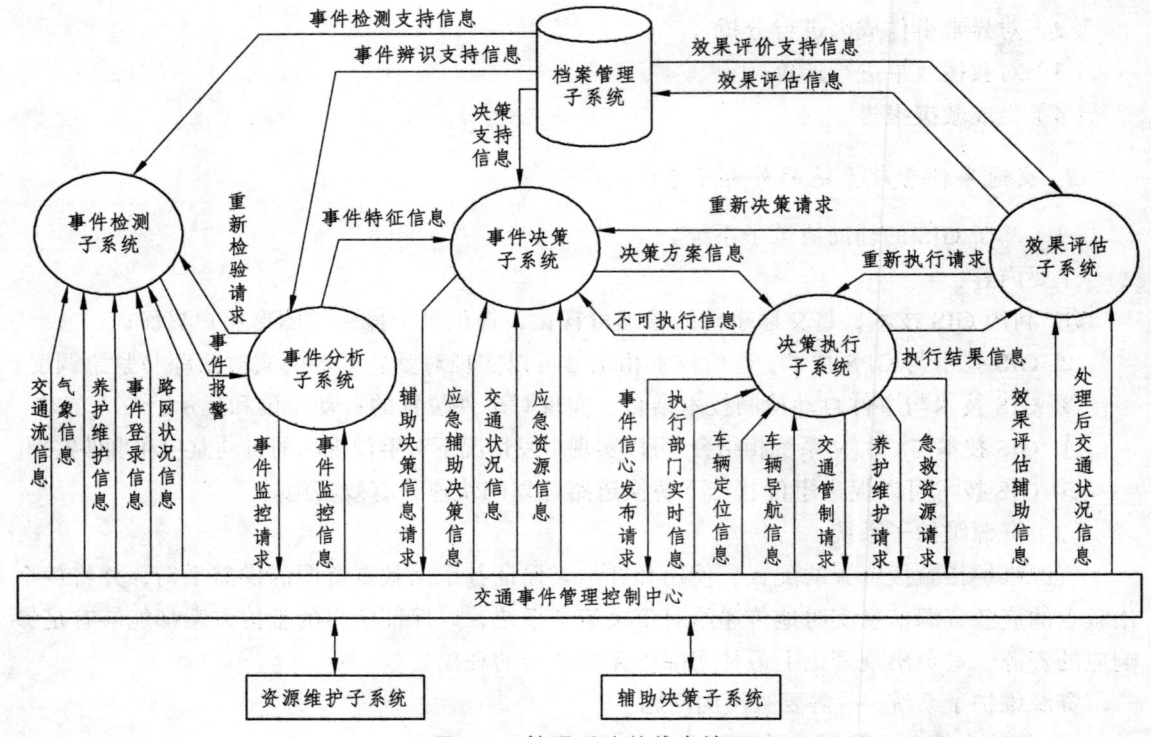

图 8-7 管理系统的信息流

异常交通的紧急管理作业涉及多个业务部门,其作业程序如图 8-8。

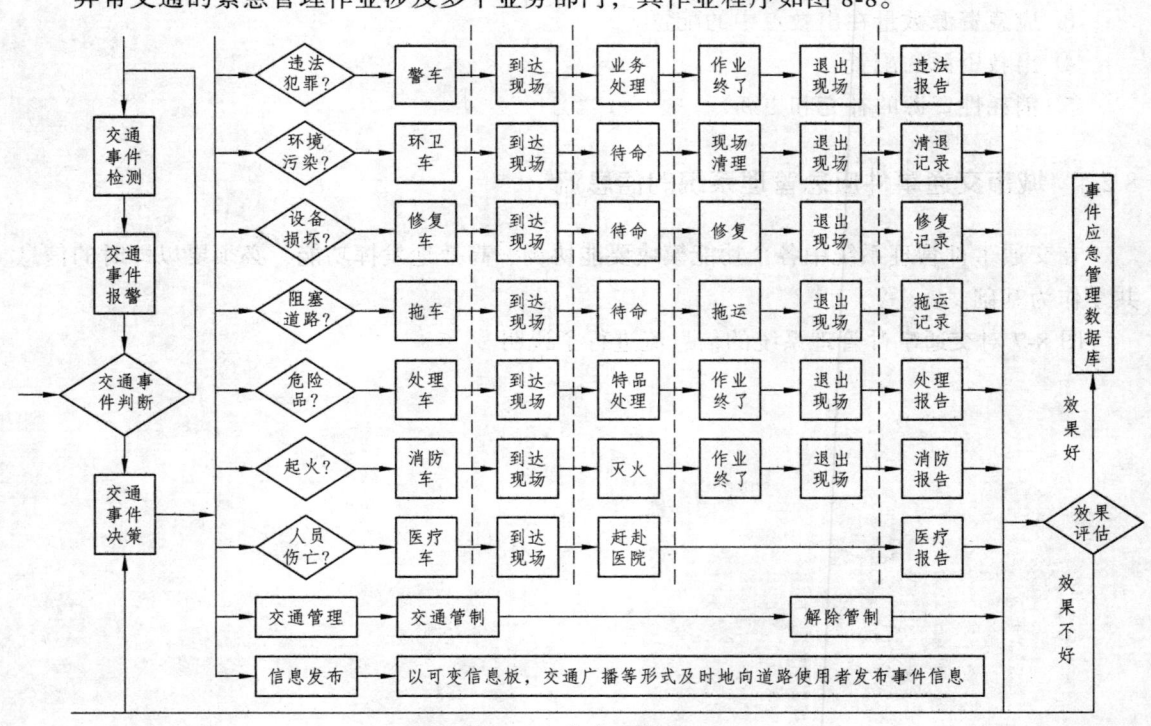

图 8-8 作业程序图

8.3 铁路防灾安全监控系统

8.3.1 概述

1. 系统的主要功能

高速铁路防灾监控系统应该具备五大功能：查询统计功能、管理功能、报警显示功能、灾害分析报警功能、灾害信息接收功能如图 8-9 所示。下面分别介绍五大功能的作用职责。

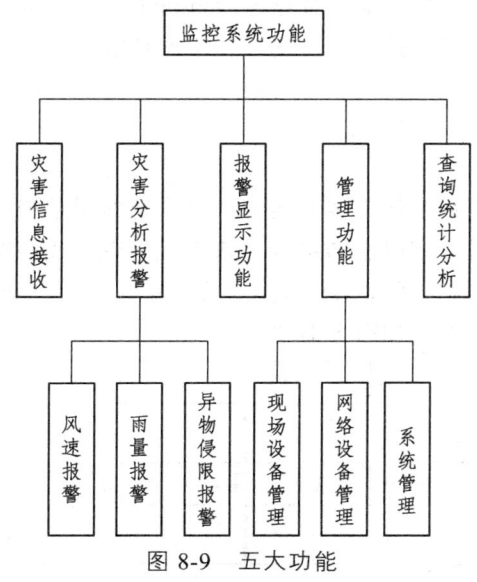

图 8-9　五大功能

（1）查询统计功能。

高速铁路的运行是一个重复的过程，在运行中既有线负荷增加，新线规划设计，还有一些由于认识手段的不足在设计建造中未发现的问题的暴露，都需要在历史数据上统计分析找出规律，作为设计改造的重要参考。交通统计也是平时管理工作的重要方面，因此一个完备的系统需要拥有一个查询统计功能。

（2）管理功能。

管理功能又分成三个方面对系统中的设备及文件进行日常的管理，它包括现场设备的管理、网络设备的管理、系统的管理。

（3）报警显示功能。

报警显示功能的含义是告知操作运营人员在运营过程中出现了不安全的行为或者不安全的状态，通过声音、视觉等手段警告人员或者系统使其脱离不安全的行为或者不安全的状态的一种手段。在报警系统的设计上应该抓住几点，第一是确保报警系统的有效性，确实能够有效通知到与不安全行为和状态相关的单位。第二是预留一定的缓冲时间，能够做到让相关单位有时间脱离不安全行为和状态。如提前通知机车已司机和列车进入限速地区，如果司机没有做出制动行为，辅助驾驶的 its 系统也会自动制动，以便在到达限速区域时能够达到限定的速度。

（4）灾害分析报警功能。

高速铁路防灾监测系统所面向的灾害主要是自然灾害，自然灾害是指给人类生存带来危害或损害人类生活环境的自然现象的总和。高铁防灾监控主要的面向对象是狂风灾害，降雨灾害，泥石流，落石，地震。防风，防雨属于独立的防灾监控系统。泥石流，落石等灾害属于防异物，其中防异物和防地震是与高速铁路先进的列控系统相连的。不同的防灾监控系统工作的程序都是分析数据，根据设定的阈值进行判断，根据判断结果通知相关单位。

（5）灾害信息接收功能。

各种防灾监控系统都需要根据监测数据进行分析来工作，因此灾害信息接收功能简单来说就是把各个传感器的数据实时接收"传递"集中的功能。

2. 系统的架构

（1）系统的逻辑架构。

客运专线防灾安全监控系统作为客专运营调度系统的子系统，应满足全路集中调度指挥和二级调度指挥的需求，是个多层次的结构。该系统可以分成四级结构，最顶层是铁道部安全监控中心，第二层为高铁防灾安全监控中心，第三层为车站级安全监控中心和综合维修段，第四层为现场的设备。逻辑架构如图8-10所示。

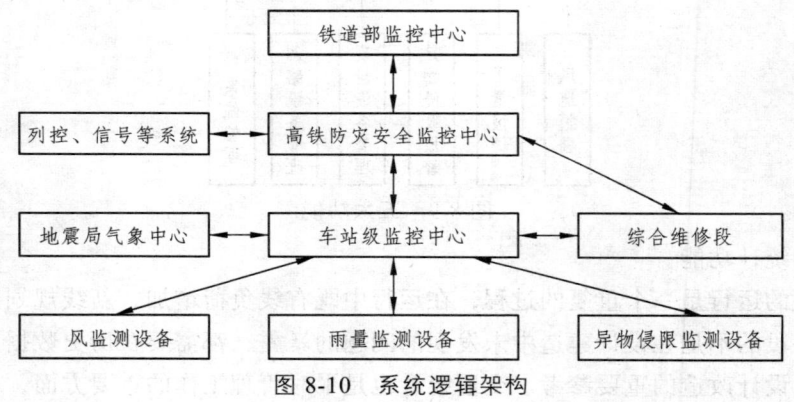

图8-10 系统逻辑架构

（2）系统的网络架构。

为了保障客专防灾安全监控系统信息传输的实时性、安全性、可靠性，客专各级监控中心之间的主干网传输通道采用SDH光纤网络连接。数据通信网采用IP数据网络，传输通道采用有线传输（SDH网络）为主，无线传输（GSM-R网络）为辅的方式，实现了网络通道的备份。

① SDH网络技术。

Synchronous Digital Hierarchy简称SDH网络技术，核心是数字同步体系SDH传输系统，在国际上有统一的帧结构数字传输标准速率和标准的光路接口，使网管系统互通，因此有很好的横向兼容性，它能与现有的PDH完全兼容，并容纳各种新的业务信号，形成了全球统一的数字传输体制标准，提高了网络的可靠性。

② GSM-R网络。

GSM-R是对Global System for Mobile Communications - Railway的简称，从名字不难看

出它是一种是专门为铁路通信设计的综合专用移动数字通信系统。从功能上来描述，它主要提供无线列调、编组调车通信、区段养护维修作业通信、应急通信、隧道通信等语音通信功能。我国的 GSM-R 网络频段为上行方向 885-889MHz，下行方向 930-934MHz。

3. 系统工作流程

防灾安全监控系统的处理信息源类型众多。从逻辑结构来看，各种实时信息传输是自下而上，从现场设备传至高铁安全监控中心的。

现场各种传感器对信息进行实时采集，根据监控单元设定的周期进行传送。监控单元对传送来的数据要进行数据汇总的初步分析处理，对采集的异常信息进行初步判断（如异物侵限双电网信号中断时，及时通过列控设备控制列车停车），去除误报信息。同时通过 SDH 光纤网络传输到数据处理中心进行再一步的信息处理并存储。数据处理中心根据预设的报警阈值，对信息进行分析判断。根据危害程度以及达到的级别发出报警，并将信息传输到综合维修工区。并将报警信息传到高铁安全监控中心监控终端发出声光报警，给出相关的列车运行管制措施。由调度人员发出相关的调度命令。

8.3.2 风灾监控子系统

1. 风灾监测设备的选取

目前国内市场上各种风速风向仪按其原理可以分为四种：

（1）热场式风速风向仪。
（2）超声波式风速风向仪。
（3）螺旋桨式风速风向仪。
（4）三杯式风速风向仪。

设备的选取要根据客专沿线的气候环境及线路的实际情况等因素进行合理选取。如表 8-1 所示。

表 8-1 枢层实际情况进行选取

名称	热场式	超声波式	螺旋桨式	三杯式
工作原理	电流加热的金属被流动的空气散热，利用散热速率和风速的平方根成线性关系，测得风速大小	利用在声波传播方向的风速分量将增加（或减低）声波传播速度的特性测得风速	感应器的头部是一组螺旋桨叶片，风向标部分制成飞机机身相似的外形。叶片系统受到风压的作用，产生一定的扭力矩，使叶片旋转。转速与外界风速成正比	当风杯转动时，带动同轴的磁棒旋转，在霍尔集成电路中感应出与风速成正比的脉冲信号，经计数器处理后，输出实际风速值。
风速	量程 0~70 m/s 分辨率 0.1 m/s	量程 0~65 m/s 分辨率 0.01 m/s	量程 1.5~70 m/s 分辨率 0.05 m/s	量程 0~60 m/s 分辨率 0.1 m/s

续表

名称	热场式	超声波式	螺旋桨式	三杯式
风向	0~360° 分辨率 1°	0~359° 分辨率 1°	0~360° 分辨率 2.5°	0~360° 分辨率 2.81°
环境适应	抵御风沙,适应低温环境。抗击力强	抵御风沙,适应低温环境。抗击力强	受环境影响大	受环境影响大
抗干扰性	不发射电磁波,不受电磁干扰	发射电磁波,受电磁干扰	输出的电脉冲信号易衰减,受外界干扰	输出的电脉冲信号易衰减,受外界干扰。
传输特性	长距离传输	长距离传输	输出脉冲信号	输出脉冲信号
维护性	较长时间不用维护	一年一次校准维护	有转动部件,定期维护	有转动部件,定期维护
经济性	中等	含采集器价格偏高	含采集器价格中等	含采集器价格中等
扩展性	含有模块,易于扩展	扩展成本高,结构复杂	不能进行功能扩展	不能进行功能扩展

2. 风灾监测设备布置原则

(1)客专风灾监测设备的现场布置点的设备可以根据铁路防灾《暂规》标准:

① 设计时速达 300 km/h 的客运专线,最大瞬时风速 30 年均值不小于 15 m/s 的地区需设风速风向计;

② 时速 200 km/h 的客运专线,最大瞬时风速 30 年均值不小于 20 m/s 的地区也需设风速风向计。

(2)监测设备之间的间距大小应考虑以下的原则:

① 山区垭口、峡谷、河谷等特殊区段或最大瞬时风速 30 年均值 大于等于 25 m/s 的大风区间,风速风向计的平均间距按 1 km 计算。

② 轨面高度 10 m 及以上的高架桥、高路堤等区段,风速风向计的平均间距按 5~10 km 计算。

③ 除上述情况外的平原区段,风速风向计的平均布设间距按 15~20 km 计算。

④ 根据客运专线运营速度及沿线气象条件、地理环境,合理布设并适时调整风速风向计的布设间距。

3. 风灾监测设备现场安装

现场设备主要由热场式风速风向计设备、传输线缆、现场接线盒构成。设备安装在客专线路的主迎风侧。有以下两种安装方式:

(1)安装在线路两侧的 GSM-R 铁塔上。

(2)安装在接触网专业的 H 型钢柱上。

两种安装方式的优缺点见表 8-2。

表 8-2 两种安装方式的优缺点

安装方式	线路外侧 GSM 铁塔上	线路旁接触网支柱上
优点	距离基站近，传输线缆铺设方便	方便风速仪的布点要求
缺点	铁塔地点不一定是待测地点	传输电缆需上下桥铺设

GSM 铁塔上风速风向计安装示意图如图 8-11 所示。

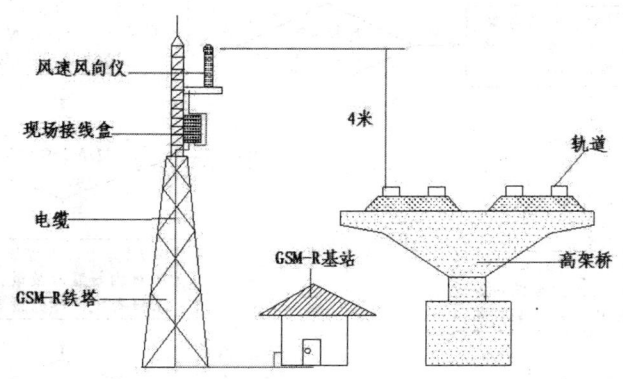

图 8-11　GSM 铁塔上风速风向计安装示意图

接触网支柱上风速风向计安装示意图如图 8-12 所示。

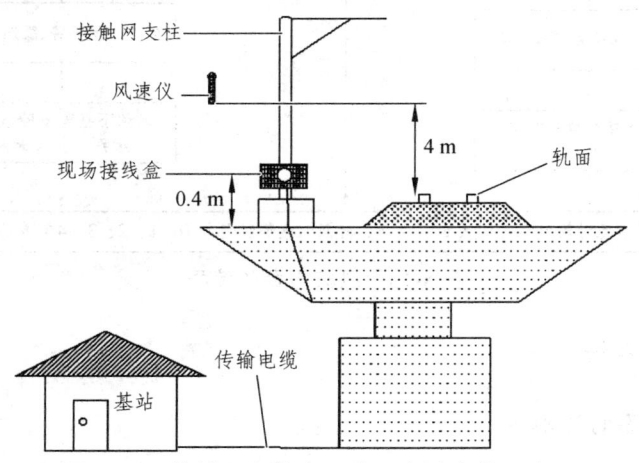

图 8-12　接触网支柱上风速风向计安装示意图

4. 风灾报警阈值的确定

客专风灾报警阈值可以根据铁路防灾《暂规》描述决定。
（1）风速≤15 m/s，正常运行；
（2）15 m/s＜风速≤20 m/s，限速 300 km/h；
（3）20 m/s＜风速≤25 m/s，限速 200 km/h；
（4）25 m/s＜风速≤30 m/s，限速 120 km/h；

（5）风速＞30 m/s，停车。

系统运行初期，可暂时采用防灾《暂规》的报警标准，待监控系统运行一段时间，并收集一定的数据后，通过建立数学模型和实验模型完善适合于客专线路的风速报警标准。

5. 风灾报警的流程（见图8-13）

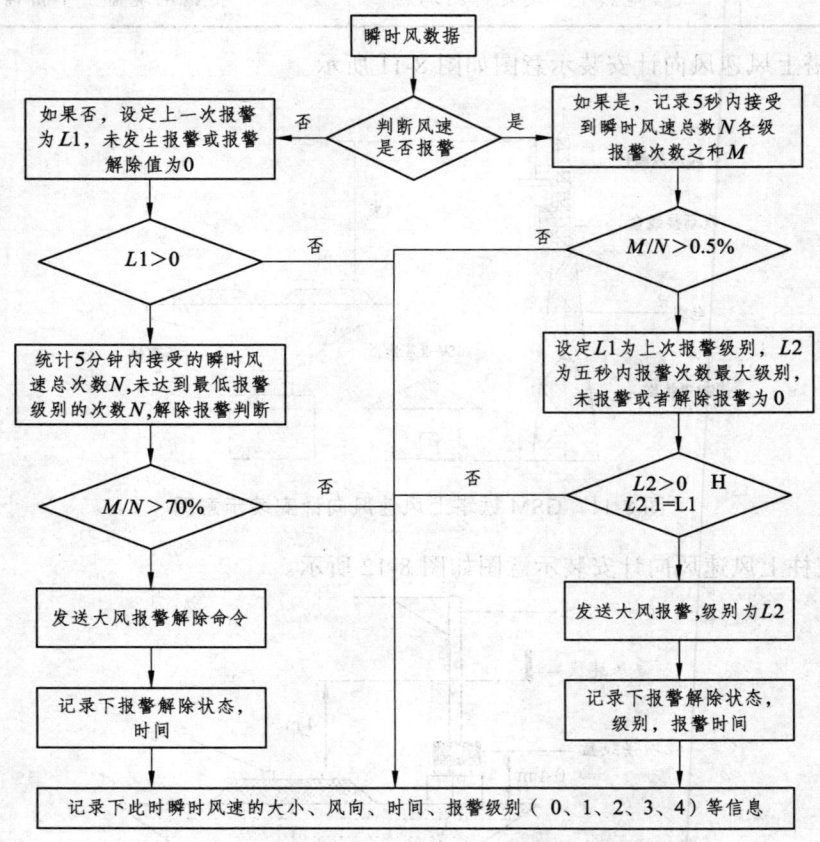

图8-13 风灾报警的流程

8.3.3 雨量监控子系统

1. 雨量监测设备的选取

（1）设备分类

目前国内市场上的雨量监测设备主要分为两大类，接触式雨量设备和非接触式雨量设备。具体有三种类型雨量监测设备：

① 虹吸式雨量仪。
② 翻斗式雨量仪。
③ 光学雨滴谱仪。

设备的选取要根据客专沿线的气候环境及线路的实际情况等因素进行合理选取。如表8-3所示。

表 8-3　根据实际情况合理选取

名称	虹吸式	翻斗	雨滴谱仪
工作原理	利用虹吸原理,排出浮子塞内的降水来测量雨量信息	利用承雨器内的翻斗承载雨量,当承载雨量达到一定的值时的产生翻传,通过计量组得出雨量信息	降水时,光电二极管收到测量区域的激光强度变化,数字处理系统通过变化计算出雨量信息
分辨率	0.1 mm	0.1 mm	0.05 mm
测量降雨类型	单一	单一	雨、雪、冰雹、雨夹雪等多种
测量范围	0.01~4 mm/min	0.01~8 mm/min	0.001~20 mm/min
环境适应性	不能适应低温环境	不能适应低温环境	能适应各种环境
维护性	需要定期维护	需要定期维护	不需要维护
扩展性	不能扩展	不能扩展	具有额外接口

（2）设备选择。

① 在重点路段，敏感度极高的路段应该选择尽量精确的传感器。

② 在降雨量大的路段，考虑到关于日降雨量指标应该选择测量范围大的雨量计。

③ 根据降雨特点，以及测量的两个指标之一的小时降雨量，如果发生暴雨，在单位时间内，降雨量已经超过测量范围，如在一分钟内降雨以达到 4 mm 以上那么虹吸式雨量传感器将会失灵。因此常发生暴雨的地区应该根据以往 50 年内最大瞬时雨量选择合适量程的雨量传感器。

④ 根据经济型选择合适的雨量传感器。

⑤ 如果考虑到高速铁路防灾监测系统有技术改造升级的可能应该选择可扩展功能的雨量传感器。

⑥ 根据维护成本来讲，如在维护成本高的地区，如桥梁等难以运输检修设备及高空作业的地区，应该尽量选择不需要维护的传感器。

⑦ 根据运输环境及雨量传感器的环境适应性能合理选择，在遭遇低温，冰冻的地区如东北、新疆等地应该选择激光雨滴谱仪。

⑧ 根据监测任务，在南方大部分地区不需要监测雨夹雪，降雪等特殊降水天气。如在亚热带气候地区可选虹吸式雨量计或翻斗式雨量计。但是在一些经常下雪的地方如东北三省等需要特殊降雨监控的地方应该选择激光雨滴谱仪。

例：

在成昆线的基础上准备修建一条高速铁路，在某一线路区间，气候温和，冬季最低温度 5 ℃，无降雪、罕见冰雹，历年最大瞬时降雨量为 75 mm/10 min，交通较为便利有公路交叉。请问应该选用什么雨量计？

答：根据运输环境来讲该区间无低温环境，因此三种雨量计均可。考虑到维护成本，该区间有公路，交通便利因此三种雨量计均可。历年瞬时最大降雨量 75 mm/10 min，超出了虹吸式传感器测量范围，因此排除虹吸式。无特殊监测情况如降雪等，因此其余两种均可。最后考虑到经济性能和系统实用原则选择翻斗式雨量计。

2. 雨量监测设备布置原则

客专雨量监测设备的现场布置点可以根据铁路防灾《暂规》标准。

① 雨量计原则上设置在路基区段以及设有防护网的隧道口。
② 路基未设防水层时，雨量计的布设间距原则上按 25 km 计算。
③ 路基设有防水层时，雨量计的布设间距原则上按 30 km 计算。
④ 根据客专沿线地形、地貌以及地质、植被情况，合理增设雨量计。

一般考虑将雨量监控设备与风速风向计同址安装于 GSM-R 基站铁塔或接触网杆上。如安装于 GSM-R 铁塔，则雨量计可安装在铁塔上、也可安装在基站屋顶，如安装在接触网支柱上，则雨量计安装在接触网支柱旁的现场控制器箱上。而单独设置时，雨量计可设于综合维修段（综合维修保养点、综合维修工区）等处。

3. 雨量报警阈值的确定

客专风灾报警阈值可以根据铁路防灾《暂规》描述：

（1）小时降雨量监测报警，报警阈值参考值为 30~50 mm/h。

（2）24 小时降雨量 + 小时降雨量监测报警，报警阈值参考值为 100~150 mm + 20~30 mm。

（3）我国既有铁路有雨量监测系统，监测数据为线路养护出巡提供依据，还没有对列车进行限速的研究和应用。可以参考日本东海道新干线降雨警报标准及列车运行管制措施（如表 8-4 所示），并根据地区的气象、地形等实际情况进行适当调整。

表 8-4 日本东海道新干线降雨警报标准及列车运行管制措施

运行管制		24 h 连续雨量/mm	时雨量/mm	连续雨量 + 时雨量/mm	雨量报告	备注
警戒	第 3 种	100~110	25	/	1/h	/
	第 2 种	120~130	30	110 + 20	1/0.5 h	3~4 h 巡检 1 次
	第 1 种	140	35	120 + 25		2 h 巡检 1 次
限速运行	170 km/h	B 区域	/	40	140 + 30 或 160 + 2	1/0.5 h	实时地面巡检，适当添乘巡检
		A 区域	/	45	150 + 30 或 180 + 2		
	70 km/h	B 区域	/	45	150 + 32 或 180 + 2		
停止运行	一般区间	/	50	150 + 40	1/10 min	连续雨量时 B 区域巡检；突然的集中豪雨要注意地点紧急巡检
	高架桥、无砟桥	/	70	150 + 60		

根据铁路防灾《暂规》规定，结合日本东海道新干线降雨警报标准及列车运行管制措施，对我国雨量监控系统进一步细化如表 8-5 所示。

表 8-5　我国雨量监控系统

管制措施	时雨量/mm	连续雨量/mm + 时雨量/mm
警戒	30~40	100~120 + 20~30
限速	40~50	120~150 + 30~40
停车	>50	>150 + 40

8.3.4　异物侵限监控子系统

1. 国内外异物侵限监测方法（见表 8-6）

目前国内外异物侵限监测方法有四种：
（1）双电网传感器方式。
（2）红外对射方式。
（3）视频智能识别方式。
（4）倾角传感器方式。

表 8-6　四种异物侵限监测系统

名　称	双电网传感器	红外对射	视频智能识别	倾角传感器
测量方式	接触式	非接触式	非接触式	接触式
工作原理	不同频率的信号发射和接收装置，通过绝缘电线连接，并铺设两层，判断每层信号的接收情况来判断报警	一端主动发射和另一端接收红外能量，通过光束是否正常接收，来判断报警	通过实时分析摄像机拍摄的画面，利用视频识别技术判断线路上是否有异物	通过测量静态重力加速度变化，转换成倾角变化。测量输出传感器相对于水平面的倾斜和俯仰角度
抗干扰性	高，在一定强度的异物冲击后报警	低，容易受飘落物体干扰	一般，容易受飘落物体干扰	较电网方式低，但能监测到强度不太大的物体冲击报警
可靠性	高	中	低	较高

2. 异物侵限监测设备

异物侵限监测设备主要由轨边控制箱、现场报警器、双电网监测（传感器、电线等）、刚性防护网（承重网）、传输电缆等组成。公跨铁异物侵限承重网底部长不小于 1.5 m，斜边与底边夹角 45°，斜边长不小于 0.5 m，网格不大于 1 200 mm²，见图 8-14。

图 8-14 设备组成

双电网的铺设根据防限规格要求的不同而改变为不同的铺设方式,目前以采用"W型"铺设为主。

倾角传感器监测在双电网监测之上,用来保证有落物落下触发倾角传感器使之产生变化而此时监测电网又没有断的情况时产生报警。上层为倾角传感器,下边两层为监测电网,最底层为承重网。

防护网的布设宽度视现场情况而定:

(1)双线并行区段,双电网传感器的长度不小于上、下行线路的外轨外侧间距和由上、下行线路的外轨起向线路外方各延伸 5 m 的长度之和。

(2)单线区段,双电网传感器的长度不小于钢轨外侧间距加上由钢轨外侧起向线路外方各延伸 5 m 的长度之和。图 8-15 为双电网并行区段安装图。

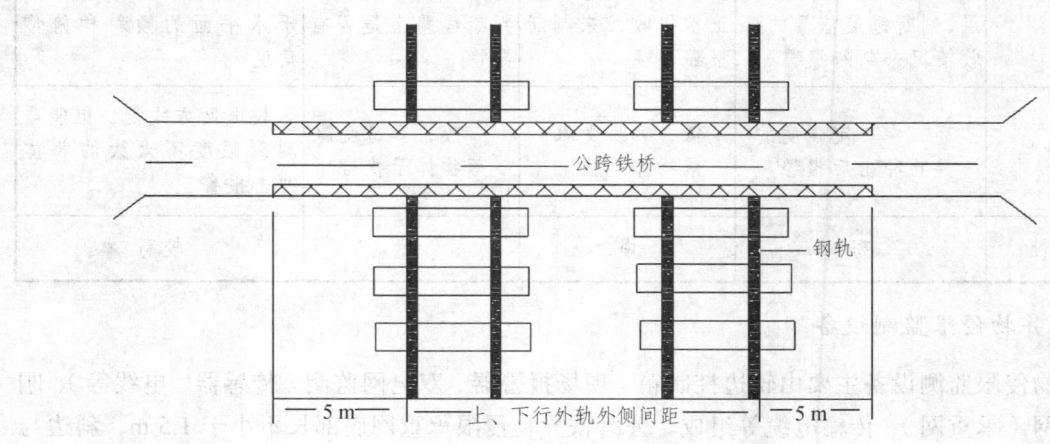

图 8-15 双电网并行区段安装图

公跨铁异物侵限监控设备主要由金属防护网、双电网传感器、轨旁控制器、轨旁控制器中的双套采集设备、机柜内部继电器、硅整流器和列控中心的继电器组成，如图 8-16 所示。

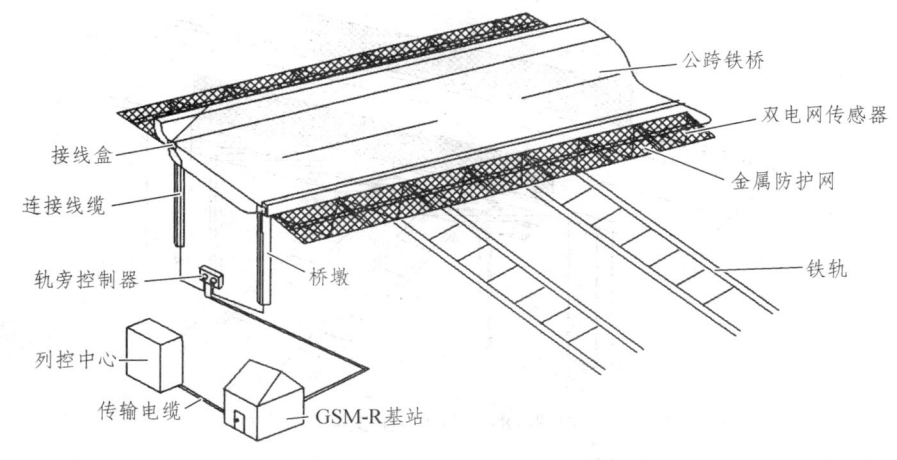

图 8-16　公跨铁异物侵限监控设备的组成

现场的采集设备采集到双电网传感器信号断，控制防灾系统机柜内部继电器落下，机柜内部的继电器与硅整流器控制列控中心的继电器落下，列控设备通过采集列控中心设备旁的继电器状态，保证列车不会通过异物侵限监测网断的区段。异物侵限结构图如图 8-17 所示。

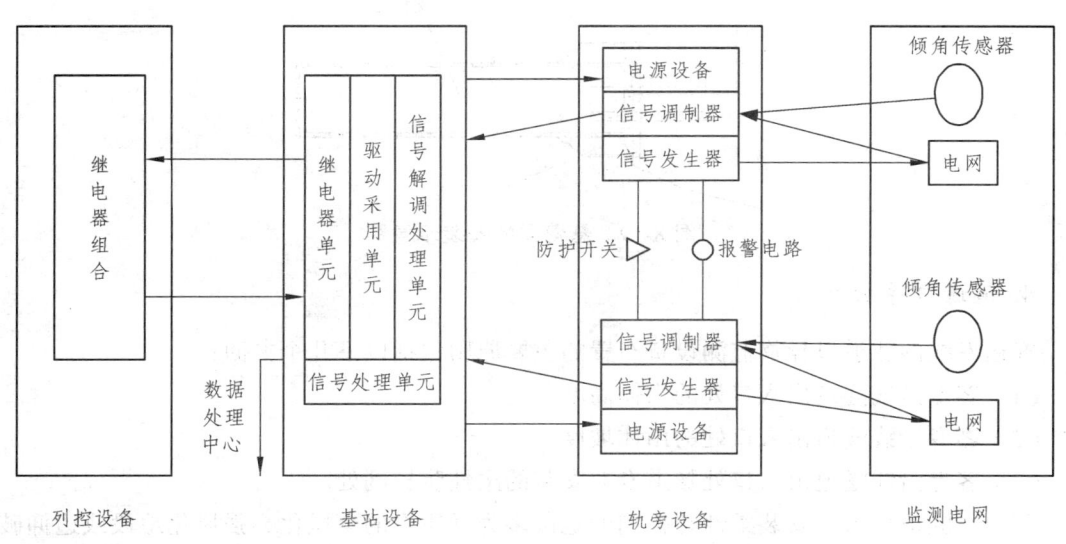

图 8-17　异物侵限法结构

3. 公跨铁侵限监测现场安装方式

（1）"门"型支架（针对既有公跨铁）。

"门"型安装设备包括监测网水泥基础建设、"门"字框形结构安装、监测网安装、落物感知网编制、轨边控制箱安装以及电缆铺设等内容；轨边控制箱和落物监测支柱不得侵入线路限界。监测网固定在横梁之上，由下到上采用金属承重网、感知电网、辅助监测设备三层架构。示意图如图 8-18 所示。

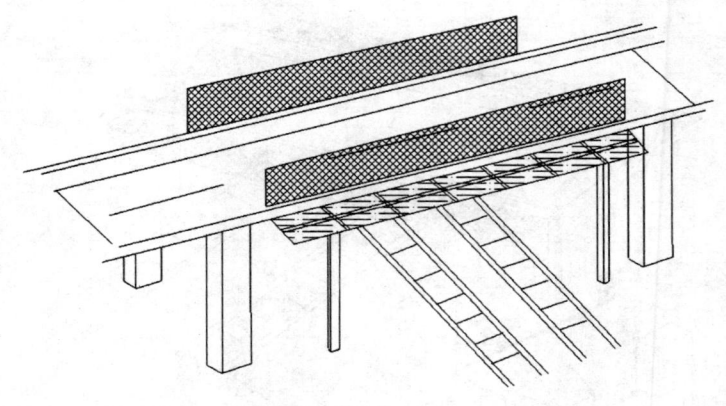

图 8-18 "门"型支架

（2）悬臂支持（新建公跨铁桥梁）。

新建公跨铁桥梁或者有预留条件的公路桥，需要在建设过程中预留监测网的安装条件，具体是桥梁两侧安装悬臂梁，悬臂梁固定在预埋件上，悬臂梁再随桥梁方向安装多个水平防护网单元块，单元块的个数由铁路线间的距离决定。安装示意图如图 8-19 所示。

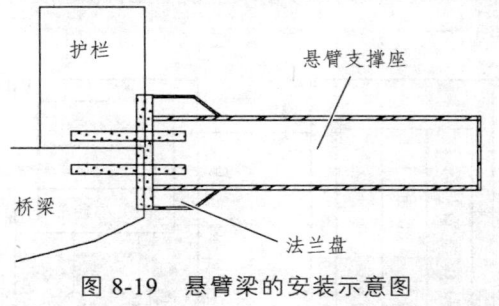

图 8-19 悬臂梁的安装示意图

4. 隧道口异物监测

客运专线的隧道口异物监测设备布置的主要原则包括以下几个方面：

（1）客专沿线隧道出入口处的山体高度。

（2）客专沿线隧道出入口处的山体坡度。

（3）客专沿线隧道出入口处隧道专业安装的柔性防护网处。

其中，隧道出入口安装柔性防护网的地段多为硬质岩的全风化、强风化地段或边仰破的开挖面较大等整治投资大，施工困难地段。

隧道口边仰破的异物侵限监控设备应采用宽 2 m，高 3 m 的金属防护网单元块拼接安装。防护网单元块拼接安装在距帽檐边缘不小于 2 m 位置的山体上。并需要采用斜拉钢丝绳或钢管来支撑，以加固防护网。如图 8-20 所示。

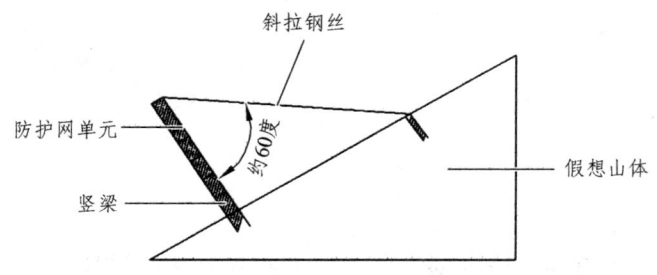

图 8-20 斜拉钢丝支撑

客运专线的公铁并行区段安装异物侵限监测的主要依据是公路与铁路并行，而且公路高于铁路，公路线路距铁路线路较近，过往车中有大型货车。公铁并行异物侵限视现场情况而定，有护栏的情况下则可以只铺设监测电网。

公铁并行侵限监测：客运专线的公铁并行区段安装异物侵限监测的主要依据是公路与铁路并行，而且公路高于铁路，公路线路距铁路线路较近，过往车中有大型货车。公铁并行

5. 异物侵限报警阈值的确定

异物侵限视现场情况而定，有护栏的情况下则可以只铺设监测电网。

客专异物侵限报警的阈值，根据监控设备的报警原理可以包括以下三个部分：

（1）倾角传感器超过一定角度（如60°），系统发出预警，并派出维修人员查看。

（2）监测电网单网断：系统立即发出预警，并派出维修人员进行维修，列车正常运行。

（3）监测电网双网断：系统立即发出报警，同时列控继电器落下，控制列车停车。

参考文献

[1] 郭敏. 高速公路收费系统[M]. 北京：人民交通出版社，2001.
[2] 许宏科，赵详模，关可. 高速公路收费系统理论与应用[M]. 北京：电子工业出版社，2003.
[3] 富立，范耀祖. 车辆定位导航系统[M]. 北京：中国铁道出版社，2004.
[4] 赵详模，靳引利，张洋. 高速公路监控系统理论与应用[M]. 北京：电子工业出版社，2003.
[5] 杨兆升. 城市交通流诱导系统[M]. 北京：中国铁道出版社，2004.
[6] 专题组. 中国智能运输系统体系框架[M]. 北京：人民交通出版社，2003.
[7] 杨兆升. 智能运输系统概论[M]. 北京：人民交通出版社，2003.
[8] 张国伍. 智能交通系统工程导论[M]. 北京：电子工业出版社，2003.
[9] 周大森，刘小明. 汽车智能运输[M]. 北京：国防工业出版社，2004.
[10] 杨佩昆. 智能交通[M]. 上海：同济大学出版社，2002.
[11] 裴玉龙，张亚平. 道路交通系统仿真[M]. 北京：人民交通出版社，2004.
[12] 牛少彰. 信息安全概述[M]. 北京：北京邮电大学出版社，2004.
[13] 雷咏梅，赵霖. 计算机网络信息安全保密技术[M]. 北京：清华大学出版社，2003.
[14] 陈明. 网络安全教程[M]. 北京清华大学出版社，2004.